教育部　财政部职业院校教师素质提高计划职教师资培养资源开发项目
财务管理专业职教师资培养资源开发（VTNE074）成果系列丛书

财务管理专业教学法

于卫兵　王秀华　等编著

中国财经出版传媒集团
中国财政经济出版社

图书在版编目（CIP）数据

财务管理专业教学法 / 于卫兵，王秀华等编著. —北京：中国财政经济出版社，2016.11

（财务管理专业职教师资培养资源开发（VTNE074）成果系列丛书）

教育部、财政部职业院校教师素质提高计划职教师资培养资源开发项目

ISBN 978 – 7 – 5095 – 7030 – 2

Ⅰ.①财… Ⅱ.①于… Ⅲ.①财务管理 – 教学法 – 职业教育 Ⅳ.①F275 – 42

中国版本图书馆 CIP 数据核字（2016）第 246835 号

责任编辑：李　静　杨　骁　　　　　责任校对：胡永立
封面设计：智点创意

中国财政经济出版社 出版

URL：http://ckfz.cfeph.cn

E – mail：ckfz@ cfeph.cn

（版权所有　翻印必究）

社址：北京市海淀区阜成路甲 28 号　邮政编码：100142

营销中心电话：88190406

天猫网店：中国财政经济出版社旗舰店

网址：https://zgczjjcbs.tmall.com

北京京华虎彩印刷有限公司印刷　各地新华书店经销

710×1000 毫米　16 开　13.25 印张　270 000 字

2016 年 12 月第 1 版　2016 年 12 月北京第 1 次印刷

定价：32.00 元

ISBN 978 – 7 – 5095 – 7030 – 2/F·5628

（图书出现印装问题，本社负责调换）

本社质量投诉电话：010 – 88190744

打击盗版举报热线：010 – 88190492、QQ：634579818

项目牵头单位：中国海洋大学

项目负责人：王竹泉

项目专家指导委员会：

主　任：刘来泉

副主任：王宪成　郭春鸣

成　员：（按姓氏笔画排列）

　　　　　习哲军　王继平　王乐夫　邓泽民　石伟平　卢双盈
　　　　　汤生玲　米　靖　刘正安　刘君义　孟庆国　沈　希
　　　　　李仲阳　李栋学　李梦卿　吴全全　张元利　张建荣
　　　　　周泽扬　姜大源　郭杰忠　夏金星　徐　流　徐　朔
　　　　　曹　晔　崔世钢　韩亚兰

出版说明

《国家中长期教育改革和发展规划纲要（2010~2020年）》颁布实施以来，我国职业教育进入到加快构建现代职业教育体系、全面提高技能型人才培养质量的新阶段。加快发展现代职业教育，实现职业教育改革发展新跨越，对职业学校"双师型"教师队伍建设提出了更高的要求。为此，教育部明确提出，要以推动教师专业化为引领，以加强"双师型"教师队伍建设为重点，以创新制度和机制为动力，以完善培养培训体系为保障，以实施素质提高计划为抓手，统筹规划，突出重点，改革创新，狠抓落实，切实提升职业院校教师队伍整体素质和建设水平，加快建成一支师德高尚、素质优良、技艺精湛、结构合理、专兼结合的高素质、专业化的"双师型"教师队伍，为建设具有中国特色、世界水平的现代职业教育体系提供强有力的师资保障。

目前，我国共有60余所高校正在开展职教师资培养，但由于教师培养标准的缺失和培养课程资源的匮乏，制约了"双师型"教师培养质量的提高。为完善教师培养标准和课程体系，教育部、财政部在"职业院校教师素质提高计划"框架内专门设置了职教师资培养资源开发项目，中央财政划拨1.5亿元，系统开发用于本科专业职教师资培养标准、培养方案、核心课程和特色教材等系列资源。其中，包括88个专业项目，12个资格考试制度开发等公共项目。该项目由42家开设职业技术师范专业的高等学校牵头，组织近千家科研院所、职业学校、行业企业共同研发，一大批专家学者、优秀校长、一线教师、企业工程技术人员参与其中。

经过三年的努力，培养资源开发项目取得了丰硕成果。一是开发了中等职业学校88个专业（类）职教师资本科培养资源项目，内容包括专业教师标准、专业教师培养标准、评价方案，以及一系列专业课程大纲、主干课程教材及数字化资源；二是取得了6项公共基础研究成果，内容包括职教师资培养模式、国际职教师资培养、教育理论课程、质量保障体系、教学资源中心建设和学习平台开发等；三是完成了18个专业大类职教师资资格标准及认证考试标准开发。上述成果，共计800多本正式出版物。总体来说，培养资源开发项目实现了高效益：形成了一大批资源，填补了相关标准和资源的空白；凝聚了一支研发队伍，强化了教师培养的"校—

企—校"协同；引领了一批高校的教学改革，带动了"双师型"教师的专业化培养。职教师资培养资源开发项目是支撑专业化培养的一项系统化、基础性工程，是加强职教教师培养培训一体化建设的关键环节，也是对职教师资培养培训基地教师专业化培养实践、教师教育研究能力的系统检阅。

自 2013 年项目立项开题以来，各项目承担单位、项目负责人及全体开发人员做了大量深入细致的工作，结合职教教师培养实践，研发出很多填补空白、体现科学性和前瞻性的成果，有力推进了"双师型"教师专门化培养向更深层次发展。同时，专家指导委员会的各位专家以及项目管理办公室的各位同志，克服了许多困难，按照两部对项目开发工作的总体要求，为实施项目管理、研发、检查等投入了大量时间和心血，也为各个项目提供了专业的咨询和指导，有力地保障了项目实施和成果质量。在此，我们一并表示衷心的感谢。

编写委员会

2016 年 3 月

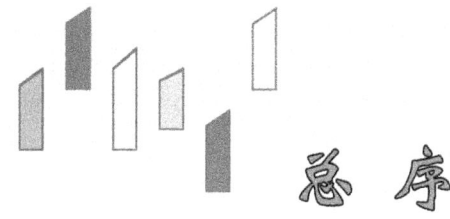

总 序

2012年,中央财政设立专项资金1.5亿元,组织具备条件的全国重点建设职业教育师资培养培训基地,用三年时间(2013~2015年)开发100个职教师资本科专业的培养标准、培养方案、核心课程和特色教材,具体包括:88个专业项目(项目编号为VTNE001至VTNE088)和12个公共项目(项目编号为VTNE089至VTNE100)的成果,每个项目资助150万元。项目以加强"双师型"职教师资培养为目标,遵循职教师资培养的规律和特点,突出职业学校对专业师资的能力要求,开发覆盖职教师资培养过程的系列成果,促进职教师资培养工作的科学化、规范化,提升职教师资培养的整体水平。在88个专业项目中,中国海洋大学王竹泉教授申报的"财务管理专业职教师资培养资源开发(VTNE074)"获得立项。2013年以来,项目负责人王竹泉教授组织中国海洋大学、中国石油大学(华东)、青岛大学、青岛科技大学、青岛农业大学、淄博职业学院、山东外贸职业学院、青岛职业技术学院、青岛酒店管理学院、青岛华夏职业教育中心等院校的专家学者40多人历时三年开发完成了包括本系列丛书在内的全套研发成果,在2015年12月教育部、财政部组织的课题验收中,该项目的开发成果得到了专家组的高度肯定:研究开发逻辑性强,结构完整。培养质量评价方案体系、课程大纲设计合理;核心教材体系三性融合,有整体设计;数字化资源开发体现了现代数字化资源的特征和要求;全部完成项目成果,研究扎实,有创新,质量达标。现将开发成果中的教师标准、培养标准、培养质量评价标准、专业课程大纲和特色系列教材正式出版并接受使用单位和读者的检验。

该开发项目承担单位中国海洋大学是全国重点建设职教师资培养培训基地,2012年以来连续承担了多期教育部、财政部"十二五"职教师资素质提高计划"中等职业学院会计学专业骨干教师或专业带头人培训"项目,积累了较为丰富的财会职教师资培养的经验。中国海洋大学2006年获得会计学专业博士学位授予权,是山东省首个会计学专业博士学位授权点,2007年获得会计硕士(MPAcc)专业学位授予权,是全国第二批获得授权的四所高校之一。中国海洋大学会计学专业2008年被批准为国家特色专业,2012年起作为教育部专业综合改革试点专业,2015年被批准为新一轮专业综合试点专业,2016年会计硕士专业学位研究生教育项目也被学校列为专业学位研究生教育综合改革试点。王竹泉教授作为上述各类专业建设和综合改革项目的负责人,主导并推动了财会职教师资培养与会计学专业普通高等教育以及会计硕士专业学位研究生教育的有机融合。经过多年的改革和建设,中国海洋大学会计学专业本科层次已形成了财会职教师资的特色培养方向,并首创了财会职教师资本硕连读的特色人才培养模式,为我国会计硕士专业学位研究生教育的拓展以及财会职教师资培养的改革提供了示范和借鉴。

"十三五"期间,财会职业教育将继续围绕加强基础能力建设、提升师资队伍素质等加强建设。作为该领域的国家级标准和示范成果,期望该套成果资源能够为我国财会专业职教师资的培养质量和培养水平的提高发挥重要的支撑作用。

本项成果是集体智慧的结晶。教育部、财政部职业院校教师素质提高计划项目专家指导委员会以及项目管理办公室对项目开发工作给予了指导和帮助,本项目全体开发人员的密切合作和辛勤付出使本项成果得以顺利完成,中国财经出版传媒集团中国财政经济出版社对本项成果出版给予了重要的支持,在此一并表示衷心的感谢!由于时间和能力所限,本项成果中难免存在不妥和纰漏,恳请读者批评指正。

王竹泉
2016 年 6 月 27 日

前　言

"十一五"、"十二五"以来，国家高度重视职业教育的发展，显著加大了对职业教育师资队伍建设的投入力度。一些普通高等学校在职业教育方面教学积累与经验日渐成熟，我国职教师资培养力量不断壮大，同时，越来越多的学生选择职教师资作为自己的专业方向和未来职业选择。《财务管理专业教学法》教材是教育部 财政部职业院校教师素质提高计划委托开发的财务管理专业职教师资培养资源开发（VTNE074）成果系列丛书之一，它以中职财务管理专业教师的职业能力标准为依据，培养学生树立先进的职业教育理念，学会先进的教学方法，掌握现代教育技术，形成开展职业教育的能力。

本课程的设计以财务管理职教师资岗位的社会需求为导向、以财务管理职教师资本科专业人才培养目标及培养标准为基础，突出专业知识的传授和专业技能的培养。在内容设计上，《财务管理专业教学法》结合财务管理相关专业课程的专业知识，根据中等职业教学财务管理专业学生和教学内容、教学环境的特点，在系统搜集、调研和总结教学实践的基础上，整合出中职教育财务管理专业课程有效的教学法，形成具有指导和示范价值的教学法教材。其具有下列鲜明的特点：

1. 注重职业教育理论、方法与财务管理专业的特点相结合，将职业教育的理论、方法灵活地融入到财务管理专业教育中来；

2. 注意财务管理理论与其技术、方法相结合，在合理安排财务管理理论的广度和深度时，着重强调财务管理技术、方法和实践教学法的应用指导；

3. 涵盖了财务管理理论与实践、职业教育、教学理论与实践的内容，适应于财务管理职教师资专业教学使用，也对其他不同层次的专业教师的教学有积极的参考和借鉴作用。

该教材主要介绍财务管理专业教学法基本原理及其在教学实践中的运用，并按照财务管理职教师资课程体系，分专业基础类课程、专业核心类课程、职业教育类课程、集中实践类课程四个板块，分别介绍各类课程适应的教学法及其实践应用。

本书由中国海洋大学于卫兵副教授主编，并负责编写第二章、第三章、第四章、第一章第六节、第九章第三节；青岛农业大学王秀华副教授负责编写第七章、第一章第五节；温琳讲师负责编写第五章第五节；青岛职业技术学院罗志敏副教授负责编写第五章第二节；孔荣华讲师负责编写第五章第六节、第九章第二节；朱传霞讲师负责编写第八章；青岛华夏职业教育中心马瑞香副教授负责编写第五章第三、第四节；李霞副教授负责编写第六章；陈琰副教授负责编写第一章；王雪丽讲师负责编写第九章第一节；青岛科技大学张先敏讲师负责编写第五章第一节。

鉴于本教材涉及职业教育学、财务管理学等诸多内容，加之时间和能力所限，教材中的不妥之处在所难免，敬请学界同仁和广大读者不吝赐教。

编者

2016 年 3 月

目　录

第一章　财务管理专业教学法概述 …………………………………………（ 1 ）
　　第一节　教学法的含义 ………………………………………………（ 1 ）
　　第二节　教学法的特点 ………………………………………………（ 3 ）
　　第三节　教学法的分类 ………………………………………………（ 5 ）
　　第四节　教学法的选择与运用原则 …………………………………（ 7 ）
　　第五节　财务管理专业教学法的运用分析 …………………………（ 8 ）
　　第六节　本课程的设计和结构安排 …………………………………（ 13 ）

第二章　财务管理专业现状和发展前景 …………………………………（ 15 ）
　　第一节　财务管理专业的发展过程 …………………………………（ 15 ）
　　第二节　财务管理专业的就业现状 …………………………………（ 17 ）
　　第三节　财务管理专业的教学与实践现状 …………………………（ 18 ）
　　第四节　财务管理与相关专业的联系 ………………………………（ 20 ）
　　第五节　财务管理机构的设置 ………………………………………（ 21 ）
　　第六节　财务管理人才的职业发展与能力要求 ……………………（ 23 ）

第三章　财务管理专业教学特点 …………………………………………（ 26 ）
　　第一节　财务管理专业职业学生的特点和要求 ……………………（ 26 ）
　　第二节　财务管理职教师资专业的教学内容 ………………………（ 32 ）
　　第三节　财务管理职教师资专业教学内容的组织 …………………（ 37 ）
　　第四节　财务管理专业教学组织形式 ………………………………（ 42 ）

第四章　财务管理专业教学环境与师资条件 ……………………………（ 47 ）
　　第一节　财务管理专业教学媒体的种类和特点 ……………………（ 47 ）
　　第二节　财务管理职教师资专业教学环境 …………………………（ 50 ）
　　第三节　财务管理专业教学环境设计与教学媒体选择 ……………（ 54 ）

第四节　财务管理职教师资培养方案 …………………………………（ 57 ）

第五章　财务管理专业教学法原理 ………………………………………（ 64 ）
　　第一节　讲授教学法 ………………………………………………………（ 64 ）
　　第二节　案例教学法 ………………………………………………………（ 69 ）
　　第三节　研讨教学法 ………………………………………………………（ 75 ）
　　第四节　角色扮演教学法 …………………………………………………（ 81 ）
　　第五节　实验教学法 ………………………………………………………（ 89 ）
　　第六节　实践教学法 ………………………………………………………（ 92 ）

第六章　专业基础类课程教学法 …………………………………………（101）
　　第一节　专业基础类课程内容及教材分析 ………………………………（101）
　　第二节　专业基础类课程教学法适应性分析 ……………………………（103）
　　第三节　专业基础类课程教学法的实践应用 ……………………………（105）

第七章　专业核心类课程教学法 …………………………………………（126）
　　第一节　专业核心类课程内容及教材分析 ………………………………（126）
　　第二节　专业核心类课程教学法适应性分析 ……………………………（134）
　　第三节　专业核心类课程类教学法的实践应用 …………………………（138）

第八章　职业教育类课程教学法 …………………………………………（159）
　　第一节　职业教育类课程内容及教材分析 ………………………………（159）
　　第二节　职业教育类课程教学法适应性分析 ……………………………（166）
　　第三节　职业教育类课程类教学法的实践应用 …………………………（170）

第九章　集中实践类课程教学法 …………………………………………（176）
　　第一节　集中实践类课程内容 ……………………………………………（176）
　　第二节　集中实践类课程教学法适应性分析 ……………………………（177）
　　第三节　集中实践类课程教学法的实践应用 ……………………………（180）

参考文献 ……………………………………………………………………（199）

第一章

财务管理专业教学法概述

伴随着经济社会发展和科技进步的需要，现代教学需要培养知识、技能和素质协调发展并且具有自我更新知识能力的终身学习者，才能更好地满足并适应新形势下职场对人才要求的日益变化。为此，需要在教学中大力推进教学法改革，因为，教学法不仅仅体现在课堂教学中，也体现在教学设计、教学组织、教材开发、现代信息技术应用、教学评价、教学研究等与教学活动密切相关的因素中，这些因素是推动教学改革的重要组成部分，所以，探索并改革教学法成为师生有效完成教学任务，实现高效课堂，进而推动人才培养的有效途径。对于财务管理职教师资队伍的培养，同样需要重视教学法的探索和研究。

第一节 教学法的含义

一、教学的含义

关于教学的含义，《中国大百科全书》（教育卷）是这样描述的："教学是师生双方的共同活动。"而事实上，教学的含义有多种。在国外，随着教学研究的不断深入，教学这一概念逐步形成了几种不同的含义：教学是传授知识或技能；教学即成功；教学即有意识的活动；教学即规范性的行为；教学是有效的；等等。在国内，教学从范围的大小可以概括为五种不同的含义：最广义的教学，是指社会现实所涉及的各种活动，即科研、劳动、生活；广义的教学，是指一切有目的、有计划，全面影响学生发展的活动；狭义的教学，是指教育中传授知识技能的基本途径；更狭义的教学，是指教学生学习具体知识技能的过程；具体的教学，是指每天进行的上课（王策三，1985年）。

从上述关于教学定义的不同解释中，我们可以了解到教与学之间的紧密联系，教与学是同一过程的两个方面，彼此不可分割地联系着。从起点上看，有教必须有学，教不能离开学，开展教的活动是依据学的规律为前提的；从过程来看，教就是要激发、维持、促进和指导学；从结果来看，教最终表现在学会，而不是学过。关于教与学之间的关系，教育家陶行知有这样形象的说法："第一，先生的责任不在教，而在教学，教学生学；第二，教的法子必须根据于学的法子；第三，做先生的，应该一面教一面学。"因此，根据以上教与学的密切关系来看，《中国大百科全书》中的"教学是师生双方的共同活动"的含义，是比较恰当的表述，本书对于教学法的阐述也正是建立在对这一含义理解的基础之上。

二、教学法的含义

什么是教学法？不同的时代，由于社会背景、文化氛围的不同，以及研究者研究问题的角度和侧面的差异，使得中外不同时期的教学理论研究者对"教学法"概念的界定也不尽相同。西方学者自20世纪80年代后有许多观点出现。如，"教学方法是教师为达到教学目的而组织和使用教学技术、教材、教具和教学辅助材料以促成学生按照要求进行学习的方法"；"教学方法是指多数教师能够充分加以运用并适合于多学科反复使用的教学步骤或程序"；"教学方法就是教师发出和学生接受学习刺激的程序"；"教学方法是促进学生学习、教师组织班级、向学生提出意见及其使用教学手段的各种方法"，等。21世纪后，后现代主义教学观、建构主义教学观对教学方法的界定成为新的热点，批评原有的本质主义定义方式，主张用描述特征展示教学方法以及活动的无限复杂性。关于教学方法概念的界定，我国研究者也有多种观点，比较有代表性的有，王策三（1986）认为："教学方法是指为达到教学目的，实现教学内容，运用教学手段而进行的，由教学原则指导的一整套方式组成、师生相互作用的活动。"王道俊（1989）认为："教学方法是为完成教学任务而采用的办法，它包括教师教的方法和学生学的方法，是教师引导学生掌握知识技能，获得身心发展而共同活动的方法。"李秉德（1991）认为："教学方法，是在教学过程中，教师和学生为实现教学目的，完成教学任务而采取的教与学相互作用的活动方式的总称。"吴文侃（1996）认为："教学方法是教师和学生在教学过程中，为达到一定的教学目的，根据特定的教学内容，共同进行的一系列活动的方法、方式、步骤、手段和技术的综合。"王维臣（2012）认为："教学方法，是指为实现既定的教学目标，师生依据一定的教学步骤，共同开展一系列教学活动的手段的综合。"

综上，国内外学者对于教学方法概念的认识不尽相同，但都反映出教学方法与教学目的和教学内容的联系，强调师生间相互联系和相互作用的关系，对于我们进行教学法的探索与创新有启示和帮助作用。由此可概括教学法的含义为，教学法是指在教学过程中，教师和学生为了实现共同的学习目标，完成共同的学习任务，由教师指导学生学习而采取的教与学相互作用的活动方式的总称。

现代教学理念倡导的是"教为主导、学为主体"，要求在教学中注重贯彻以学生为本的教学思想，强调教师在教学中具有主导作用，但不能"主宰"教学活动，所以保持教与学双边活动的适当张力，寻求教的活动与学习活动的有机统一，会让教学呈现出有效的生命力。由此可见，教学法是以解决教学任务为目的的师生间共同进行认识和实践的方法体系。它包括了教师的教法、学生的学法和教与学的方法。三者应该是相辅相成，有机融合的。由于本书的教学对象是培养毕业后从事中等职业学校财务管理专业教育的教师队伍,因此,本书所指的教学法是指财务管理专业教学法,即财务管理专业教师和学生为了实现共同的学习目标,完成共同的学习任务,由教师指导学生学习而采取的教与学相互作用的活动方式的总称。

第二节 教学法的特点

一、教学法的特点

从宏观角度看,不同背景下形成的教学法可归结为以下基本特性:(1)多样性。由于教学法须服务于教学目的和教学任务的要求,所以教学内容、目的多样性,必然形成多样的教学法。而且随着教学改革的深入,新型的教学法会不断增多。(2)综合性。由于教学法是教学活动中师生双方共同完成教学活动内容的行为体系,因此,教学法是教师教的方法和学生学习方法的综合体。(3)互补性。各种方法在运用中,需与其他方法相互配合,取长补短,才能达到预期的教学目标。(4)发展性。传统教学法的主要方式是注入式传授知识,其重教轻学的观念导致的是单一的"满堂灌"的教学形式。而现代教学法更重要的是倡导"注入式灌输"向启发式教学、合作学习教学、谈话讨论等多种方式教学的转变和发展。

从微观角度看,教学法的具体特点应主要表现为以下几点:(1)体现服务性。教学法要服务于教学目的和教学任务的要求。针对特定的教学内容和教学目的,教学法不可能千篇一律,而是要依据教学内容的不同采用合适的教学法,另外,教学法还受到教学组织、教学环境的影响,还需要兼顾教学对象的变化,因势利导、顺势而为。(2)体现时代特色。不同时代的教学理念、教学思想都有其特定性,随着时代的进步,教学法应更加注重以学生发展为本,体现培养学生的创造精神和创造能力的时代特色。新时代教育观要求,学生学习的核心目标在于"学会做人、学会生存、学会求知、学会发展",所以教学的目的不是简单地让学生记住一些死的知识,而是学会学习、学会思考、学会方法。这就要求教师不能只想着如何把知识塞进学生头脑中,更重要的是,能够运用恰当的教学法引领学生分析和解决问题,从而让学生建构自己的知识,把外在的知识内化为自己的思想,以便在新的情境下能实现知识的迁移,使学生在离开学校后,会工作,会学习,会发现问题,会解决问题,成为一个具有创新精神创新能力的人。(3)体现互动性。生命在于活力,有活力的课堂绝不是老师的主角表演,只有那些充分调动了学生思维与热情、让学生有话可说有话想说的积极参与的课堂,才是充满生机与活力的。那么老师循循善诱,学生思维踊跃、积极作答并最终学会了,这种充分体现互助互动的教学思想的课堂才是我们真正需要的成功的课堂。(4)体现有效性。教学法是完成教学任务、实现教学目标和提高教学质量的关键所在。用什么样的教学方法教学,关键看其教学效果是否有效,因为有效的教学法不仅影响着学生对知识和技能的掌握情况,而且对学生智能和个性的发展也有重大的影响，许多教师在教学工作中取得的突出成就，大都受益于他们对教学法的创造性运用和刻意探求。实践告诉我们，课堂教学有效的出发点和归宿是促进学生的发展。因此，无论是哪种教学法的使用，其最终目的是要在教师的有效指导下，让学生以较少的时间取得较多收获，尤为重要的是在学习过程中得到愉悦的体验和感悟，正如孔子曰："知之者莫如好之者，好之者莫如乐知者"。换言之，有效性的核心效果是让每个学生都在其原有的基础上得到发展，进而达到情感、态度与价值观的优化。

二、高校教学法的特点

从性质上看，高校教学法由于其所依据的基本原理与普通学校教学法是一致的，因此，就方法而言，没有什么特殊性。但是由于高等学校实施的是专业教育，又是传授高深学问的场所，且学生又是大学生的群体，因而高校教师在运用教学法的过程中，就表现出与普通中小学不同的特殊性，而高校教学法的特殊性是由高校教学活动的特点所决定的。

（一）专业性教学和综合性认知相结合

高等教育与基础教育的不同在于其知识的专业系统性，高等教育实施的是在基础教育之上的专业教育，教学目标和教学内容按照不同学科专业领域的知识体系进行设计，教学组织形式也是按照专业不同分别进行。同时，在专业性教学内容和教学情境中，学生的知识、能力、素质得到全面的培养，教学活动对学生的影响是综合性的。

（二）隐性教学和显性教学相结合

高等学校教学活动对人才培养的影响作用趋于多方面的，传统课堂教学活动的直接影响属于显性教学，高等学校诸多的教学活动，如学术讲座、社会实践调查、毕业实习、课题研究等，对学生的教育意义和影响往往更加深远长久，而这些教学活动属于隐性教学活动。

（三）教学活动与科研活动相结合

科学研究活动是人类有意识地探究世界的实践活动，而高等学校教学活动是一种接近于人类认识世界实践活动的有效组织方式，这表明高等学校不仅仅是传统知识的传授场所，更是教师有目的地引导学生学会认知和探究世界的方法，培养学生创新思维和科学研究的素质和能力，教师和学生在各自的教学活动任务中都可以实现认识已知与探索未知的结合。

财务管理专业或财务管理职教师资专业是高等学校实施的专业教育之一，其教学活动具有上述高校教学活动的特点。财务管理职教师资本科，是按照财务管理专业学科特点，以中职财务管理专业教师成长规律与教育教学规律为主线，培养从事于中等职业学校财务管理专业师资应具备的基础知识、专业能力、教学能力和职业素养的人才。因此，其教学活动还具有以下特点：

（1）突出职教特色

在培养标准设计中，强调课程体系的整体性，充分体现财务管理职教师资本科培养的"职业性、技术性和师范性"的有机融合；注重教育类课程教学内容与教师资格证要求相结合，专业课程与专业资格证书相结合，理论教学与实践教学相结合，强调应用型人才的培养。

（2）强化实践教学

贯彻职业行动能力导向的教育教学理念，强调理论与实践一体化的培养思路，加强专业理论与实践、教育教学理论与实践的整合，企业财务管理岗位实践与中职教育教学岗位实践相结合，强调实训和实习环节。

（3）创新教育教学模式

学习和吸收国内外先进职业教育理念与经验，随时更新财务管理及相关专业知识，掌握职业教育先进理论及财务管理专业技能。强化与职业学校、相关行业企业合作，通过校企合作、校校合作，实现工学结合、工学交替的多元化培养，强调"教育教学能力和财务管理岗位能力同步培养"的教育教学模式。

（4）体现前瞻性

人才培养要体现财务管理未来发展趋势和方向，切合财务管理职业教育改革的需要。在课程体系的设计和安排上要体现前瞻性，在培养专业知识和技能的同时，锻炼学生的自我学习和适应环境发展的能力。

（5）实现可持续发展

考虑学生可持续发展能力的要求，既注重专业基础的宽广又突出专业重点方向。遵照教学规律和循序渐进原则，厘清不同课程模块之间的逻辑关系，形成有机的课程体系，培养终身学习与持续发展的意识和能力。

第三节 教学法的分类

教学法的分类就是把多种多样的各种教学方法，按照一定的规则或标准归属为一个有内在联系的体系。在实际教学中所使用的教学法纷繁多样，而且随着教育理论、教学手段的发展，新的教学方法还会层出不穷。这么多的教学法尽管各具特点，却又不乏其共性，为更好地分析、认识并掌握各种教学法的特点以及它们发展运动的规律，有必要对各种教学法进行归纳分类。本书在此主要讨论的是高校教学法的分类。

关于西方国家大学采用的教学方法，主要归纳为以下几种主要类型：（1）德国培养专才类型，侧重学生兴趣的培养及专门人才的教育，典型的教学方法是 Seminar（研讨课）教学方法，即在教授指导下，由高年级和优秀学生组成研究小组，定期集中在一起，共同探讨新的知识领域，研究高深科研课题。（2）美国培养通才类型，20 世纪中叶以来，美国高校在教育家罗姆·布鲁纳（Jerome Seymour Bruner，1915）发展建构主义理论的指导下，形成了一套科学、可行的教学方法体系：一是将教学中心转到学生上，激发学生的内在动机，促进学生主动学习；二是将教学从对知识传授转向对问题研讨，提倡开放思维；三是改变课堂讲授功能，提倡师生、生生互动，培养学生分析和表达能力；四是在教学中通过硬件软件营造真实的经济、社会、生活环境及捕捉重要的课题、案例，引导学生去体验、创造，认识事物的内在规律。基于上述建构主义思想色彩的理念，美国高校率先创造并采用了案例式、讨论式、基于问题等教学方法，获得成功。这些方法使美国高校课堂成为学生多种认知能力协同运作和多种思维方式综合运用的场所，营造了有利于学生创造性思维能力发展的环境。美国高校采用的这些教学方法一般都偏向于通才培养。（3）英国复合型人才培养类型，英国高校偏重于理论型、复合型人才的培养。英国高校强调以学生为中心，重视师生互动以及学生对教学活动的信息反馈，在课堂中经常采用"自主和交互式学习教学方法"和"项目教学法"对学生进行综合训练，给学生提供了实践场所以及富有挑战性和自主性研究的机会。此外，还有很多高校引入"体验性教学法"，重视对学生课外自学的指导和独立钻研能力的培养。

关于高校教学法的分类，我国研究者从不同角度进行了多种分类研究，有的按照教学工作任务分为传授知识的方法，形成技能、技巧的方法，巩固知识、技能的方法，检查知识、技能的方法；有的按照获取知识的途径分为口授法、实践法、直观法；有的按照指导学生掌握知识的程序和水平分为认知法、复现法、探讨研究法。有的学者认为，目前高校的教学方法一般可以分为三大类：第一类是教师和学生主要运用语言来传授、学习知识和技能的方法，如讲授法、问答法、讨论法等；第二类是教师指导学生通过直观感知获得知识和技能的方法，如实验实习法、演示法、参观法等；第三类是教师指导学生独立获取知识和技能的方法，如自学指导法、练习法等。越来越多的研究者认为，我国高校目前应注重讨论法、研讨法、案例法、项目式教学法、研究性教学法、学导式教学法、问题引导教学法、参与式教学法、与工作方法接轨教学法等教学方法的应用。

国内外研究者对于教学法分类的研究，由于分类所依据的标准不同，则分类的结果不同，尽管有些侧重于教的方法，有些是侧重于学的方法，但基本上囊括了各学科的多种教学法。但是，较少有研究者从专业角度对教学方法进行分类，而高校教学法具有很强的学科针对性，不同的学科所采用的教学法类型不同，同一教学方法在不同专业领域中又有不同的运用形式。因此，本书主要根据财务管理专业特点，探索财务管理专业系列课程的各种适用教学方法，在教学活动中需要综合运用各种教学法，本书主要阐述的教学法包括讲授教学法、案例教学法、研讨课教学法、角色扮演教学法、实验教学法、实践教学法，这主要是基于以下两个方面的考虑：一是这些教学方法都是在财务管理专业教学实践中经常被采用的，付诸实践、被实践证明是有效的教学方法；二是近些年财会专业教师在专业期刊中所发表的教学方法研究的成果中，以上这些都是经常被涉及的有效的教学方法。当然，在财务管理专业教学实践和教学研究中还有其他一些有效的教学方法，本书没有——论述。

第四节 教学法的选择与运用原则

随着教学改革与实践的发展，新的教学法层出不穷，面对众多的教学法应如何加以整体把握并有效地选择运用呢？常言道："教学有法，教无定法，贵在得法。"所谓"有法"是指不同学科的教学有一定规律可循；所谓"无定法"是指在具体的教学中并不存在"放之四海而皆准"的固定不变的万能方法，一切都因人、因境而定，所以，最终还是"贵在得法"。

一、教学法的选择依据

如何科学、合理地选择和有效地运用教学法？要求教师能够在现代教学理论的指导下，依据学科特点和教材内容的不同，熟练地把握各类教学方法的特性，能够综合地考虑各种教学法的各种要素，合理地选择适宜的教学法并能进行优化组合。选择教学法的基本依据有：

（1）依据教学目标选择教学法

不同领域或不同层次的教学目标的有效达成，要借助于相应的教学方法和技术。教师可依据具体的可操作性目标来选择和确定具体的教学方法。

（2）依据教学内容的特点选择教学法

不同学科的知识内容与学习要求不同；不同阶段、不同单元、不同课时的内容与要求也不一致，这些都要求教学法的选择具有多样性和灵活性的特点。

（3）根据学生实际特点选择教学法

学生的实际特点直接制约着教师对教学方法的选择，这就要求教师能够科学而准确地研究分析学生的上述特点，有针对性地选择和运用相应的教学方法。

（4）依据教师的自身素质选择教学法

任何一种教学法，只有适应了教师的素养条件并能为教师充分理解和把握，才有可能在实际教学活动中有效地发挥其功能和作用。因此，教师在选择教学法时，还应当根据自己的实际优势，扬长避短，选择与自己最相适应的教学方法。

（5）依据教学环境条件选择教学法

教师在选择教学法时，要在时间条件允许的情况下，应能最大限度地运用和发挥教学环境条件的功能与作用。

各种教学法的分类都显示，没有一种方法是万能的教学法，实践中都应因教学任务、教师和学生以及教学环境的具体情况不同而选择不同的教学法。我们说贵在得法，就是要优选教学法，这是教学过程最优化的核心部分之一。同时还应当指出，教学法的选择是由不同水平的教师来进行的。当其中的一部分教师认为某一组方法最好，而另一部分教师则可能喜欢变换多样的方法，因此，教师需要依靠科学的方法，凭借现有的先进经验和对自己以往经验的分析，并且经过慎重的思考以后，才能选出适宜的、有理论根据的方法。总而言之，教师不应满足和局限一种教学方法，应当强调从多种教学法构成的教学方法体系中兼收并蓄，以适应千变万化的教学情境。

二、教学法的运用原则

教师选择教学法的目的，是要在实际教学活动中有效地运用。因此，在教学过程中我们要全面对待教学法的选择，并把这些方法最有效地结合起来运用，以实现教学过程的最优化。最优化的关键是使教师和学生之间相互联系的活动得到最充分的多方面的体现。运用教学法时应遵循以下原则：

（1）启发学生学习

该原则的宗旨是教师从学生实际出发，充分调动学生学习的主动性和创造性，以达到教学目标。教学活动是教师主导和学生主动的统一。教师主导体现在"启发"学生的思维活动，主动为学生创设产生"愤悱"的条件，而学生的主动体现在激发求知欲之后保持愤悱之状，维持学习兴趣和学习动机。贯彻启发的教学法需要注意引起学生主体产生思维活动的条件，如新异的观点、挑战性的问题，以促进学生主体获得思维连结，产生顿悟式的理解。

（2）引导学生学会学习

该原则的宗旨是学生在学习过程中掌握学习的方法。学会学习意味着学生学会表达、问答、讨论、阅读、练习等一系列构成学习能力的基本技能，即独立获取、运用教学内容的能力，检索、鉴别和利用相关资料的能力。学会学习的结果标志着学习能力的形成，而学会学习的过程是学生改变和形成学习技能的自主性过程。学会学习离不开教。教学过程是师生双方相互作用的过程。只有教师会教、善教，学生才有可能会学、善学。因此，教学过程是教师教学生学会学习的过程。这要求教师不仅要立足于学生的需要来选择和运用教学法，还要加强学法指导，培养学生掌握良好的学习策略和技能。

第五节　财务管理专业教学法的运用分析

事实上，各种教学法并无绝对优劣之分，教学法的选择运用并不是寻求剔除所谓不好的教学法而采用好的教学法，或剔除传统方法而采用现代的方法，而是寻求在正确的教育思想或是思想观念下，熟练地根据教学目标、教学内容、教师自身的个性以及学生情况等来选择达到教学目标最合适的方法。因此，对于财务管理专业的教学法的运用也应当是如此，教师在教学过程中应当善于根据教学内容、教学目标、教学阶段选择恰当的教学法或者优化教学法组合。

一、讲授教学法的适应性分析

讲授教学法是指教师主要运用语言方式，系统地向学生传授科学知识、传播思想观念、发展学生思维能力和智力的方法。它是通过叙述、描绘、解释、推论来传递信息、传授知识、阐明概念、论证定律和公式，引导学生分析和认识问题。讲授教学法的优点是教师容易控制教学进程，能够使学生在较短时间内获得大量系统的科学知识。讲授教学法具有较为广泛的使用基础，对于财务管理专业核心类课程来说，其逻辑性较强，因而较为适合采用或辅助采用讲授教学法进行教学。但讲授教学法也存在很大的局限性，教师在进行财务管理专业核心类课程教学时在下列情况下不能单纯选用讲授教学法：

（1）授课对象学科背景较弱

美国心理学家奥苏伯尔认为，讲授教学法只有在满足三个条件后才是有效的，其中，需要满足的第一个条件是要求"学生具有有意义学习的心理倾向，即积极地把新知识与自己认知结构中原有的适当知识关联起来的心理准备状态"。任何一个课堂，主观上不想学习的学生教师采用何种教学方法可能都是没有意义的，因而，我们假设我们的学生都具有有意义学习的心理倾向，但这些学生是否能够积极地把新知识与自己认知结构中原有的适当知识进行关联以及关联的程度则和学生的素质具有密切的关系。通常认为，学生素质越高，越能够将新知识与原有的适当知识进行关联，且关联的有效性越高，学习效果也就越好，越适合于采用讲授教学法。中职的学生从生源上看，其基本素质大多定位于大学教育之下，头脑中原有的知识可能系统性不强，新知识与原有知识进行关联的能力有限，因而对于难度较高的财务管理专业核心类课程采用单纯的讲授教学法的教学效果会大打折扣，不能单纯采用讲授教学法。

（2）授课对象个体化差异较大且教学需要考虑授课对象的个体化差异时

讲授教学法可以面对大量学生进行统一授课。教师在授课过程中会根据学生对知识的掌握情况来把握授课进度，但如果授课对象较多，则其存在的个性化差异就会较大，更容易出现一部分学生掌握较好而另一部分学生还无法听懂的情况，教师继续讲授新知识点则一部分同学完全摸不着头脑；如果继续解释旧的知识点则相当一部分学生会认为教师授课啰唆，进而降低学习兴趣。此时，教师会陷入左右为难的境况，致使教学过程无法顺利进行下去。因此，这类课程最好不要单纯采用讲授法教学。

（3）对授课对象创造性思维要求较高的课程

讲授教学法是教师讲、学生听的一种教学方式，重点在于让学生掌握知识。由于学生只是一味地聆听教师讲授的内容，缺乏主动思考，难以真正激发学生的创造性。当教室中只有教师一人的声音，缺少学生的互动和参与时，学生的学习兴趣会不断下降，最终显得教学内容较为乏味，久而久之也会使学生形成被动学习的习惯。单调的课程氛围、被动的学习最终将严重扼杀学生的创造性思维。因而对于对学生的创造性思维要求较高的管理类课程，单纯采用讲授法教学效果不理想。

可见，针对财务管理专业核心类课程，要想实现较好的教学效果，需要学生深入思考才能接受的高级财务管理课程的部分内容，对学生自身学科背景要求较高的高级财务管理课程的部分内容不太适合单纯采用讲授教学法。而财务管理概览与基础、财务会计、审计学原理课程的大部分章节因难易适中，自身的逻辑性较强，从而可以较多地采用讲授教学法。

二、案例教学法的适应性分析

案例教学法是通过一个具体教育情境的描述，引导学生对这些特殊的教育情境进行分析讨论，获取知识和能力的一种教学方法。它是一种开放式、互动式的新型教学方式，实际上也是一种"做中学"的形式。

案例教学法目前已经成为管理类课程的重要教学方法，财务管理专业类核心课程的特点是理论抽象性高而实践性极强，学生在学习时通常会遇到以下困难：（1）对实际决策环境想象力贫乏致使很多理论性的知识没有较好的理解。例如，货币的时间价值是理财的基本观念，而学生却很难理解这一概念；（2）理论假设多，与实际情况有差异。财务管理专业的理论建立在正统经济学的基础上，几乎每一个理论背后都存在一定的假设，这些假设使得现实环境中的很多因素均被提前设定，从而与实际环境有一定的差异，这使得学生很难将学习到的理论知识直接运用到实际的决策中；（3）应用环境复杂多变。财务管理相关理论的应用环境十分复杂，即使有些同学在一定程度上掌握了理论，但是实际应用时也会发现力不从心，现实决策环境涉及的因素与教科书相比更要复杂，且面临实际问题时很难找到与教科书中一样的决策环境，加大了理论联系实际的难度；（4）解决方案的多元化。财务管理实践中新发展的理论越来越接近于管理学理论，越来越讲求管理的艺术性，很多情况下的决策并非只有唯一正确的做法，学生在学习过程中往往会显得无所适从，加大学习的难度。

面对这些问题，教师在授课过程中选择案例教学法会起到事半功倍的效果。一方面，案例教学过程中会为学生提供过去发生的真实事件的具体情境，这既有助于学生理解财务管理决策的环境，也便于对决策过程形成更加直观的印象，有助于学生更好地掌握财务管理的理论；另一方面，学生接触更多的案例后，能够对财务管理决策环境的复杂多变有所准备，讨论不同情境下决策的过程和结果也有助于学生将理论灵活应用到实践中，体会多元化的问题解决思路，有助于学生培养理性的财务管理思维，增强其未来实践中的动手操作能力。具体到财务管理专业核心类课程来说，财务分析、公司财务与案例、高级财务管理等课程都可以采用案例教学法进行讲授。

但案例教学法也有一定的条件约束，首先，课时约束。案例的引入会占用大量的课时，因而教师不能够对所有的专业核心类课程的所有内容都采用案例教学法进行讲解，必须有所取舍，对于难度较大的知识点必须采用案例教学法，而对于其他知识点，如果讲授教学法能够达成教学目标，就可以选择采用讲授教学法来代替；其次，教学条件约束。因案例是对实际决策环境的描述，通常会占用大量的篇幅，在教科书中没有现成案例可用的情况下，需要授课教师自己准备材料并将材料传递给学生，因而最好采用多媒体教学或者直接印发案例资料，所以需要能够进行多媒体授课的教师或者便利的打印复印设备；第三，教师专业素养要求。案例教学法要想达到预期的授课效果需要教师能够正确筛选、准备案例，引导学生进行深入思考，在学生讨论后教师能够把握重点进行总结提炼。案例剖析得越深入教学效果越好，相反，若案例提供后不能够进行深入分析，可能无法发挥其应有的作用，甚至误导学生的学习重点。因此，该授课方法要求教师具有扎实的专业素养。

三、研讨教学法的适应性分析

从研讨教学法的概念上看，研讨教学法对于解决不确定性问题的课程或对一个问题有多元化的解决方案的课程的学习效果会更好。财务管理专业核心类课程中，财务会计是讲授如何根据企业会计准则的规定对不同的经济业务进行会计核算的课程，大多数情况下，对于一个具体的经济业务，其会计处理方式是确定的，在这种情况下采用研讨教学法教学效果提升有限；财务分析课程是讲授针对具体的情境如何利用财务分析指标找出企业存在的问题或风险所在，其可以选择的财务分析指标、分析方法和分析思路都不是唯一的，因而分析出来的问题以及问题解决之道也并非唯一，因而可以采用研讨教学法；公司财务与案例讲授的是企业在日常财务管理实践中如何进行筹资决策、投资决策、营运资金管理和利润管理，大多数情况下需要拟定若干备选方案，然后对备选方案的优劣进行评价后得出决策结论，其理论的应用情境较为复杂、决策方式和结果也是多元化的，因而很多教学内容比较适合采用研讨法进行讲授；高级财务管理与公司财务与案例类似，只是其决策环境更为复杂、决策过程中需要考虑的因素更多，决策难度更大，且很多问题都处于理论探索阶段，较少有完全确定的解决方案，因而最适合采用研讨法讲授。

当然，研讨教学法与案例教学类似，其成功采用对学生的前期知识基础、教师的专业素养、教学条件、课时等都有一定的要求。首先，教师应选择贴切的、富有吸引力的情境。研讨教学法要求以"导"为主，设置贴近学生生活、富有吸引力的情境，提出有思考价值的问题。否则学生可能对情境的感受不深刻，从而不能更好地理解问题需求，影响学习效果；其次，教师应具有较高的专业素养。研讨教学法要求教师有全面、深刻、独到的见解，了解学生原有知识基础和能力水平，并且有熟练利用现代化手段教学的能力。在收集足够的资料的基础上来组织教学，引导学生利用资料，表达自己看法，并进行客观评论。第三，学生应具有解决问题的前期基础和条件。研讨教学法要求学生通过查阅资料、研究讨论后解决问题，其前期知识储备决定了其讨论的成效；其查阅资料的能力决定了其吸收新知识的成效，因而两个条件都具备时才更适合采用研讨教学法。

四、角色扮演教学法的适应性分析

角色扮演教学法是在教师设定的故事情境中，通过让学生扮演某个职业岗位上的角色模拟履行岗位职责,处理该岗位与其他岗位之间的职责关系,解决岗位职责履行中遇到的各种问题,据此掌握相关知识和能力的一种教学方法。角色扮演法可以使学生直接将所学知识与工作岗位联系起来,且由于模拟实际情境,可以加深学生印象,方便其更加扎实地掌握相关知识。

财务管理专业核心类课程的设置基本上都与学生毕业后要面临的工作岗位相关。因此,都可以采用角色扮演教学法进行讲授。在采用角色扮演教学法进行教学时,教师可根据需要采用分组角色扮演或个人业务模拟。因为有些内容比较适合于学生分组分角色进行模拟演示,而有些内容比较适合于学生个人进行岗位角色模拟。通常而言,较为综合性的知识点可能会涉及两个或两个以上的岗位业务,因而可以将学生分成几个小组,小组中的每个成员分饰不同的岗位完成角色模拟;仅涉及一个岗位业务的知识点可以由学生一人模拟完成。

但在选择角色扮演教学法教学时也需要注意:(1)角色扮演教学法的运用对教师的课堂组织能力要求较高。要使学生的扮演成功,就要求教师对学生有足够的号召力,并且相对了解学生的学习状况和表演欲望,只有这样才能够对不同学生的角色进行恰当的安排,模拟的情境才更加逼真,能够起到锻炼学生职业能力的目的。(2)精选具有代表性的教学内容。角色扮演教学法在运用过程中需要教师和学生花费较大的精力,包括人员的分配、业务的编排、知识的讲解,有些相对复杂的教学内容甚至还需要将不同角色的表演台词提前准备,以便学生能理解自身的角色从而正确表达。因而,过于简单、易理解的知识点以及过于繁琐、程序过于复杂的知识点都不应该采用这种教学方法,前者时间虽短,但缺乏必要性;后者有必要,但可能涉及的时间过长,也不适合教学采用。此外,相似的内容,比如筹资的过程等不要重复采用,只选择有代表性的内容采用角色扮演教学法就可以。(3)争取全员参与。采用角色扮演教学法教学时,应尽可能吸收每一个同学参与,且在教学结束前要公平、客观地对角色本身进行评价,既不打击学生参与表演的积极性,又能让学生明白某个角色的正确做法。

五、实验实践教学法的适应性分析

(一)实验教学法的适应性分析

实验教学法,是指学生在教师的指导下,使用一定的设备和材料,通过控制条件的操作过程,引起实验对象的某些变化,从观察这些现象的变化中获取新知识或验证知识的教学方法。尽管实验教学法有感知性实验和验证性实验两种,但从财务管理专业核心类课程的特征来看,因财务管理中大部分理论的形成都是实践经验的总结或者是实证数据检验得到的,因而验证性实验更加适合财务管理专业课程的教学。

采用验证性实验教学法的优点在于:第一,验证性实验的主要目的在于通过数据计算证明某些结论的正确性,通常在学习完相关的知识之后进行,可以帮助学生从正(教师讲)反(学生验证)两个方向更好地理解相关知识点;第二,验证性实验也方便教师在使用前提前布置给学生,将学生对实验数据的搜集放在课下进行,课堂上仅报告实验过程及实验结果，既能让学生理解理论的形成过程，还能够节省课时；第三，验证性实验教学方法也有助于培养学生求真务实的学习作风，学生可以在验证某个知识点的过程中发现新的知识点，从而帮助其加强知识点之间的内在联系使所学知识更加系统。

而感知性实验教学法更适合于能够有效控制投入从而形成特定产出的学科，比如化学、物理学等自然科学，便于教师掌控授课节奏。与自然科学相比，财务管理专业的理论本身就容易受环境变化的影响，不同情境下（例如数据搜集范围、口径等）的结论并不稳定，因而，教师很难掌控学生实验的进度及效果，容易得出一些似是而非的结论，不利于教学秩序的正常进行。

具体到财务管理专业核心类课程而言，财务分析、公司财务与案例、高级财务管理等课程都适合于采用实验教学法进行教学。而财务会计学因其会计核算的依据是企业会计准则的规定，因而相对而言不太适合采用实验教学法。

（二）实践教学法的适应性分析

实践教学是指根据高等学校培养目标，按照教学计划的要求所进行的参观、实习、习题课、讨论课、设计等教学环节。因而，实践教学法也包含采用带领学生参观、实习、做习题、组织讨论等多种教学组织形式。

从财务管理专业核心类课程看，每一门课都可以设置部分习题课、讨论课，且财务管理专业的核心技能专门针对企业的具体财务管理岗位，教师也可以安排某个时间带领学生到企业进行实地参观了解某个岗位的具体工作情况，因而，财务管理专业核心类课程均可采用实践教学法。实际上，近年来的教学改革特别注重培养大学生的创新精神和实践能力，而实践教学法也是实现这一改革目标的重要方面，因而教师在授课过程中应尽可能多地采用实践教学法。必要时，可以增加实践课程的比重。

第六节 本课程的设计和结构安排

财务管理职教师资本科专业以培养德、智、体、美全面发展，适应社会发展需要、理论基础扎实，具备财务管理专业知识和技能，掌握职业教育方法和理念，能够胜任本专业领域的理论教学、实训指导、教育教学管理等工作，具有创新精神、实践能力和可持续发展的高素质"双师型"职教师资为目标。与这一目标相适应，本专业毕业生应具备财务管理专业能力和教学能力。基于上述培养目标和能力要求设置财务管理专业教学法课程。

本课程的设计以财务管理职教师资岗位的社会需求为导向、以财务管理职教师资本科专业人才培养目标及培养标准为基础，突出专业知识的传授和专业技能的培养。根据岗位能力的需要设计教学内容、安排教学环节，灵活采用各种教学方法和手段组织教学活动，充分利用校内教学资源和校外实训基地开展教学实践，从而使学生具备进行教学计划和教学内容、教学环境的设计能力，具备中等职业教育财务管理专业课程开发和精品课程建设的能力，具备运用讲练结合、教做结合、教学结合、教学相长等理论与实践相结合的能力，旨在提高毕业生有效实施财务管理专业课程的教学能力。

在内容设计上，财务管理专业教学法课程结合对财务管理相关专业课程的专业知识的理解和掌握，根据中等职业教学财务管理专业学生的特点、教学内容、教学环境的特点，在系统搜集、调研和总结教学实践的基础上，整合出中职教育财务管理专业课程有效的教学法，形成具有指导和示范价值的教学法教材。

本课程内容主要包括财务管理专业教学法概述、财务管理专业教学特点和教学环境、财务管理专业教学法原理、财务管理专业各大类课程教学法。具体章节安排如下：

"财务管理专业教学法概述"为第一章，主要介绍教学法、高校教学法的基本含义、教学法分类、财务管理专业教学法的选择运用。

"财务管理专业教学特点和教学环境"为第二、第三、第四章，其中第二章主要介绍财务管理专业的招生与就业现状、教学与实践现状、财务管理与相关专业的联系及其发展、财务管理机构及其岗位设置、财务管理人才的职业发展与能力要求；第三章主要介绍财务管理专业职业学生的特点和要求、财务管理专业的教学内容以及教学内容的组织；第四章主要介绍财务管理专业教学媒体的种类和特点、教学环境、教学环境设计与教学媒体选择、财务管理职教师资培养方案。

"财务管理专业教学法原理"为第五章。主要介绍财务管理专业课程教学中的讲授教学法、案例教学法、研讨教学法、角色扮演教学法、实验教学法、实践教学法的含义、特点、作用、实施步骤、适用性等基本原理。

"财务管理专业各大类课程教学法"为第六、第七、第八、第九章，其中第六章主要介绍专业基础类课程内容及教材分析、课程教学法适应性分析以及专业基础类课程教学法的实践应用；第七章主要介绍专业核心类课程内容及教材分析、课程教学法适应性分析以及专业核心类课程教学法的实践应用；第八章主要介绍职业教育类课程内容及教材分析、课程教学法适应性分析以及职业教育类课程教学法的实践应用；第九章主要介绍集中实践类课程内容及教材分析、课程教学法适应性分析以及集中实践类课程教学法的实践应用。

思 考 题

1. 如何理解教学和教学法的含义？
2. 中职财务管理专业教学法有何特点？作为一名教师，如何根据这些特点有效地组织课堂教学？
3. 中职财务管理专业教师在教学实践中应如何选择教学法？

第二章

财务管理专业现状和发展前景

第一节 财务管理专业的发展过程

一、国外财务管理专业的发展历程

工业革命以前,生产力不发达,经济结构单一,以农业和手工业为主体,企业资金少,管理简单,企业财务管理从属于企业管理,没有形成独立的管理职能。工业革命以后,企业规模不断扩大,财务管理日趋复杂,财务管理职能逐步独立出来,形成企业新的管理部门,催生了财务管理学科的诞生。随着企业规模的扩大、生产技术的变革、资本市场的发展,财务管理的内涵也在不断变化。自从19世纪末20世纪初,财务管理从企业管理中分离出来成为一门独立的学科后,财务管理经历了以下发展历程。

(一)以筹资为重心的管理阶段

19世纪末20世纪初,工业革命使企业规模不断扩大和技术不断更新,股份公司成为企业的主要组织形式。股份公司的形成增加了资本需求量,改变了企业的筹资方式,扩大了生产经营规模。股份公司为了加强对资金的管理和控制,成立了新的管理部门即财务管理部门,由此财务管理的岗位开始形成。早期的财务管理的特点有:筹集资本和资本成本最小化;公司合并形成的财务清算。早期的资本市场不成熟,会计报表的数据缺乏真实性,影响了投资的积极性。

(二)以内部控制为重心的管理阶段

1929年,世界性经济危机的爆发使许多公司倒闭,经济收益受损。企业为了尽快走出经济危机的困境,弥补经济危机带来的损失,对企业内部进行控制。财务管理逐渐转向了以内部控制为重心的管理阶段,财务管理发生了较大的变化,表现为以下特点:加强内部控制,提高资本使用效率;用定量方法对资本进行控制,在财务管理中逐渐应用计量模型;公司按照政府的法律规范来制定财务政策。

(三)以投资为重心的管理阶段

二战后,随着各国企业规模逐渐扩大,企业市场竞争日趋激烈。企业管理者开始寻找多元化发展道路,投资决策成为企业财务管理的主要内容,这一阶段财务管理涉及的内容更加广泛,方法多样,主要表现在:注重资产负债表中的资产项目;更加强调决策程序的科学化;投资分析评价指标得到广泛采用;建立了系统的风险投资理论和方法。

(四)以资本运作为重心的综合管理阶段

20世纪80年代以后,资本市场的不断发展,财务管理朝综合管理方向发展,具体表现为:财务管理是企业活动的中心,资本运作是财务管理的主要内容,财务管理通过资本管理能够反映企业各项经营活动的情况;财务管理注重资本筹资、资本运用和资本收益分配,追求利润最大化;电子计算机的应用及财务软件的开发提高了财务管理的效率。

二、国内财务管理专业发展过程

在我国,财务管理专业长期以来附属于会计学、财政学、管理学或经济学等专业。财务管理学在高等院校中作为一个本科专业也只有近二十余年的时间。最早始于20世纪80年代中期,部分高等院校开始试办理财学专业,到1992年国家教委才把理财学正式列为一个单独的本科专业。我国目前的财务管理专业是根据国家教育部1998年颁布的《普通高等学校本科专业介绍》新设的一个本科专业,是将原来的"理财学"和"资产评估"两个本科专业归并后形成的属于管理学学科门类下工商管理类专业。2000年教育部高等学校工商管理类专业教学指导委员会在关于财务管理专业的指导性教学方案中提出了财务管理专业的培养目标:"培养德智体美全面发展,适应21世纪社会发展和社会主义市场经济建设需要、基础扎实、知识面宽、综合素质高、富有创新精神,具备财务管理及相关的管理、经济、法律、会计和金融等方面的知识和能力,能够从事财务管理工作的工商管理高级专门人才。"自1998年国家教育部将财务管理专业列为工商管理下的二级学科开始招生后,各高校因其就业市场广阔而纷纷开设此专业。目前,全国共有400多所院校开设财务管理专业,每年毕业生人数达600万人,并仍保持增长趋势。众多高校根据财务管理专业人才的培养目标,结合本校特色、专业基础、师资力量,形成了各具特色的人才培养模式,为我国的市场经济建设输送了大批优秀毕业生。在这种背景下,该专业近些年来在教学和人才培养等方面取得了较大的成绩。

(一)建立了较为完整的财务管理专业教育体系

在人才培养体系方面,财务管理专业自从与会计学专业分设以来,就是以本科为起点,这为高标准建设财务管理专业提供了较好的基础。较早开设财务管理专业本科层次的高校积极探索在工商管理专业下自设财务管理专业硕士和博士教育,使得财务管理专业培养体系更加完整。在教学内容方面,研究财务管理专业与会计学专业的差异,许多开设财务管理专业的高校在借鉴国外财务管理专业建设经验、结合我国社会经济发展的需要,逐步形成了相对稳定的财务管理专业教学内容。这些教学内容具体体现在财务管理、高级财务管理、国际财务管理、营运资金管理、财务分析等核心课程中。教学内容的拓展和深化，不仅使财务管理专业的宽度和深度得到实现，而且为财务管理专业高素质人才培养奠定了良好的基础。在师资队伍方面，通过多年的建设，财务管理专业基本上建立起了适应专业发展需要的教师队伍，也为财务管理专业未来发展奠定了良好的基础。目前，我国财务管理专业基本上建成了以本科为主的人才培养体系，形成了独立的教学内容和课程体系、打造了专业发展需要的师资队伍。

（二）扩大办学规模，提高教学质量

在国家教育部门的监督管理下，各个开设财务管理专业的学校高度重视财务管理专业建设，在教育资源投入、师资队伍、实验室建设等方面给予大力支持。财务管理专业教育工作者也积极参与专业人才培养目标、教学内容、课程设置、实践教学等方面的理论探讨，为财务管理专业持续不断改善办学条件创造了良好氛围。同时，各个高校重视财务管理专业精品课程、资源共享课等的建设，实现了财务管理专业教育的跨越式发展。财务管理专业经过多年的建设，避免了新办专业一哄而上而导致教学质量下降、专业声誉受损的局面，为财务管理未来的发展奠定了较好的基础，从而使财务管理专业发展成为工商管理类中备受考生和家长欢迎的专业之一，生源数量和质量不断提升。从财务管理专业学生就业情况来看，就业率多年位居前列，极大地满足了我国企业快速发展中对财务管理人才的需要。

第二节　财务管理专业的就业现状

目前，财务管理专业的毕业生就业状况较好，据统计，财务管理专业85%以上的学生毕业后选择全职工作，财务管理专业毕业生从事的主要职业是银行，其次是事务所，其他职业主要分布在国有企业、公务员和事业单位。但是，受就业意识和宏观经济形势的影响，财务管理专业就业现状有以下特点：

（1）自主创业比例不高

财务管理专业毕业生自主创业比例不高，主要有两方面的原因：一是，财务管理专业更多的学生职业规划都是成为一名高级的财务管理人员，大多数学生的就业定位是去会计师事务所或在企业做财务，没有自己创业的想法。二是，国家鼓励自主创业的优惠政策的落实有待加强。为了鼓励高校毕业生自主创业，国家有关政策明确规定了对大学生自主创业的市场准入、资金、税费、社会服务等方面的支持，但由于具体的实施办法尚未到位，优惠政策缺乏可操作性。

（2）受宏观经济形势影响

受金融危机的影响，企业生产经营面临较大困难，企业用工仍趋于谨慎，新招用大学生的积极性不高，不少单位更是减少招聘应届毕业生的计划，就业形势整体不很乐观。

（3）毕业生缺乏实践经验

调查显示，大学生和用人单位都认为"大学生缺乏实践经验"是造成当前大学生就业难的首要因素，工作经验成为用人单位在甄选应聘者时考虑的一项重要指标，用人单位招聘要求有一定工作经验的居多，不限经验的应届毕业生不足50%。在全部调查对象中，要求2年以内工作经验的占19%，要求达到3~5年工作经验的占全部岗位的23%，要求具备8~10年工作经验的为14%，合计占全部招聘岗位的56%，而财务管理专业学生大多忙于专业知识学习以及各种考证考级，实践经验缺乏。

（4）大学生缺乏正确的就业观念

当理想与现实存在差距时，毕业生应当积极转变就业观念，打破一步到位、从一而终的旧的就业观，放下身段，先就业后择业，树立正确的就业观。但是，也有一些大学生被严峻的就业形势所吓倒，既难以找到适合的工作，又不愿去从事吃苦较多的工作，也没有去参加相关培训提高自己的求职本领，"先就业后择业"的意识不强。

据统计，截至2013年年底，我国高校毕业生人数达699万，其中经济学、工商管理类占全部毕业生的14.56%，仅财务管理一个专业每年就对社会输出7.14万本科应届毕业生，但中国的高级财务管理市场人才缺口仍在30万以上。由此反映出目前我们面临的状况是：传统会计人才"供大于求"，财务管理人才"供不应求"。教育部的调查结果显示有61.3%的用人单位表示招聘经济、工商管理类人才主要面向本科层次，25.4%的用人单位表示面对硕士研究生层次，博士研究生层次和专科层次仅占3.7%和2.4%。其中部分对学历要求差异是受地区发展程度影响。我国经济在近些年来受全球经济增长的放缓的影响，几乎所有的经济活动，无论是微观或宏观领域，都会对企业的投融资活动产生一定的影响。在这种经济背景下，对于财务管理专业毕业生来说面临着机遇与挑战，财务管理专业的学生应当趁着经济金融浪潮，拓展财务管理专业知识、掌握丰富的金融、经济、法律等综合知识，练就自己创新思维、开拓精神和实践技能，才能更好地适应经济社会发展的需要，实现自己的人生目标和价值。

第三节　财务管理专业的教学与实践现状

作为一个新兴专业，财务管理专业建设在近十余年的发展中尽管得到了长足的发展，但是随着世界经济形势及人才需求的变化，财务管理专业在教学和实践方面还存在不能及时跟上经济环境的变化的状况。主要表现在：

（1）教育培养理念相对落后

教育理念是教育行为的先导，先进的教育理念不仅可以改进教育思路，提高教育质量，而且可以使教育活动更加丰富多彩、增加教育者和受教育者的荣誉感。财务管理专业教育理念是教育本质和社会时代在财务管理专业教育中的反映，也是指导高等院校如何培养高素质财务管理专业人才的指南。在社会发展由重视科学技术为主发展到以人为本，关注人的发展的完整性、全面性，更注重教育过程中知识向能力的转化的背景下，以人为本、全面发展、素质教育、开放教育等教育理念越来越受到教育者的关注。由于财务管理专业建设历史短，骨干教师一般由会计、金融以及企业管理等专业老师调配过来，对于财务管理专业建设的理解还处于探索之中，本身还没有认识到教育理念对财务管理专业教育的重要性，导致主体性、素质教育以及开放教育等一些先进教育理念并没有在财务管理专业建设中得到普遍关注。从目前财务管理专业的培养模式看，大部分高校都将主要精力放在专业知识的灌输上，能力培养没有被提到应有的重视水平。各高校在通才与专才的权衡中，大都选择了高级专门人才作为培养目标。财务管理专业人才培养模式忽视了人才质量的个性和特色，课程体系注重于让学生更多地掌握专业知识，而不是更多地提高专业素养和面对复杂环境的应变能力。

（2）专业定位模糊，培养目标不明确

在全国10所财经类高校财务管理专业的培养计划的抽样调查中发现，财务管理专业、金融学专业与会计学专业的课程体系设置有雷同的现象。在三个专业所列出的14门专业必修课程中，财务管理专业和会计学专业的课程有12门一致，财务管理专业和金融学专业的课程有10门一致。如果再包含教育部规定的公共基础课程，专业之间的课程共享程度将会更高。除了这些共享课程以外，财务管理专业的特色课程仅有：中级财务管理、高级财务管理、国际财务管理、资产评估等课程。课程体系设置大同小异，导致各高校财务管理专业定位模糊，财务管理人才培养目标不够明确。不合理的财务管理专业课程设置无法适应新的理财环境下经济社会发展对财务管理专业人才的能力和知识结构的要求。

（3）课程内容交叉重复现象严重

由于财务管理专业课程体系与金融学专业和会计学专业的共享程度较高，不可避免地带来了课程内容的交叉与重复，形成了会计、金融、投资等基础学科的"大杂烩"。专业课程的交叉重复虽然保证了各专业课程体系完整，但是直接导致教学课堂的资源浪费，弱化了财务管理专业的特色，不利于财务管理专业课程体系的优化。在知识和能力结构方面，财务管理专业学生的知识体系成为会计和金融类课程的简单叠加，专业核心能力不够突出。问题在于，由于课程内容存在重复交叉，使得财务管理专业学科范畴难以界定，到底是属于经济学还是管理学模糊不清，这不仅制约了该专业的学生培养目标定位、课程设置、教学考评、实践教学等建设内容，也严重影响了财务管理专业教育的持续发展。

（4）财务管理专业教学方法需要创新

教学方法是教师为了实现一定的教学目标和完成教学任务，在教学过程中所运用的方式和手段。由于学科发展历史短，相关教学方法理论研究还比较缺乏，大部分财务管理专业教师都是由会计及相关专业老师转换过来，导致了我国财务管理专业的教学方法和手段缺乏创新，依然严重依赖于老师讲、学生听的"灌输式"讲授教学方法。尽管讲授教学法便于老师控制教学进程，有重点地讲授学科重难点知识，使学生能够在短时间内系统地获取学科知识。但在财务管理专业教学中，讲授法往往演变成老师演示课件、学生听讲或记笔记，忽视了教学活动中学生的积极性，从而难以培养学生在财务管理实践活动中的操作能力和创新能力。尽管在财务管理教学中，多媒体教学、网络教学、案例教学等已有应用，并在一定程度上改变了传统教学沉闷的氛围，但这些只是辅助性的教学手段和方法。

(5) 教学实践环节薄弱

财务管理是一门实践性很强的应用性学科。但是，目前国内高校财务管理专业仍然是教师讲、学生听的"灌输式教学"模式，实践教学环节缺失。具体表现在：①对实验实践教学的重要性认识不够。虽然近年来大多数高校已将财务管理专业实验实践教学提上了日程，增加了相应实验实践教学的课时，给学生提供了一定的实训和实习的机会，但是由于对实验教学认识的局限，实验实践教学只是使学生有一个初步了解，更为具体、实际的业务没有涉及。实验实践教学没有达到预期的效果，学生迈入工作岗位后难以适应用人单位的需要。②校内外实践环节薄弱。目前，财务管理专业实验室的建设投入很少，实验室基础设施薄弱，缺乏相应的软件和硬件，很多学生对财务软件知之甚少，影响了以后的工作。而且校内实验课程内容安排上不够合理，财务管理专业学生的实验内容重点仍是会计基础实训，没有涉及财务管理的专业实训。③教师实践教学能力有限。在理论教学与实验教学中，教师是学生获得知识的主要来源，尤其在实验教学环节中，教师的指导作用更为直接。但是，绝大多数教师大学毕业后就直接参加工作，没有相应的工作经验，缺乏实践操作能力，而许多高校对教师的岗位培训与专业进修重视不够，导致他们缺乏实验教学所需的解决实际问题的能力。

第四节　财务管理与相关专业的联系

财务管理是财务人员在特定环境下，依据各种信息，对筹资、投资、资本收益分配以及有关财务问题进行财务计划、控制和分析，以达到特定管理目标的活动。由于财务管理学科长期以来与会计学、财政学、管理学和经济学等有关学科交织融合，学科界限模糊，因此，有必要正确界定财务管理学与相关学科的关系。

(一) 财务管理学与会计学

人们长期以来对财务管理工作的职能范围缺乏一个清晰的概念，大财务或大会计的观念根深蒂固，往往把财务管理视为会计工作的一部分。虽然，财务管理与会计管理都是对资金进行管理，企业的资金管理由它们相互协同完成。但是，会计始终只是一个信息系统，通过核算与监督，为企业决策提供有关资金运动的信息，财务管理则要在运用这些会计信息的基础上对有关财务问题进行计划、控制与分析。从学科体系上看，会计学与财务管理学息息相关，会计为财务管理提供决策有用的信息，财务管理则利用会计信息合理配置企业资金的流向与流量，其管理的结果进而又通过会计反映出来，如此两者协同提升企业的价值。

（二）财务管理学与金融学

财务与金融在英文中都是一个单词"Finance"，可见两者之间有着天然的内在联系。通常，两者的研究对象范围不同，财务管理研究的是企业内部资金运动规律，或者企业内部资本市场的运作规律，而金融学则侧重研究企业外部的资本市场。但两者的研究对象又有一定的联系，如资本结构优化，企业需要确定股票融资、债券融资、内部融资及其组合策略，财务管理人员必须懂得资本市场的运作规律，熟悉金融市场的理论与实务，否则难以作出最优的资本结构决策。有时两者的研究对象又是相同的，如金融工具与衍生金融工具、投资组合、风险管理、项目投资管理、资本结构等。因此，财务管理学与金融学之间具有很强的交叉性。

（三）财务管理学与管理学

财务管理学是一个隶属于企业管理学或会计学下的三级学科，与管理学有着密切的联系。虽然财务管理是对资金的管理，但财务管理专业学生必须具备一定的管理学知识。首先，需要具备公司治理的知识。公司治理是企业价值创造的保障因素，通过治理结构推动公司各个利益主体实现价值创造。其次，需要具备人力资源管理的知识。财务管理虽然不直接管理人力资源，但作为企业价值创造主体的人力资源，其开发与利用需要资金，企业的价值创造直接由人力资源达成，人力资源的绩效评价，以及建立在此基础上的报酬计划也是企业资金管理的重要内容。再次，需要具备战略管理的知识。财务管理中的项目投资、企业重组并购、财务风险管理、研究开发投资、品牌或企业形象方面的投资等都涉及战略管理。另外，财务管理中的新兴内容财务战略，也需要财务人员运用战略管理能力对企业财务加以全局的、长远的规划与控制。

（四）财务管理学与其他相关学科

财务管理作为一门学科，也是经济学的一个分支，表现为财务经济学，属于微观经济学范畴。财务管理是利用价值形式对社会再生产过程客观存在的资本活动和财务关系进行综合性的管理。同时，财务管理是研究经济活动中的微观价值管理，财政学是在国家财政体系中研究经济活动中的宏观价值管理。财务管理是价值管理中的基础环节。另外，财务管理学所涉及的一些基础理论需要借助于统计与数学知识加以解释与论证。因此，财务管理人员也需要具备与此相关的知识。

第五节 财务管理机构的设置

企业财务管理组织机构的设置应综合考虑企业的经营性质与规模、行业特点、业务类型以及企业总体组织形式等多方面因素，机构内部的设置要体现分工明确、职权到位，责任清晰的要求，以保证企业财务工作顺利进行。目前，财务管理组织机构可分为以下三种类型：

（1）以会计为轴心的财务管理机构

中小型企业财务管理的内容比较简单，其工作重点是利用商业信用筹资和收回应收账款，可以不单独设置财务管理组织，附属于会计部门。这种组织机构同时具备会计核算与财务管理双重职能。在机构内部以会计核算职能为轴心来划分内部职责，如在内部设立存货、长期投资、结算、出纳、成本等分部门。

（2）与会计机构并行的财务管理机构

在大中型企业，财务管理非常重要，其内容比较复杂，包括筹资、投资、收益分配等，所以，一般要单独设立财务管理机构，这种机构的特点是实行会计核算职能与财务管理职能的分离，财务管理职能由独立于会计核算职能之外的财务管理机构进行。企业财务工作的主要负责人是财务副总经理，直接向总经理负责。在财务副总经理之下，设有财务部经理和会计部经理。财务部经理负责资本的筹资、使用和股利分配，会计部经理负责会计和税务方面的工作。财务部经理的职责是组织财务活动，处理财务关系。

（3）公司型财务管理机构

集团公司是在社会化大生产的基础上出现的一种新型企业组织形式，是现代商品经济条件下企业组织形式的创新。与一般企业相比，企业集团的财务活动一般分为四个层次：母公司层、子公司层、关联公司层和协作企业层。由于集团公司内部是由各自独立的成员企业组成，而非一个个独立的职能部门，与此相应财务管理机构也适合采用法人形式，因而与集团公司相适应的财务管理机构是公司型财务管理机构，或者称财务公司。这种机构本身是一个独立的公司法人，独立对外从事各种财务活动，在公司内部不仅设立从事财务活动业务部门，还应设置一般公司所需的行政部门。财务公司的主要职责是负责集团公司的整体财务管理和各成员企业之间的财务协调，各成员企业的日常财务管理。具体职责如下：负责整个集团公司或者跨国公司的资金筹集，通常是通过金融市场取得资本；运用整个集团公司或者跨国公司的盈余资本或者单独筹集资本从事金融市场投资，买卖金融商品、提高信用放贷等；担当集团公司或者跨国公司内部银行的角色，在各成员企业间融通资本、办理结算等。

财务管理专业的毕业生就业岗位主要以会计、财务分析、资金管理和投资理财等职业岗位为主。各岗位应掌握的专业基本知识和应具备的专业基本技能如下：

（1）会计岗位应掌握的专业基本知识

①会计核算的基本理论与方法；②会计要素确认、计量的方法；③纳税会计处理及纳税申报知识；④财经法规知识；⑤会计电算化知识；⑥会计报表的编制与分析的基本理论和方法。应具备的专业基本技能：①会计凭证的编制与审核；②登记账簿；③财产清查；④成本计算；⑤纳税会计处理及纳税申报知识；⑥会计报表的编制与分析；⑦财务软件应用。

（2）财务分析岗位应掌握的专业基本知识

①会计核算的基本理论与方法；②会计电算化知识；③财经法规知识；④财务分析的方法；⑤财务报表编制与分析的基本理论和方法。应具备的专业基本技能：

①会计凭证的编制与审核；②成本计算；③财务预算的方法；④财务信息系统与组织控制；⑤财务分析方法；⑥财务报表的编制与分析；⑦财会软件的应用。

（3）资金管理岗位应掌握的专业基本知识

①流动资产管理的基本知识；②筹资管理知识；③资金分配管理知识；④资金成本与资本结构知识；⑤营运资金政策。应具备的专业基本技能：①应收账款管理；②现金管理；③存货管理；④筹资管理；⑤资金成本与资本结构分析；⑥资金分配管理方法。

（4）投资理财岗位应掌握的专业基本知识

①公司理财学的基本理论和方法；②资本市场与资本运营的基础理论；③投资学的基本知识；④金融法规；⑤投资项目评估与管理的基本知识；⑥证券投资技术分析方法；⑦风险投资知识。应具备的专业基本技能：①理财的理念与方法；②公司财务控制与预算方法；③证券投资技术分析方法；④风险投资技巧；⑤上市公司报表分析；⑥税务筹划。

第六节 财务管理人才的职业发展与能力要求

一、财务管理人才的职业发展需适应社会需求

本科财务管理专业人才培养目标应该结合服务地方经济的特点以及本科人才实践性的要求，在国家对财务管理人才培养的整体目标和要求下进行一定的调整，突显应用型实践能力强、职业能力强的优势特征。目前，财务管理专业培养的毕业生主要就业于财务和会计岗位，在企业财务和会计岗位工作的财务和会计人员，其能力要求随社会需求而发生变化。社会需求变化决定了财务管理专业人才能力结构的动态性。随着社会的发展，经济的全球化，企业并购行为日趋增加，越来越多的企业走上集团化、国际化的道路，社会对财会人才的能力要求越来越高，对于某一区域而言，区域经济的快速发展，将对财务管理专业人才的数量及能力要求会发生极大变化。

首先，随着世界经济的全球化发展，金融领域的跨国活动在迅猛发展，主要表现为资本流动的全球化、金融机构的全球化和金融市场的全球化。金融全球化促使资金在全世界范围内重新配置，既为发达国家的"剩余"资金提供了更为广阔的投资空间，同时也为发展中国家带来了更多的融资机会。各种金融产品不断创新，境外投资机构纷纷涌入，一方面企业筹资、投资有了更多的选择，另一方面又使企业处于极大的金融风险中。这些对财务管理工作者的理财观念、风险意识、知识结构和能力等方面提出了更高的要求。

其次，我国资本市场规模不断壮大，有力地推动了企业重组和产业结构的调整，直接融资与间接融资实现了历史性突破，投资结构进一步完善。但目前有效的资本约束还未形成，这就要求财务管理工作者熟悉、掌握相关市场的法律法规要求和运作规律，并具有较强的发展适应能力。

再者，知识经济的兴起和电子商务的迅速发展，也使得知识资本、网络财务和网络安全风险等成为企业财务管理新的重要课题。经济环境的变化和一部分企业自身规模和行业地位的提升，使得企业财务管理的应用较之前更加普遍和深入，这也对财务管理专业人才的综合素质和能力提出了更高的要求。而目前我国高级财务管理人才严重缺乏，不少是从海外引进，特别缺乏内地本土的培养。由于高级财务管理人才必须经过市场的历练和经验的沉淀方能造就，不少企业开始进行财务管理人才的储备，使得人才市场上财务管理人才需求扩大。

二、财务管理人才的职业能力要求

能力是掌握和运用知识技能所需的个性心理特征。从心理学角度讲，一般将能力划分为：一般能力和特殊能力。一般能力是指人在一切活动中所必需的一些基本能力，例如，感觉、记忆、想象和思维等方面的能力；特殊能力是指在完成某种专业活动所必须具备的能力。因此，财务管理专业人才的一般能力指在社交等一切活动中所必需的一些基本能力，如团队合作能力、交际能力；财务管理专业人才特殊能力是指在完成企业资金管理活动中所必须具备的能力，胜任财务岗位的财务人员特殊能力，如预算编制、财务预测等。

随着越来越多的跨国公司进入中国市场，而大批的中国企业进入国际市场，社会经济发展对精通国际资本市场规则、熟悉国际会计准则惯例、外语水平优异、动手能力强、创新意识显著、综合素质高的高级财务管理人才呈现几何基数增长。因此，财务管理专业人才的能力结构在划分为一般能力和特殊能力的基础上，应再进一步细分，形成合理的能力框架，促进学生能力培养。具体来说，财务管理专业人才的职业要求如下：

（1）基本素质：具有 Windows 操作系统和 Office 等软件的操作能力，数据的收集、整理和分析的能力；较强的外语应用能力及书面和口头表达能力。

（2）思想道德素质：具有正确的政治方向、坚定的政治信念；遵守国家法律和校规校纪；爱护环境，讲究卫生，文明礼貌；为人正直，诚实守信。

（3）科学文化素质：具有科学的认知理念与认知方法；实事求是、勇于实践的工作作风；自强、自立、自爱，正确的审美观、价值观；爱好广泛，情趣高雅，有较高的文化修养。

（4）职业道德：具有诚信品质、敬业精神、责任意识和遵纪守法意识，不谋私利，廉洁自律，坚持公平、公正的工作原则，保守职业秘密。

（5）职业行为：具有风险意识、法律意识和责任意识、良好的财务品格和严谨的行为规范；吃苦耐劳精神，严谨、认真、细致的工作作风；人际沟通能力，团结协作精神；树立正确的择业观，健康的择业心态，正确的择业方法；良好的心理素质和克服困难的能力及坚韧不拔的毅力。

（6）自主学习、自我提高能力：能不断更新知识，善于接受新事物，学习新技术，自我提高意识强。

（7）自我控制、管理与评价能力：具有自我教育和管理的意识和能力，确定符合实际的个人发展方向并制定切实可行的发展规划、安排并有效利用时间完成阶段工作任务和学习计划；有正确评价自我和他人的能力。

（8）创新能力：在学习和工作中，勤于思考，善于提问，积极发表自己的见解；能在实际工作中，提出企业财务管理的新方法、新途径。

思 考 题

1. 我国财务管理实践现状如何？应如何加强财务管理在企业管理中的作用？
2. 财务管理专业与其他相关专业有着一定的联系，财务管理专业学生应具备哪些相关知识？
3. 财务管理专业毕业生应如何获得可持续发展的能力，以适应社会对财务管理职业人才的需要？

第三章

财务管理专业教学特点

第一节 财务管理专业职业学生的特点和要求

"十一五"、"十二五"以来国家高度重视职业教育的发展,并显著加大职业教育师资队伍建设的投入力度。据统计,目前,全国中等职业学校有专任教师88.09万人,承担着2113.69万名在校学生的教育教学任务,生师比平均高达24∶1,而财会类专业的生师比还要高于这一平均水平,中职学校财会类职业教育师资紧缺的状况由此可见一斑。

目前,我国职教师资培养体系主要由两部分构成,一是独立设置的职业技术师范院校,如天津工程师范学院、吉林工程技术师范学院、河北科技师范学院、河南科技学院、安徽科技学院、江苏技术师范学院、江西科技师范学院、广东技术师范学院共8所独立设置的职业技术师范院校;二是普通高校的职业教育学院(系),全国共有32个这样的院(系)[①]。而其中目前设置有财务管理、会计教育本科专业的学校仅有14所,包括华中师范大学、天津职业技术师范大学、内蒙古农业大学、浙江师范大学、华中师范大学汉口分校、广东技术师范学院、云南民族大学、广西财经学院、河北科技师范学院、宁波大学、安徽科技学院、湛江师范学院、云南大学、曲靖师范学院。这些学校在职业教育方面有一定的优势,但无论是职教师资的数量还是质量都与经济社会发展对职业教育的要求不相适应。随着一些普通高等学校在职业教育方面教学积累与经验日渐成熟,我国职教师资培养力量将会不断地壮大,同时,也就会有越来越多的学生选择职教师资作为自己的专业方向和未来职业选择的依据。因此,接受职教师资培养教育的对象主要是本科层次的学生。财务管理职教师资专业的学生,除了具有普通本科学生一般特点之外,还具有职业学生的特点。

---

① 蔡勇强、黄金明:"高师院校介入中职师资培养的必要性与实施路径",《教育评论》,2014年第2期。

一、财务管理专业职业学生的特点

进入本科阶段的财务管理专业的学生,与其他专业大学生有共同的特点,他们正值青春富有朝气时期,在年龄结构、知识结构和社会角色等方面都有自己的特点,了解这些特点有助于我们根据社会主义核心价值体系进行合理的教育和引导,培养社会需要人才。

(一)具有较高政治意识和强烈爱国意识,关注国内外大事

当代大学生不再仅局限于自己周围狭小的生活氛围,他们更关注外部的世界,具有较高的政治认同感,思想积极、乐于进取,不仅关心民族兴旺国家发展,对党和政府重大决策积极支持,积极要求加入共产党员的先进集体,而且也关注国际形势的变化,表现出极强的热情和正义感。

(二)具有积极的人生价值追求,较高的道德素质和社会责任感

当代大学生人生态度积极向上,树立起远大的人生目标,积极奋斗,努力实现自己的人生理想和人生价值,懂得实现个人价值的同时也要实现社会价值,对社会作出自己的贡献,努力学习,积累知识,完善自我,传递正能量;并且具有较高的道德素质,遵守社会公德,拥有良好的个人品质。努力把自己塑造成一个有益于社会的人,积极承担社会赋予他们的责任。

(三)个性张扬,个人主体意识增强

在新的时代环境下,大学生获取知识的积极性、主动性和创新性得到了充分发挥,敢于追求自己合理的利益,善于表现和表达自己,具有鲜明的个性,注重自身能力的培养和综合素质的提高,个人主体意识不断增强。

(四)对专业课程的了解和学习经历从渺茫、不适应到逐渐适应的过程

尽管对大学的专业学习抱有强烈的好奇心,但经过对大学课程的接触、学习和掌握,由于教学内容、方式和手段与中学时有很大差异,多数学生一开始就会感到渺茫、不知所措,很难在较短时间内找到适应大学阶段的学习方法,并且多多少少会经历一个由不适应到逐渐适应的过程。

财务管理专业的学生除了具有上述普通本科学生的特点之外,由于受所学专业的影响,在专业学习的最初阶段,常常陷于会计与财务管理两个专业培养目标、教学内容等混同的境地,对于未来的就业存在迷茫。随着专业学习的不断加深,逐渐会建立起清晰的专业方向和取向,逐渐认识到财务管理专业的学生,不仅需要德智体美全面发展,适应社会发展和社会主义市场经济建设需要,而且需要基础扎实、知识面宽、综合素质高、富有创新精神,并且具备财务管理及相关的管理、经济、法律、会计和金融等方面的知识和能力,具备从事财务管理工作所需的技能、本专业熟练的业务操作能力以及运用理论、知识解决实际问题的能力。在这种认识逐渐清晰和成熟的情况下,对于专业课程学习、实践实习、社会调查和研究中逐渐培养自己的专业素质和综合能力。

《中国教育改革和发展纲要》中明确提出:"振兴民族经济的希望在教育,振兴

教育的希望在教师,建设一支具有良好的政治业务素质、结构合理、相对稳定的教师队伍是教育改革和发展的根本大计。"高素质的教师是教学改革的主力和关键,是教学工作实施的主体,其质量决定了教学质量的好坏。因此,师资队伍建设已成为当前教育工作的重点之一。财务管理职教师资专业的职业学生的培养,就是一项建设和培养教师队伍的重要工作。这些学生在校学习过程中,表现出以下与其他学生不同的特点。

(1) 就业目标明确

《中共中央国务院关于深化教育改革,全面推进素质教育的决定》中明确指出:"把提高教师实施素质教育的能力和水平作为师资培养、培训的重点,加强和改革师范教育,大力提高师资培养质量。"在这一目标指引下,就读于财务管理职教师资专业的职业学生,除了要接受财务管理专业知识教育之外,还要接受师范教育的特色。这些学生对于未来的就业目标明确,有信心在接受了完整和系统的职业教育后,成为一名具有综合素质、人文素质、教育能力的职业学校财务管理专业的教师。

(2) 重视教师技能培养

财务管理职教师资专业的职业学生,除了要学习相应的财务管理的理论与实践知识外,还必须修读职业教育学、职业教育心理学、财务管理专业教学法、现代教育技术、师德教育等有针对性的师范类课程。同时,师资培养还有一大特色教育就是教育实践课,有专门的教育教学实践实习课,安排学生到相应的学校进行教育实习,亲临讲台,实地教学,完成一段时间的教学实习;而为了完成这一教学实习环节的任务,在学校学习期间会自觉不自觉地开展试讲、试教、观摩教学等训练。因此,重视教师技能培养是财务管理职教师资专业学生培养的重要特点之一。

(3) 重视实践能力培养

陶行知在《教育者之机会与责任》中指出:"好教育应当给学生一种技能,使他可以贡献社会。换言之,好教育是养成学生技能的教育,使学生可以独立生活。"职业学校中财务管理专业培养的学生要适应各类企事业单位、政府机关及有关部门的财务管理、金融管理等实际工作。随着社会对生产、服务一线的专门技能人才的要求越来越高,同时,对职业技术教育的师资要求也越来越高,即要求教师具有"双师"素质(即既有一定的学术水平,又要有一定的技能水平)。因此,职业教育的特点是突出技术性,财务管理职教师资专业的学生未来肩负着培养从事财务管理实际工作的人才,在掌握学术理论知识外,还要具备一定的实践能力,参加财务管理单项技能实训和综合技能实训、定岗实习以及毕业实习等。

二、财务管理职教师资专业学生的要求

财务管理职教师资专业的毕业生应系统、熟练地掌握财务管理专业基础理论和通用技能,掌握财务管理专业职业教育教学的基本方法和能力,具有财务管理专业知识的继续学习能力和传授能力,具备自我提升和发展的基本素质。按照师德为先、学生为本、能力为重和终身学习的基本理念,依据《中等职业学校教师专业标准

（试行）》和《中等职业学校财务管理专业教师标准》，财务管理职教师资专业学生经过系统地学习之后，应具备以下方面的知识、能力和素质要求。

（一）基础知识

财务管理职教师资专业的职业学生所应具备的基础知识主要包括：财务管理专业职业背景知识和职业教育基本理论；经济学、管理学基本知识和基础理论；财务管理专业的知识体系和基本规律的知识；财务管理相关职业资格及其标准的知识；会计、财政金融、投资、税收相关基础知识，熟悉相关财经法律法规；财务预测、决策、计划、管理、分析、信息化处理方面的知识；财务预算管理、营运资金管理、成本管理、内部控制、信息化管理相关知识；公司治理、资本运作、投资决策、企业并购与重组、财务战略、企业价值管理和业绩评价、内部审计的知识。这类基础知识的获取，通常是通过系统学习专业基础类课程来实现，这类课程主要有微观经济学、宏观经济学、管理学基础、基础会计、税法、金融学、统计学、经济法原理等。

（二）专业能力

财务管理职教师资专业的学生所应具备的专业能力分单项专业能力和综合专业能力两个方面。

单项专业能力主要包括：（1）财务预测能力，能够根据财务活动的历史资料，根据现实状况，对企业未来的财务活动和财务成果作出科学预计和测算；（2）财务规划能力，能够对企业财务活动进行整体性决策，对企业财务活动的发展作出科学判断；（3）财务分析能力，能够以会计核算和报表资料及其相关资料为依据，采用一系列专门的分析技术和方法，对企业等经济组织过去和现在有关筹资活动、投资活动、经营活动、分配活动的盈利能力、营运能力、偿债能力和增长能力状况等进行分析与评价；（4）财务决策能力，能够通过分析对财务方案、财务政策进行选择和决定；（5）具有财务评价能力，能够从分析企业的财务风险入手，评价企业面临的资金风险、经营风险、市场风险、投资风险等因素；（6）财务风险控制能力，能够对企业的资金投入及收益过程和结果进行衡量与校正，确保企业目标以及为达到此目标所制定的财务计划得以实现；（7）财务考核能力，能够将报告期财务指标实际完成数与规定的考核指标进行对比，确定有关责任单位和个人是否完成任务；（8）财务诊断能力，能够针对企业的财务经营状况进行全面的调查分析，通过一系列的方法，找出企业在财务管理方面的问题，并提出相应的改进措施。

综合专业能力主要包括：（1）业绩管理能力，能够综合运用全面预算、绩效评价与考核、奉献评估与内部控制等手段，采取计划、监督、评价、激励等方法，对企业经营业绩进行分解、督促、落实、改进，建立业绩改善体系，促进企业业绩提升；（2）预算管理能力，能够在企业战略目标指导下，对未来的经营活动和相应财务结果进行充分、全面的预测和筹划，并通过对执行过程的监控，将实际完成情况与预算目标不断对照和分析，及时指导经营活动的改善和调整，以帮助管理者更加有效地管理企业和最大程度地实现战略目标；（3）具有绩效管理能力，能够通过激发员工的工作热情和提高员工的能力和素质改善公司绩效；（4）风险管理能力，能够在实施风险识别、风险估测、风险评价的基础上，选择与优化组合各种风险管理技术，对企业生产经营过程中存在的各种风险实施有效控制，并妥善处理风险所导致的损失和负面影响；（5）内部控制能力，通过在企业内部采取的自我调整、约束、规划、评价和控制等方法和程序，以合理保证企业战略目标的实现、资产的安全完整、会计信息的真实可靠、经营活动的效率效果以及经营的合法合规性；（6）资金管理能力，能够从营运资金管理、成本管理、投资管理、资本运营等角度着手，运用现金池管理等方法和手段，加强企业资金使用的监督和管理，加速资金周转，提高资金利润率，保障资金的安全；（7）营运资金管控能力，通过加强对营运资金的管理，评价营运资金的管理绩效，提高营运资金的使用效率，降低营运资金使用风险；（8）成本管理能力，能够对企业生产经营过程中各项成本进行核算、分析、决策和控制；（9）资本运营能力，能够对企业所拥有的一切有形与无形的存量资产，通过流动、裂变、组合、优化配置等各种方式进行有效运营，以最大限度地实现增值；（10）投资管理能力，通过对投资项目的选择与分析、审批与立项、组织与实施、运作与管理等环节的约束与管控，实现投资决策的科学化，保证投资资金的安全和有效增值。

单项专业能力的培养，通常是通过系统学习和掌握专业核心类课程来实现，这类课程主要有财务管理基础、财务会计、公司财务与案例、财务分析、财务信息化、高级财务管理等，同时，还要经过科学有效的集中实践类课程的训练，如财务管理单项技能实训。而综合专业能力的培养，通常则主要是通过系统学习和掌握专业方向类课程来实现，这类课程主要有营运资金管理、成本管理会计、资本运营管理、预算管理与绩效管理、风险管理与内部控制、内部审计等，同时，也要经过科学有效的集中实践类课程的训练，如财务管理综合技能实训、财务管理顶岗实习、财务管理专业毕业实习与毕业论文的撰写等。

（三）教学能力

财务管理职教师资专业的职业学生所应具备的教学能力，主要包括：（1）立足市场需求，明确专业培养目标，具有对财务管理专业人才基本职业能力、专业技术应用能力、创新职业能力和分析能力，以及对教学体系和实践教学体系的设计能力；（2）根据专业课程教学目标、授课内容、学生特点和教学环境，进行教学计划和教学内容的设计能力；（3）根据财务管理相关岗位特点和工作业务流程进行教学内容、教学过程和教学情景的设计能力；（4）根据学生个性和财务管理相关学科特点，引导和帮助学生进行个性化学习和成长规划设计的能力；（5）具有中等职业教育财务管理专业课程开发和精品课程建设的能力；（6）营造良好的学习环境与氛围，培养学生的财务管理职业兴趣、学习兴趣和自信心的能力；（7）运用讲练结合、工学结合、教做结合、教学结合、教学相长等多种理论与实践相结合，有效实现财务管理专业课程的教学能力；（8）采用案例导入等方式科学合理地实施课程导入，组织课堂讲授、个别学习、小组讨论等教学环节，维持教学秩序，指导学生自主学习及课堂互动,有效调控教学过程,指导学生开展主动学习和进行财务管理职业技术训练的能力;(9)运用现代教育技术手段组织教学,掌握案例式、模块式、项目驱动式、情景式等创新性的教学方法,提高学生分析问题、解决问题的能力;(10)关注专业理论前沿和发展动态,及时更新和充实财务管理的教学内容,培养学生掌握新知识、新技术、新方法的能力;(11)采用随堂模拟、阶段性模拟、综合模拟等形式组织校内实训实习,培养学生实践技能的能力;(12)操作和运用财务管理实训教学软件,培养学生综合素质的能力,提高学生利用计算机软件分析、研究和解决问题的能力;(13)组织学生进行校内外实训实习,创新校企合作模式,提高学生实践技能的培养能力;(14)结合教学实际制定实践教学大纲、实验教学大纲、实验教材,课程设计指导书、实习指导书、毕业设计指导等教学文件的能力;(15)确定教学评价的内容、标准,选择教学评价的方式和方法,组织和实施教学评价的能力。

教学能力的培养,主要是通过系统学习和掌握职教师资类课程来实现,这类课程主要是财务管理专业教学法、现代教育技术、财务管理专业教学研究、财务管理专业教学实践等。

(四) 职业素养

财务管理专业中职师资的职业学生所应具备的职业素养,主要包括:(1)基本素质,具有 Windows 操作系统和 Office 等软件的操作能力,数据的收集、整理和分析的能力;较强的外语应用能力及书面和口头表达能力;(2)思想道德素质,具有正确的政治方向、坚定的政治信念;遵守国家法律和校规校纪;爱护环境,讲究卫生,文明礼貌;为人正直,诚实守信。(3)科学文化素质,具有科学的认知理念与认知方法;实事求是、勇于实践的工作作风;自强、自立、自爱,正确的审美观、价值观;爱好广泛,情趣高雅,有较高的文化修养。(4)职业道德,具有诚信品质、敬业精神,责任意识和遵纪守法意识,不谋私利,廉洁自律,坚持公平、公正的工作原则,保守职业秘密。(5)职业行为,具有风险意识、法律意识和责任意识、良好的财务品格和严谨的行为规范;吃苦耐劳精神,严谨、认真细致的工作作风;人际沟通能力,团结协作精神;树立正确的择业观,健康的择业心态,正确的择业方法;良好的心理素质和克服困难的能力及坚韧不拔的毅力。(6)自主学习、自我提高能力,能不断更新知识,善于接受新事物,学习新技术,自我提高意识强。(7)自我控制、管理与评价能力,具有自我教育和管理的意识和能力,确定符合实际的个人发展方向并制定切实可行的发展规划、安排并有效利用时间完成阶段工作任务和学习计划;有正确评价自我和他人的能力。(8)创新能力,在学习和工作中,勤于思考,善于提问,积极发表自己的见解;能在实际工作中,提出企业财务管理的新方法、新途径。上述职业素养的培养,主要通过通识教育类课程以及一些职教师资类课程,如职业教育学、职业教育心理学、师德教育与班主任工作等的系统学习和掌握来实现。

第二节 财务管理职教师资专业的教学内容

一、财务管理职教师资专业教学目标

职业教育不同于大学本科教育，对师资的要求也不一样。大学本科教育的目标是使受教育者在高中阶段的文化知识基础上，系统深入地对某一专业进行学习，全面掌握其理论原理及应用技术，为毕业后走向工作岗位或进一步深造打下深厚的理论基础。因此，对师资的要求较高，教师不仅全面系统地掌握学科知识，而且有深入的理解和研究，达到相当高的学术水平，在学历上应当具备博士研究生的水平。而职业教育的目标则是使受教育者掌握基础科学文化知识，培养劳动技能和职业道德素质，成为合格的劳动者，对于相关职业领域的理论知识只需要了解其适用部分，而不必进行理论上的深入研究，这就对职教师资的素质提出了特殊的要求：既能够像传统的"教师"那样向学生传授专业理论知识，又能像企业中的"师傅"那样示范并指导学生实践操作，即成为"双师型"教师。因此，职教师资就是要培养这种将来从师于中等职业教育并符合"双师型"要求的教师。而培养中职师资应当是高等教育或高等职业教育的内容。

我国高等职业教育发展的起步较晚，职业教育的师资主要来自普通高校，而普通高等教育对人才的培养是按照学科进行划分的，即划分为哲学、经济学、法学、教育学、文学、历史学、理学、工学、农学、医学、军事学以及管理学等，并以理论知识学习为主，其培养的人才不符合职教师资的职业资格要求，即理论知识与实践技能兼具。近年来随着高考教育招生数和在校生规模持续增加，我国已经进入高等教育大众化阶段，大学本科教育已经从传统的"精英教育"转化为"大众教育"，趋向于"应用型"教育，本科财务管理专业人才培养层次定位于"应用型"专门人才，即培养具备经济、管理、会计和金融理财等方面综合知识和技能，能够在中小型企业的财务部门、金融机构、财务服务机构或者政府或非营利机构从事金融与财务工作的专业财务管理人才。

尽管职业教育的师资主要来自普通高校，但是普通高校财务管理专业本科的培养目标并不完全适合于职教师资的要求，应用型本科财务管理专业人才培养目标主要突显应用型实践能力强、职业能力强的优势特征，而财务管理职教师资专业的学生的培养目标应当是培养德、智、体、美全面发展，适应社会发展需要，基础扎实，具备财务管理专业职业教育、教学、管理等技能和专门知识，能够胜任本专业领域的理论教学、实训指导、教育教学管理等工作，具有创新精神、实践能力、可持续发展的高素质"双师型"职业教育师资。因此，高等教育应当介入职教师资的培养，并且应当有明确的不同与普通本科的专业培养目标。

专业的培养目标是需要通过教学目标来实现，教学目标是师生通过教学活动预

期达到的结果或标准,是对学习者通过教学以后将能做什么的一种明确的、具体的表述,主要描述学习者通过学习后预期产生的行为变化。财务管理职教师资专业课程体系中除了有通识教育课程外,主要还有专业基础课程、专业核心课程、职教师资课程、专业方向课程、专业拓展课程、集中实践课程等,财务管理职教师资专业培养目标就是通过这些课程的教学目标来得以实现。限于篇幅,下面仅涉及某些专业核心课程和职教师资课程的教学目标。

财务会计课程的教学目标:通过本课程的学习,能够使学生掌握会计基本理论及其运用,全面掌握一个独立会计主体的会计事项及其核算,了解会计信息的披露及其后果。《财务信息化》的教学目标:本课程的目的是建立一座连接信息技术的最新成果与会计专业的理论与实务的桥梁,帮助学生掌握响应信息时代挑战与充分利用信息社会机遇的手段。因此,本课程具有一方面密切结合会计专业的实际问题,另一方面又尽量反映信息技术的最新成果的鲜明特点,不但如此,本课程还在所涉及的领域中既强调计算机操作能力的提高,又重视包括逻辑思维能力、表达能力、创造精神与规范化并重的思考习惯与工作作风在内的综合素质的提高。公司财务课程的教学目标:通过本课程的学习,使学生对营利性组织公司的理财活动与方法有进一步的研究和学习,从而为他们深入理解和指导公司理财活动提供理论上的支持,并可以指导他们将来的实际公司理财工作。营运资金管理课程的教学目标:通过本课程的学习,使学生深刻理解营运资金管理的先进理念和基本方略,掌握营运资金管理的实用技术和营运资金管理绩效评价的方法,熟悉各类企业营运资金管理的特点、重点、难点和应用案例,达到能够熟练运用营运资金管理的先进理念和方法有效管理企业营运资金的目的。财务管理专业教学法课程的教学目标:通过本课程的学习,使学生能够理解和分析财务管理专业学生特点,了解财务管理专业职业人才的专业素质和技能要求;根据财务管理专业的教学内容和教材,熟悉财务管理专业岗位设置与教学内容的组织;理解财务管理专业的典型教学媒体和种类,对特定的教学内容创设特定的教学环境;掌握财务管理专业的教学法的基本原理、基本步骤及其运用,从而树立先进的教学理念,掌握先进的教学方法,实现具备从事职业教育所具备的教学能力。

二、财务管理职教师资专业教学内容的特点

财务管理职教师资专业课程体系通常由通识教育课程、专业教育课程、专业方向课程、专业拓展模块、实践课程几部分组成,专业教育课程又由专业基础课程、专业核心课程、职教师资课程组成,其教学内容充分体现职教特色,强调课程体系的整体性,注重教育类课程教学内容与教师资格证要求、专业课程与专业资格证书相结合,强调应用型人才的培养。财务管理职教师资专业课程的教学内容体现"技术性、学术性和职业性"的有机结合。

(一)课程教学内容突出技术性的特点

要培养具有"双师"素质的财务管理专业中职师资队伍,既要求学生具有一定的学术水平，又要具有一定的技术水平，而这些毕业生将来从事于培养职业学校财务管理专业实际工作的人才，这就要求毕业生在具有全面系统理论知识的基础上，尤其要具有过硬的实践能力，掌握该专业技术性的要求。技术性强调应用能力，解决的是"如何做"的问题，培养"双师型"师资，突出技术性是关键。"无治病之经验者，不可以教医；无贸易之经验者，不可以教商。凡百职业，莫不皆然。故职业教师之第一要事，即在生利之经验。无生利之经验，则以书生教书生，虽冒职业教师之名。非吾之所谓职业教师也。"因此，只有掌握了技能的教师才是具备了合格职业技术教育资格的教师。由此，在财务管理职教师资专业的课程教学内容中，实践教学内容占有重要的比重和地位，38学分，占总学分21.7%，实践教学内容不仅渗透于有关主要的理论课程内容中，而且还开设了相当多的专门的实践内容的课程，要求学生不仅完成实践教学内容的学习任务，而且主动地利用寒暑假积极参与社会实践活动，获取丰富的实践工作经验，将"所学"与"所用"结合起来，并且获得相应的技能或职业资格证书。

（二）课程教学内容以学术性为基础

学术性强调学科专业知识，解决的是"教什么"的问题；学术性是高等教育的根本所在，高等教育所有的活动都是围绕学术性来开展的。技能是重要的，但技能的发展离不开学术性这个基础，不然就会像陶行知先生所说的"无学识以为经验之指导，则势必故步自封，不求进取"。财务管理职教师资专业的专业基础课程和专业核心课程的教学内容涵盖了该专业的学术理论，其中专业基础课程包括微观经济学、宏观经济学、管理学基础、会计学基础、税法、金融学、统计学、经济法，专业核心课程包括财务管理基础、财务会计、公司财务与案例、财务分析、财务信息化、高级财务管理、审计原理与实务等，这些专业基础课程和专业核心课程共45学分，占总学分的25.7%，学生只有牢固地掌握这些专业核心课程的学术内容，才会具备今后职业发展的后劲，同时也为技术和技能的掌握与更新提供支撑。因此，培养财务管理专业的职教师资，以学术性为基础，不仅培养学生的学科专业知识，还要培养学生的研究能力和创新能力，使学生具有坚实的理论基础，只有这样才能在未来的工作岗位上有持续的发展后劲。

（三）课程教学内容强化职业性

培养"双师型"教师，必须强化职业性，职业性是职业教育区别于其他教育的独有的特点。财务管理职教师资专业是培养未来从事于职业学校职业教育的教师队伍，《〈教师资格条例〉实施办法》规定："中国公民在各级各类学校和其他教育机构中专门从事教育教学工作，应当具备教师资格。"同时，对申请认定教师资格者的教育教学能力提出了要求，要求申请者具备承担教育教学工作所必需的基本素质和能力。强化师资培养的职业性，可从一般教学法知识和学科教学知识两方面进行。一般教学法知识就是要通过教育理论、教学方法和教育技能等方面的学习，让学生熟悉教育科学基本理论知识，了解一般教育规律，从而培养学生的一般教育教学能力。因此，财务管理专业中职师资课程体系中设置了职业教育学、职业教育心理学、现代教育技术等课程；学科教学知识则是教师将自己掌握的学科知识转化为学生容易理解的知识，它具体表现为教师知道如何通过讲授、演示、举例、类比等来呈现学科内容。因此，财务管理职教师资专业课程体系中设置了财务管理专业教学法。这些职教师资类课程共 12 学分，占总学分 6.9%。

表 3-1　　　　财务管理职教师资专业课程类别与学分分配表

学分分配 课程类别	必修课		选修课	
	学分数	占总学分比例%	学分数	占总学分比例%
公共必修课程	57	32.6%		
公共选修课程			8	4.6%
通识教育课程	57	32.6%	8	4.6%
专业基础课程	22	12.6%		
专业核心课程	23	13.1%		
职教师资课程	12	6.9%		
专业方向课程	9	5.1%		
专业拓展课程			6	3.4%
集中实践课程	38	21.7%		
专业教育课程	104	59.4%	6	3.4%
合计	161	92%	14	8%

三、财务管理职教师资专业课程与教材分析

财务管理职教师资专业依托于工商管理和教育学一级学科，与之相关性较高的本科专业有财务管理、会计学、财务会计教育、教育学、工商管理、金融学等，学习过程中应注意相关学科知识的扩展与涉猎。鉴于此，财务管理职教师资专业的课程体系的设置，应该将公共基础课程作为铺垫、专业教育课程为基础、职业师资课程为特点、专业方向课程为补充，同时，强化专业实验实践技能课程，提高财务管理职教师资专业教学的实践性，科学地构建财务管理职教师资专业课程体系。具体包括以下几个层次：

（1）通识教育课程的设置

财务管理职教师资专业的通识教育课程设置要以该专业学生全面的社会人文素质培养为出发点，包括公共必修课程和公共选修课程。其中公共必修课程的设置主要包括：思想道德修养与法律基础、马克思主义基本原理、中国近代史纲要、毛泽东思想和中国特色社会主义理论体系概论、形势与政策、体育、大学英语、计算机基础、数据库应用、微积分、线性代数、概率论与数理统计等。通过公共课程的学习，可以提高该专业同学的社会人文的基本素质和满足其个性发展的需要。公共基础课程的设置相对稳定，但也要随当前经济社会形势的发展变化而有所更新和变动。

(2) 专业教育课程的设置

①专业基础课程。高等教育各专业开设专业基础课的目的是为后续的专业课奠定基础的。要想培养财务管理职教师资专业学生的扎实全面的专业学科知识和能力，该专业的专业基础课程的设置必须涉及经济学、管理学、会计学以及金融学等与财务管理专业相关的基础知识。具体来说，专业基础课的设置主要包括：经济学（宏观和微观部分）、管理学基础、会计学基础、税法、金融学、统计学、经济法原理等。通过专业基础课程的学习，使该专业学生掌握财务管理专业相关的经济管理的基础理论与方法。

②专业核心课程。专业课程的开设目的是为培养学生全面系统地掌握财务管理专业知识技能，并具备从事本专业所需的实践工作能力。专业核心课程主要包括：财务管理概览与基础、财务会计、公司财务与案例、财务分析、财务信息化、高级财务管理、审计原理与实务等。专业核心课程的开设学时在时间上要有充分的保证，它构成课程体系的主干部分。通过专业核心课程的开设，使财务管理专业的学生具备体系完善的财务专业理论知识与技能。需要注意的是，在财务管理相关课程的设置上，要合理界定财务管理概览与基础、公司财务与案例和高级财务管理课程的教学内容，按照循序渐进的教学规律，财务管理概览与基础主要讲授公司财务管理活动所必须具备的基本观念和基本技能，并对筹资管理、投资管理、营运资金管理、利润分配管理的基本概念和方法加以阐述；公司财务与案例主要讲授公司理财的具体方法，注重实践和操作能力的培养；高级财务管理则主要介绍特殊情况下的财务管理。三门课程的内容既要避免重复，又要注意其相互联系。

③职教师资课程。职教师资课程的设置目的是培养学生掌握教育理论、教学方法和教育技能，并具备从事职业教育所需要的教学实践能力。职教师资课程主要包括：职业教育学、职业教育心理学、财务管理专业教学法、现代教育技术、师德教育与班主任工作等。通过职教师资课程的学习，使学生完整地掌握教育科学基本理论知识、了解一般教育规律，学会如何将自己掌握的学科知识转化为学生容易理解的知识的技能和方法。

④专业方向及拓展课程。专业方向及拓展课程的设置主要是根据各高校实际情况与教学特色及教学资源来确定的，开设这类课程时尽量做到门类广泛，来以满足学生的专业取向。其中，专业拓展课程主要有：税务代理实务与纳税筹划、资产评估原理与实务、投资学、商业银行经营与管理等，专业方向课程可以开设如资金管理、业绩管理等模块课程，使学生通过对这些课程的学习，更加明确自己在专业领域中的特长和兴趣，找到自己在专业领域中的研究方向。

⑤集中实践课程。职教师资的集中实践课程不仅包括财务管理专业实践课程，而且还包括从事与财务管理职业教育的教学实践课程，培养学生不仅具备财务管理实际工作的能力，而且掌握教学活动的方法和能力。专业实践课程主要包括：财务管理单项技能实训、财务管理综合技能实训、财务管理顶岗实习、财务管理专业毕业实习及论文写作等；职教师资实践课程主要包括：财务管理专业教学研究、财务

管理专业课程建设、教学实习等。

专业课程的设置最终能否达到人才培养目标的要求，很大程度上取决于教材建设的科学性和合理性。随着我国高等教育的快速发展，目前，我国高等教育已经基本形成了研究性大学、教学研究性大学、应用型大学、职业技术教育等多个教育层次。由于不同教育层次的教育对象不同、教育目标和培养目标不同，对教材的要求也就不同。目前，财务管理专业普通本科的教材较多，各高校大多都有各自编写的完整的教材，其中不乏有许多优秀教材，职业技术教育学校的财务管理专业使用的教材，大多使用适应于高职或中职教育的教材，也有选用普通高校的教材，但是，针对财务管理专业职教师资专业，目前还缺乏有针对性的教材，根据《中等职业学校教师专业标准（试行）》和《中等职业学校财务管理专业教师标准》，应当针对财务管理职教师资专业特点开发其适用的教材。

财务管理职教师资专业的教材开发应当以中职财务管理专业教师的职业能力标准为依据，以理论讲授和实践教学并重的教学方式，培养教师树立先进的职业教育理念，学会先进的教学方法、掌握现代教育技术、形成开展职业科学研究的能力。财务管理职教师资专业的教材应具有不同于适用于其他教育层次和教育对象专业教材，具有鲜明的特点：（1）注重职业教育理论、方法与财务管理专业的特点相结合，将职业教育的理论、方法灵活地融入财务管理专业教育中来；（2）注意财务管理理论与其技术、方法相结合，在合理安排财务管理理论的广度和深度时，着重强调财务管理技术、方法和实践教学法的应用指导；（3）该套教材涵盖财务管理理论与实践、职业教育、教学理论与实践的内容，适应于财务管理职教师资专业教学使用，也对其他不同层次的专业教师的教学有积极的参考和借鉴作用。因此，根据财务管理职教师资专业教材特点的要求，教材建设和开发应满足以下几点要求：（1）要保证每部教材的系统性和规范性，强调重点突出，体现出各门课程的个性，并不与其他课程内容相重叠，特别是财务管理基础与概览、公司财务与案例、高级财务管理三门课程内容，既要注意连贯完整，又要避免内容重叠；（2）每部教材在结构安排上，均应指明学习重点和难点，提出学习要求，明确应达到的目的，同时，应紧扣教材编写思考题、计算分析题及与每部分内容相关的基本财务案例，并对常用的、关键的财务术语标明英文解释；（3）为体现职教师资专业的特点，主要专业课程在每章内容结束时，都要设置相应教学内容的教学设计及教学活动的模拟，培养学生养成能够将已学知识转化为能够进行传授的思维和习惯，增强学生的职业感。

第三节　财务管理职教师资专业教学内容的组织

一、财务管理职教师资专业教学内容的组织方式

一般说来，教材内容是教学内容的主体，但仅仅依据教材内容来安排全部教学

内容是不够的。教学内容广义上讲是学生应该掌握的知识、技能，应该获得的思想、观点，以及良好行为习惯形成的总和[①]。因此，需要教师恰当选择和组织教学内容。

教学内容的组织包含两方面的内容，一是教学内容的取舍；二是教学内容顺序的编排。教学内容的取舍一般根据教学大纲和课时来进行，教学内容的顺序编排方式主要有三种：按教材顺序组织教学内容；按知识体系组织教学内容；按照实际应用组织教学内容[②]。就一门课程的教学内容的组织方式来说，在教学过程中，可以根据不同章节教学内容的特点，运用不同的组织方式，才能达到理想的教学目的和教学效果，对于财务管理职教师资专业的教学内容组织亦是如此。

按教材顺序组织教学内容，就是直接按照教材的编排顺序进行确定教学内容并进行讲授，不需要对所讲授内容的顺序进行重新调整和安排。财务管理职教师资专业各门课程中，涉及相应课程的基础知识的内容，可以按照这种方式来组织教学，其优点是教师可以按照既定的教学内容的逻辑顺序和脉络进行教学工作，简单易行，工作量较少，学生课后看书学习比较方便。缺点是受教材局限，教学效果取决于教材本身的编写质量。采用这种方式组织教学时，注意不可照本宣科，在讲授基础知识的同时，适当加入新颖有趣的元素，以避免单调乏味，使学生失去兴趣。

按知识体系组织教学内容，是把经过选取的教学内容按照知识体系进行顺序编排，一般需要对教材内容进行重新组织和安排。比如对于《财务会计》课程中各会计要素的章节部分，运用按知识体系来组织教学内容比较合理。因为这些章节的内容既涉及各会计要素基本的概念、确认计量的基本方法，又涉及一些具体的会计处理及运用，采用按知识体系结构组织教学内容，便于学生掌握该部分教学内容的全貌和各个组成部分，掌握各部分的组成、特点与应用，为以后的学习打好基础。对采用这种方式组织教学内容上课时，要注意避免面面俱到和简单罗列，以免学生产生厌倦情绪。

按照实际应用组织教学内容，按照学习者应用这部分知识进行实际工作的顺序来组织教学内容。比如《财务管理专业教学法》课程中各种教学法的应用部分的教学内容，就可以采用这种组织方式，按照该教学法基本概述、应用步骤、案例介绍、应用中注意事项这样的顺序来组织教学内容，这样可以一步一步地对学生提出问题，引出知识点，并把介绍原理方法和步骤与实际问题相结合，从而吸引学生注意力，提高学习兴趣。采用这种方式组织教学内容，应注意对于案例的合理设计和运用，避免知识点的不完整。

二、财务管理专业教学法课程教学内容的组织

每门课程应当根据该课程的教学目标、教学内容的特点、教学对象等的要求，来进行具体的教学内容的组织，包括教学内容的选择、教学内容的组织方式的采用、

---

① 盛群力等："试论系统设计教学中的备课程序"，《教育研究》，2001年第5期。
② 邹大祥："几种教学内容组织方式的分析"，《三峡大学学报》，2001年第8期。

课堂教学方法的运用、教学课时的安排等。下面以《财务管理专业教学法》课程为例,说明其教学内容的安排与组织。

(一)课程性质

《财务管理专业教学法》课程以中职财务管理专业教师的职业能力标准为依据,培养学生树立先进的职业教育理念,学会先进的教学方法,掌握现代教育技术,形成开展职业教育的能力。该课程在对财务管理专业教学特点分析的基础上,并在一定的教学环境下,主要阐述财务管理专业各种教学方法的基本原理、方法及应用。并通过课堂讲授、案例展示、交流讨论等形式,培养学生具备职业教学能力。本课程研究财务管理专业教学法问题,是一门兼具理论性和应用性的课程,在财务管理职教师资专业的教学体系中起着重要作用,是在基本上熟悉财务管理相关专业知识的基础上,又进一步培养学生根据该专业的要求具备职业教育教学能力的一门课程。本课程提供从事财务管理专业中职教育工作必备的知识和技能,是财务管理职教师资本科专业学生必修的核心专业课程之一。本课程是财务会计、初级财务管理、公司财务与案例、职业教育学及职业教育心理学等课程的后续课程,学生应当在掌握上述先修课程的基本原理和基本内容的基础上学习本课程,并通过本课程加深对先修专业课程的理解和教学法的掌握。本课程是财务管理专业教学研究及相关实践课程的先导性课程。

(二)教学目标

通过本课程的学习,使学生能够理解和分析财务管理专业学生特点,了解财务管理专业中职人才的专业素质和技能要求;根据财务管理专业的教学内容和教材,熟悉财务管理专业岗位设置与教学内容的组织;理解财务管理专业的典型教学媒体和种类,对特定的教学内容创设特定的教学环境;掌握财务管理专业的教学法的基本原理、基本步骤及其运用。从而树立先进的教学理念,掌握先进的教学方法,实现具备从事中职教育所具备的能力。通过本课程的学习,要求学生掌握财务管理专业教学法的含义、类型及特点,运用教学法选择的原则,熟练掌握讲授法、案例法、研讨法、角色扮演、实验法、实践法等教学法的基本原理和具体运用,从而具备能够根据教学目标、教学内容、教学阶段等选择具体的教学法的专业能力。

(三)课程设计思路

财务管理职教师资本科专业以培养德、智、体、美全面发展,适应社会发展需要、理论基础扎实,具备财务管理专业知识和技能,掌握职业教育方法和理念,能够胜任本专业领域的理论教学、实训指导、教育教学管理等工作,具有创新精神、实践能力和可持续发展的高素质"双师型"职教师资为目标。与这一目标相适应,本专业毕业生应具备财务管理专业能力和教学能力。基于上述培养目标和能力要求设置财务管理专业教学法课程。

本课程的设计以财务管理职教师资岗位的社会需求为导向、以财务管理职教师资本科专业人才培养目标及培养标准为基础,突出专业知识的传授和专业技能的培养。根据岗位能力的需要设计教学内容、安排教学环节,灵活采用各种教学方法和手段组织教学活动，充分利用校内教学资源和校外实训基地开展教学实践，从而使学生具备进行教学计划和教学内容、教学环境的设计能力，具备中等职业教育财务管理专业课程开发和精品课程建设的能力，具备运用讲练结合、教做结合、教学结合、教学相长等理论与实践相结合的能力，旨在提高毕业生有效实施财务管理专业课程的教学能力。

在内容设计上，财务管理专业教学法课程结合对财务管理相关专业课程的专业知识的理解和掌握，根据中等职业教学财务管理专业学生的特点、教学内容、教学环境的特点，在系统搜集、调研和总结教学实践的基础上，整合出中职教育财务管理专业课程有效的教学法，形成具有指导和示范价值的教学法教材。本课程内容主要包括：财务管理职教师资专业教学特点、专业教学及环境、教学法原理及实践应用等。

（四）课程内容的组织与安排

财务管理专业教学法课程内容的组织与安排应遵循职教师资职业能力培养的基本规律，以真实工作任务及其工作过程为依据整合、序化教学内容，"教、学、做"相结合，理论与实践一体化，合理地设计理论内容、实训、实习等教学环节。具体的教学内容的组织与安排如下：

表 3-2　　　　　　　　　　《财务管理专业教学法》课程内容组织

基本内容	重点与难点	教学方法与教学手段	作业与实训	学时
第一章　财务管理专业教学法概述 第一节　教学法的含义 第二节　教学法的特点 第三节　教学法的分类 第四节　教学法选择与运用原则 第五节　财务管理专业教学法运用分析	本章重点介绍教学法的含义、特点、类型，以及财务管理专业教学法的选择运用	本章采用讲授教学法讲解教学法基本理论，以及财务管理专业教学法选择；同时，提出有关问题，引发学生思考并讨论财务管理专业教学法的选择问题	掌握教学法概念、类型、特点；思考财务管理专业教学法选择原则	2
第二章　财务管理专业现状和发展前景 第一节　财务管理专业的发展过程 第二节　财务管理专业的就业现状 第三节　财务管理专业的教学与实践现状 第四节　财务管理与相关专业的联系 第五节　财务管理机构设置 第六节　财务管理人才的职业发展与能力要求	本章介绍财务管理专业现状和发展前景，使学生对目前该专业的现状以及该专业与其他相关专业之间的联系有基本了解，同时，熟悉该专业中等职业人才的典型工作和发展空间	采取讲授教学法，介绍财务管理专业现状和发展前景，使学生对该专业的工作及发展前景有清晰的认识	了解财务管理专业与其他专业的联系；了解财务管理专业的现状和发展前景	2

续表

	基本内容	重点与难点	教学方法与教学手段	作业与实训	学时
第三章 财务管理专业教学特点 第一节 财务管理专业职业学生的特点和要求 第二节 财务管理职教师资专业的教学内容 第三节 财务管理职教师资专业教学内容的组织		本章重点分析财务管理专业职业学生特点和介绍财务管理专业的教学内容，使学生掌握职业学生特点、教学内容；本章的难点在于教学内容的组织，如何根据特定教学内容进行教学设计	采用讲授教学法，讲解财务管理专业职业学生特点、要求，教学目标和教学内容；并采用案例教学法，鼓励学生思考讨论进而简单设计特定教学内容下的教学组织	掌握财务管理专业职业学生特点和要求；熟悉财务管理专业教学内容；进行简单的教学内容的组织	2
第四章 财务管理专业教学环境与师资条件 第一节 财务管理专业教学媒体的种类和特点 第二节 财务管理专业教学环境 第三节 财务管理专业教学环境设计与教学媒体选择 第四节 财务管理职教师资培养方案		本章重点介绍财务管理专业的教学媒体和种类，以及该专业职教师资培养方案；本章的难点是如何就特定的教学内容进行教学环境的设计	采用讲授教学法，讲解财务管理专业教学媒体、教学环境、职教师资培养方案；并提出相关问题，鼓励学生思考讨论进而简单设计特定教学内容下的教学环境	掌握财务管理专业职教师资培养方案；进行特定教学内容下教学环境的设计	2
第五章 财务管理专业教学法原理 第一节 讲授教学法 第二节 案例教学法 第三节 研讨教学法 第四节 角色扮演教学法 第五节 实验教学法 第六节 实践教学法		本章重点介绍各种教学法的基本原理；难点在于对各种教学法的掌握和训练	本章采用讲授教学法介绍各种教学法的概念、类型、特点、应用步骤；同时，采用角色扮演、案例应用等方法，使学生参与到教学活动中，掌握各种教学法的基本原理	掌握各种教学法基本原理；选择某一教学内容，采用某种教学法进行演练	6
第六章 专业基础类课程教学法 第一节 专业基础类课程内容及教材分析 第二节 专业基础类课程教学法适应性分析 第三节 专业基础类课程类教学法的实践应用		本章的重点是专业基础类课程教学内容、教学法的适应性，难点在于该类课程在教学实践中如何选择不同的教学法并加以运用	本章采用讲授教学法介绍专业基础类课程的教学内容，采用研讨教学法分析该类课程教学法的适应性，重点采用讲授教学法、案例教学法，对其在该类课程教学中进行实践训练	掌握专业基础类课程教学内容所适应的教学法，并采用讲授教学法或案例教学法进行演练	4

续表

基本内容	重点与难点	教学方法与教学手段	作业与实训	学时
第七章 专业核心类课程教学法 第一节 专业核心类课程内容及教材分析 第二节 专业核心类课程教学法适应性分析 第三节 专业核心类课程类教学法的实践应用	本章的重点是专业核心类课程教学内容、教学法的适应性，难点在于该类课程在教学实践中如何选择不同的教学法并加以运用	本章采用讲授教学法介绍专业核心类课程的教学内容，采用研讨教学法分析该类课程教学法的适应性，重点采用案例教学法、实验教学法，对其在该类课程教学中进行实践训练	掌握专业核心类课程教学内容所适应的教学法，并采用案例教学法或实验教学法进行演练	6
第八章 职业教育类课程教学法 第一节 职业教育类课程内容及教材分析 第二节 职业教育类课程教学法适应性分析 第三节 职业教育类课程类教学法的实践应用	本章的重点是职业教育类课程教学内容、教学法的适应性，难点在于该类课程在教学实践中如何选择不同的教学法并加以运用	本章采用讲授教学法介绍职业教育类课程的教学内容，采用研讨教学法分析该类课程教学法的适应性，重点采用实验教学法、实践教学法，对其在该类课程教学中进行实践训练	掌握职业教育类课程教学内容所适应的教学法，并选用实验教学法或实践教学法进行演练	4
第九章 集中实践类课程教学法 第一节 集中实践类课程内容及教材分析 第二节 集中实践类课程教学法适应性分析 第三节 集中实践类课程类教学法的实践应用	本章的重点是集中实践类课程教学内容、教学法的适应性，难点在于该类课程在教学实践中如何选择不同的教学法并加以运用	本章采用讲授教学法介绍集中实践类课程的教学内容，采用研讨教学法分析该类课程教学法的适应性，重点采用角色扮演教学法、研讨教学法，对其在该类课程教学中进行实践训练	掌握集中实践类课程教学内容所适应的教学法，并采用研讨教学法进行毕业实习和毕业论文的设计	4

第四节 财务管理专业教学组织形式

所谓教学组织形式，就是根据一定的教学思想、教学目的和教学内容以及教学的主客观条件，组织安排教学活动的方式。教学活动是教与学两个方面相互作用的过程，教师需要运用一定的教学法将教学内容传授给学生，而完整的教学法应该包括教法、学法和组织法，其中组织法就是将教法和学法连接起来的桥梁，组织法的关键就是如何通过一定的教学组织形式来组织教师和学生的双边活动，如何妥善安排和有效利用教学的时间、空间及其条件，而不同的教学组织形式其教学效果是截然不同的。每一种教学组织形式都有其适应性，对于财务管理专业教学来说，应该综合运用不同的教学组织形式来实现教学目的，完成教学任务。

一、班级授课制

传统的班级授课制是根据学生年龄和知识程度把学生编成固定人数的班级,按照教学计划统一规定的内容和时数进行教学的一种组织形式。实行学分制后,班级概念演变成"行政班级"和"课程班级"两个不同的含义,"行政班级"即传统意义上班级的概念,实际上成为学生集体活动的基本单位;而"课程班级"则成为学生在学分制下,由选修某门课程的学生组成的班级,"课程班级"的成员可能是来自本专业同年级或者不同年级的学生,也可能是来自其他专业各年级的同学。因此,我们所探讨的班级授课制实际上就是课程班级授课制。

财务管理专业采用班级授课制的教学组织形式,能够较好地发挥其优势。(1)在目前各高校普遍存在着财务管理专业师生比偏低的情况下,一位教师可以同时教许多学生,扩大了单个教师的教育能量,有助于提高教学效率。(2)按照教学大纲规定的教学进度,以课为教学活动单元安排教学,使学生的学习循序渐进、系统完整。(3)由教师设计、组织并上课,由教师采用讲授教学法为主,兼用其他教学法,有利于教师主导作用的发挥。(4)确定的班级人数和统一的教学计划,有利于教学管理部门的教学安排与管理。(5)在课程班级中组织教学,学生与教师之间、学生与学生之间能够多向交流,互相影响、互相启发和互相促进,提高教与学的效果。班级授课制也有其局限性,主要表现在:(1)教学活动多由教师组织与设计,学生的主动性受到一定程度的限制。(2)容易形成"满堂灌",学生被动地接受知识,不利于培养学生的创造意识和探索精神。(3)教学面向全班学生,难以照顾学生的个别差异,不利于因材施教。

二、专题研讨班

专题研讨(seminar)最早见于16世纪德国虔敬派教育家弗兰克创办的师范学校中,1737年德国大学教授格斯纳在其任教的哥廷根大学创办哲学专题研讨班。seminar可以翻译成研讨班、讨论班,用来训练学生对某个重大问题进行独立调查研究的能力。它通常是由教授向学生提出问题或鼓励学生发现问题,然后在其指导下进行研究并最终解决问题的过程。这种教学形式在哥根廷大学、哈雷大学扩展开来,在当时欧洲的高等教育中影响极大,后来在西方发达国家大学文科教学中逐渐被广泛采用。近些年来,我国许多重点高校开始引入seminar,并进行了有益的探索,这些探索主要有两种形式:一是开设新生研讨课(Freshmen Seminar),由各学科领域的知名教授主持,借助某一师生共同感兴趣的专题,通过教授与学生之间、学生与学生之间的交流互动,以研讨的方式边学习、边讨论;二是一些任课老师也开始结合自己所讲授的课程,尝试采用seminar来提高教学效果。

财务管理专业的课程教学采用seminar,要结合财务管理专业课程自身的特点。哪门课程适合采用seminar,应考虑以下条件:一是适应一年级新生的知识背景,以入门级课程为主;二是要以专题为教学内容的主要组织载体,不强调知识体系的完整性和系统性。因此，学科概览、会计专题、财务管理专题等课程教学可以采用这种组织形式。这种教学组织形式具有规范的课堂操作实施过程：(1) 确定研讨的主题。主题的范围可以是教师自己的研究领域有关问题，也可以是学生们在学习和实践中发现的问题，最终主题由学生自己来确定。(2) 查阅文献资料。学生以个体或小组分工的形式，查阅文献资料或通过实地调研搜集有关资料，然后对搜集的资料进行整理、筛选、分析、形成观点，为课堂讨论和交流做好准备。(3) 主题报告宣讲及课堂讨论交流。报告人利用多媒体对该主题的研究背景、方法、内容和结论观点等进行陈述之后，课程参与者向报告人提问，要求报告人对某些内容进行解释或表达看法。(4) 修改报告论文。报告人或报告小组根据报告过程中教师、学生等所提出的问题和意见，并按照学术论文写作规范的要求，将报告论文进行反复修改后最终提交。这种教学组织形式强调教师与学生之间、学生与学生之间的合作，并将课内与课外紧密地结合，促进教学相长，实现教学和研究的融合。财务管理专业的课程在采用 seminar 时，可以结合财务管理专业实践性强的特点，灵活地安排实验、参观、调查等教学活动，或者聘请企业财务会计实务工作者进行座谈，让学生在这些活动中不断地开拓自己的视野，提高自己分析解决问题的能力。

三、小队教学

随着时代的发展和科技的进步，班级授课制的局限性日益显露，班级教学压抑了学生的个性培养，阻滞了学生的整体发展的弊端不断地受到批评，因此，在对班级授课制进行改革的基础上，产生了许多新的教学组织形式，其中小队教学就是一种较好的形式。小队教学，又称协作教学，最早出现于 20 世纪初，50 年代以后逐渐在美国和西方其他国家流行。其基本做法是：由若干名教师组成教学小队，共同负责一个班级或者几个平行班的教学工作，共同制定教学计划，并根据个人所长，分工合作，完成教学任务并评价教学效果。第二次世界大战以后，随着教学改革的广泛开展，小队教学的思想受到较多的重视，并被付诸实施，后来这种教学组织形式在美国的许多学校实行。50 年代末，这种教学组织形式传入英国，60 年代到 70 年代在日本和其他一些国家试行。常采用的做法是：由一个经验丰富业务能力强的教师同一个经验少的教师、一个实习教师及一个教师助手组成教学组，业务能力强的教师负责教学组的工作并上大课，其他教师则负责小班或小组教学、讨论、实验或个别辅导。

财务管理专业发展与高校其他专业发展一样，经历了精英教育到大众教育的过程，原来不超过 40 人左右的课堂教学逐渐地代之以百人左右的大课堂，这无疑增加了教学实施难度，降低了教学质量。随着我国高等教育规模已趋相对稳定，扩招速度已明显放缓，高校发展必然由规模扩张转向内涵发展，转向提高教育质量，班级授课制在发挥其优势的前提下，与其他教学组织形式相结合，或者进行教学组织的创新。

财务管理专业采用小队教学形式，可以结合财务管理专业不同课程的特点进行。

对于知识体系完整、逻辑性强的专业理论课程，可以组成 50~100 名学生的大班授课，3~5 名教师组成教学组，由一名教师顺次主讲；学生分组学习和讨论时，每位教师负责对 1~2 组学生的辅导；教学小队的教室定期汇总教学情况。对于实践性较强的专业课程，可以组成一个由讲课教师、实习教师及教师助手等组成的教学组，讲课教师负责教学组的工作并上大课，其他教师则负责小班或小组教学、实验实训的教学工作。小队教学能发挥教师的集体智慧的力量和教师个人的专业特长，有助于提高教学质量，达到协同的效果；既有集体学习的内容，又有小组活动的内容，能够满足学生的发展需要，为课堂教学的互动和探究提供充分的机会和便利。但它在一定程度上会增加教学成本，因此，推行小队教学必须与增加教学投入相结合。

四、网络教学

由于网络技术的影响与普及，目前，绝大多数的高校都已经具有较好的网络平台，它为大学课堂教学改革提供了新的路径。网络平台下的课堂教学，已经成为大学课堂教学的新型组织形式，目前，MOOC、微课、翻转课堂等已经成为高校课程建设的关键词。

MOOC（Massive Open Online Course）即大规模在线开放课程，在国内称"慕课"。自 2012 年以来，在世界高校开始流行，对全球教育产生了重要影响。美国高校先后推出 Coursera、edX 和 Udicity 三大 MOOC 平台，吸引世界知名大学纷纷加盟，向全球学习者开放优质在线教育资源与服务。我国多所"985"知名高校也已加盟以上 MOOC 平台，与哈佛、斯坦福、耶鲁、麻省理工等世界一流大学共建全球在线课程网络。课程内容以视频讲授为主，视频长度约为 5~15 分钟，教学者通常通过案例激发学习者的兴趣，组合多种媒体呈现、讲解课程内容。课程互动以线上交流为主要形式，学习者与教学者利用课程讨论区互动交流和答疑解惑；以城市为单位的线下见面会为辅，通过线下见面会扩展学习者线上交流，实现线上与线下的混合学习。课程评价以软件测试评分为主，通过视频中内嵌的自动化测试，使学习者反复提取已经学习的内容，强化知识掌握，同时，将课程作业的学伴互评成绩作为参照性评价标准。

微课程（Micro-lecture）的雏形最早见于美国北爱荷华大学 LeRoy A. McGrew 教授所提出的 60 秒课程，以及英国纳皮尔大学 T. P. Kee 提出的一分钟演讲（The One Minute Lecture）。现今热议的微课程概念是 2008 年由美国新墨西哥州圣胡安学院的高级教学设计师、学院在线服务经理 David Penrose 提出的，他提出建设微课程的五步骤：罗列教学核心概念；写 15~30 秒的介绍和总结，为核心概念提供上下文背景；录制长为 1~3 分钟的视频；设计引导学生阅读或探索课程知识的课后任务；将教学视频与课程任务上传到课程管理系统。在国内，根据百度词条（2012），"微课"是指以视频为主要载体，记录教师在课堂教育教学过程中围绕某个知识点或教学环节而开展的精彩教与学活动全过程。强调微课的形式是视频，微课的内容是教与学的活动。教育部全国高校教师网络培训中心（2012），"微课"是指以视频为主要载体,记录教师围绕某个知识点或教学环节开展的简短、完整的教学活动。强调微课是简短又完整的教学活动,突出视频的重要地位。

"翻转课堂"(Flipped classroom 或 Inverted Classroom)是一种混合使用技术和亲自动手活动的教学环境。在翻转课堂中,典型的课堂讲解时间由实验和课内讨论等活动代替,而课堂讲解则以视频等其他媒介形式由学生在课外活动时间完成。"翻转课堂"最早起源于孟加拉裔美国人萨尔曼·汗(Salman Khan),他利用自己录制的教学视频,在为侄女和侄儿辅导数学功课的过程中,收到了意想不到的成效。为让更多学习有困难的孩子享受这一辅导资源,2006年11月,他制作的第一个教学视频通过YouTube网站发布,并很快引起了人们的关注。翻转课堂是指重新调整课堂内外的时间,将学习的决定权从教师转移给学生。

以上各种借助于网络教学的组织形式,与传统教学相比较,其最大的特征就是其开放性,主要表现在,课程学习不受时间和空间限制,学习者利用移动学习终端在任何时间和任何地点均可参与课程学习;课程资源向学习者开放,学习者能够无障碍地访问课程资源,自由获取信息和知识;学习者和教学者利用网络学习工具与学习环境的外界保持信息交互,将专业领域中最新的知识自由地整合为课程内容,同时,把课程知识应用于实践问题解决;课程学习中权威的消失,学习者利用社交媒体与同伴和教学者自由地展开互动与交流。

慕课、微课、翻转课堂等作为一种新兴教学组织形式,在突出重点、短小精悍、便于随时随地学习等方面有着无可比拟的优势,有助于提高教学质量。但由于借助于网络的视频教学内容具有高度的专业性,如果没有教师的引领,学生的学习质量会受到影响。因此,网络教学形式并不能完全取代传统课堂讲解,在财务管理专业教学中,我们可以将其作为一种工具,作为课堂教学的一种有效补充,有效地发挥其优势,借助于教学改革和课程建设的有利时机,加强网络课程开发和课程资源建设,搭建网络自主学习、交流与讨论平台,发挥各种教学组织形式的优势,提高教学质量。

思 考 题

1. 财务管理职业学生应具备哪些能力?
2. 财务管理专业教师应如何根据学生特点,在专业培养目标的指导下,进行教学内容的分析,并在此基础上选择恰当的教学方法?
3. 中职财务管理专业教师在教学实践中如何进行教学内容的组织,并编写有效的教学大纲?

第四章

财务管理专业教学环境与师资条件

第一节 财务管理专业教学媒体的种类和特点

一、财务管理专业教学媒体的种类

媒体是指承载、加工和传递信息的介质或工具。当某一媒体被用于教学活动时，作为承载教育信息的工具便成为教学媒体，它是教学内容的载体，是教学内容的表现形式，是师生之间传递信息的工具。教学媒体有较多种类，常见的分类方法是根据教学技术或手段发展的先后进行分类，分为传统教学媒体和现代教学媒体。传统教学媒体是指在教学中，在教师口头语言的基础上，为更丰富地传递信息而采用的一些简单的媒体材料，如书本、图片、画册、黑板、粉笔、模型、实物、小型展览等。现代教学媒体是相对于传统教学媒体而言的，主要指电子媒体，由两部分构成：硬件和软件。硬件是指与传递教育信息相联系的各种教学机器，如幻灯机、投影仪、录音机、电影放映机、电视机、录像机、电子计算机等。软件是指承载了教育信息的载体，如幻灯片、投影片、电影胶片、录音带、录像带、光盘等。使用精心设计制作的教学媒体在以教师为主导的课堂教学、以学习者为主体的多样化学习中扮演着重要的角色。作为教学媒体，其主要功能有：

（1）教学活动得以规范

教学媒体可以记录和储存教学内容和信息，以供需要时再现。如纸质媒体直接将文字符号固定在书本和教材上；电子媒体将语言、文字、图像转换成声、光、磁讯号，固定在磁带或胶片上。教学媒体的这一特性使得以往的先进教育理论、各门专业知识和丰富教育经验得以储存，并能够通过教师采用各种教学媒体传授给学生。

（2）教学内容得以传播

教学媒体可以将各种文字及符号形态的信息传送到一定的距离，使教学内容在更大的范围内再现。无论是传统教学媒体还是现代教学媒体都具有这一功能，能够将教学内容不断地在教学活动中通过教师的教学活动传播给学生，使得学生具备了未来工作的知识基础，并在工作实践中加以运用和验证，从而使得教学内容日益丰富和完善。

（3）学习活动得以重复和提升

教学媒体可以重复使用，如果保存得好，还可以根据需要多次地被使用，而其呈现的内容和信息的质量稳定不变。同时，还可以生成许多复制品，在不同的地方同时使用。这种重复使用的特性方便了学生课余时间进行预习和复习，并在多次的学习中提升对知识的理解和掌握。

（4）不同教学媒体得以灵活组合

不同的教学媒体可以根据教学内容和教学环境等需要进行有效地组合，如将少数几种媒体技术紧密结合从而形成一种新的媒体，如声画同步幻灯、交互视频系统；将功能不同的几种媒体加以简单的组合，轮流使用或同时呈示各自的信息，如把幻灯、投影、录音、录像加以组合，在多媒体计算机出现以前，人们把这种组合系统称之为多媒体组合教学系统；利用数字化技术将各种信息，如图、文、声、动画、视频等集成在一起统一处理，例如，计算机多媒体。组合性还指一种媒体包含的信息可以借助另一种媒体来传递，如图片、图表等既可以通过幻灯、投影呈现，也可以通过电视、计算机呈现在屏幕上。

（5）教学媒体具有能动性

教学媒体在特定的时空条件下，可以独立地发挥作用。优秀的录像教材和计算机课件可以让学生独立地进行自主学习，由教学经验丰富的教师参与设计、精心编制的教学软件一般都比较符合教学设计原理，采用的是最佳教学方案，通常能够收到理想的教学效果。但是，教学媒体与人相比应当处于从属地位，即使功能先进的现代教学媒体，仍然是由人来设计和完成的，受人所控制，教学媒体只能扩展或代替教师的部分活动，不能完全取代教师的富有智慧的课堂教学。

对于财务管理职教师资专业来说，无论是传统教学媒体还是现代教学媒体，都需要加以科学合理地运用，通常对于现代教学，较少采用单一的教学模式，而是采用各种教学媒体相结合的多媒体教学方式。多媒体教学方式是指在教学过程中，根据教学目标和教学对象的特点，通过教学设计，合理选择和运用现代教学媒体，并与传统教学手段有机组合，共同参与教学全过程，以多种媒体信息作用于学生，形成合理的教学过程结构，达到最优化的教学效果。多媒体教学方式通常需要在多媒体教室中采用，应用图像处理、计算机动画以及声音来处理教学问题，包括计算机、投影仪、屏幕、音响、扫描仪五个部分，在教学内容上采用循序渐进、逐步开展的原则，将传统的教学方法与现代化的教学实践相结合，教师讲授、指导，结合系统显示模拟，合理安排时间，留下足够时间给学生讨论，实现了学生从听、看、说（交流）来实现对知识的认识、理解和巩固。现代教育思想最为突出的特点是以学生为本，强调学生的主体地位，而利用多媒体教学的最大优势就是能够让学生更好地参与教学活动，为学生创造一个良好的参与教学活动的平台或氛围。

二、财务管理专业教学媒体的特点

无论是传统教学媒体还是现代教学媒体，只要运用恰当，在教学过程都能发挥重要的作用。财务管理职教师资专业教学也应将传统教学媒体与现代教学媒体有机结合，以实现预期的教学目标和达到理想的教学效果。因为，不同的教学媒体有着自身的特点和优势，不同程度地影响着学生在教学中的参与度，进而影响到学生的学习主动性和积极性。

（一）传统教学媒体的特点

财务管理职教师资专业采用的传统教学媒体，主要是指教师在课堂教学过程中采用口头语言、黑板板书的基础上，采用的一些简单的媒体材料，如专业使用的教材、讲义、图片、模型、实物、小型展览等。这种传统教学媒体在教学中仍然发挥着不可替代的作用，它具有以下特点：（1）简单灵活方便。学生使用教材、讲义等这类媒体学习时，可自行确定学习步骤，自由选择，并可在书面上作出标记、注释，方便适用，便于自学。现在许多教材都在每页的边缘留出较大的空白，供学生记录学习要点和心得，这体现了传统教学媒体的这一特点。教师在课堂使用黑板板书，使得文字、图示信息传递简单、方便、稳定，信息的组织和展示灵活可随时调整，板书与教师的讲授紧密配合，学生的学习思路容易跟上教师的课堂讲授和引导。（2）师生间感情交流顺畅。在使用传统教学媒体进行教学过程中，在信息传递过程中，老师的语言信息通过神情、语音语调、配有肢体等传递，更能激起学生的反应，便于教师根据学生的反馈信息进行及时课堂处理，传统教学媒体即对信息传递的容量和强度具有比较强的调控作用，从而使信息传递能够稳定地进行。学生注意力也比较容易集中，具有较好的课堂效果。另外，传统教学媒体以语言的形式显示教学信息，有利于提高学生抽象思维能力。

当然，任何一种教学媒体都有其适用性，传统教学媒体也有其自身的缺点：（1）信息传递量较小。借助于黑板和教科书给学生提供的信息量十分有限，教师的板书费时费力，会挤占课堂时间，导致知识容量缩小。（2）动态性和形象性较差。（3）新奇性和趣味性较差。这就要求在财务管理职教师资专业教学中，注意克服传统教学媒体的缺点，科学合理地采用现代教学媒体，以实现多种教学媒体优势互补。

（二）现代教学媒体的特点

财务管理职教师资专业使用的现代教学媒体由两个相互联系的要素构成，一是硬件即现代教学设备，如幻灯机、投影仪、录音机、电影机、计算机等；二是软件，又称为音像教材，即承载了教学信息的各种教学幻灯片、投影片、电影片、录像带、计算机课件等。现代教学设备大致上分为四类：电声类，包括录音机、扩音机、激光唱机、模拟实验室等，以及相应的教学软件；电光类，包括幻灯机、投影器等，以及相应的教学软件；影视类，包括电影放映机、电视机、录放像机、影碟机、闭路电视系统、广播电视系统、卫星电视系统等，以及相应的教学软件；计算机类，包括程序学习机、计算机教学系统、多媒体网络教学系统，以及相应的教学软件等。

财务管理职教师资专业使用现代教学媒体进行教学，有明显的优点：（1）电声类教学媒体，能够录取语言和声音，然后根据需要重放，这对于职教师资专业的同学来说，可以将自己在课堂上就某一教学方法或教学内容的讲授演练声音录制下来，课下重放，找出不足，不断总结经验。录了音的磁带或音频可以长期保存下来，建立有声资料库；（2）电光类教学媒体，能够使学生观察到清晰的图像，放映时间不受限制，教学软件的制作比较简单，投影片可以起到黑板的作用；（3）影视类教学媒体，能够给学生视觉、听觉两方面的信息，能够以活动的图像，逼真地、系统地、完整地呈现出业务流程以及财务管理实务操作过程；（4）计算机类教学媒体，能长期储存大量教学资料供师生任何时候检索，能把学生的反馈记录下来进行分析，并对教师的教学和学生的学习提供具体的指导意见，能够为学生创造良好的自学平台，让学生按照自己的能力和水平有计划地学习和探索。总之，现代教学媒体课堂信息容量大，知识直观性强，能够将抽象的财务及会计概念转化为形象生动的画面，降低了专业知识的认知难度，增强了学生学习的主动性和创新性，极大提高了教学效果。

同样，财务管理职教师资专业教学应注意克服现代教学媒体的缺点：（1）节奏过快。运用现代教学媒体省去了写黑板和擦黑板的时间，使得教学内容增加了，但是教学内容容量太大也会使学生难以及时消化，达不到理想的教学效果。同时，用多媒体的展示，切换时间较短，节奏较快，学生来不及思考，教师也难于把握合适的教学节奏。（2）师生之间情感交流较差。现代教学媒体不利于及时处理学生的反馈信息，对学生的信息传递没有较好调控作用，好像是在教学过程中师生共同面对着现代化的教学设备，师生之间缺乏必要的情感交流。（3）使用现代教学媒体对硬件设施和教师的专业技术水平有较高的要求。现代教学媒体要求教师不仅要懂得相关专业理论知识，还要懂得现代教育技术的基本知识，而且要具备熟练操作、合理使用现代化教学设备的能力。

第二节 财务管理职教师资专业教学环境

教学环境是指学校教学活动所必需的诸客观条件和力量的综合，它是按照发展人的身心这种特殊需要而组织起来的育人环境，主要构成要素有自然因素、各种教学设施、社会信息、人际关系、校风班风等。因此，教学环境是一个复杂的范畴，在这里只讨论财务管理职教师资专业教学中所涉及的实验实训教学环境，特别是硬件环境和软件环境。

一、基本要求

财务管理职教师资专业教学的硬件环境主要是指校内实训基地的建设，各学校可以根据自己已有的条件、设备以及资金情况进行相应的配置，除了这些硬件条件之外，校内实训基地建设本身还包括实训指导教师和实训平台等软件环境的建设。

　　学校应当能够提供满足人才培养方案教学需要的实验实训设备，教学设施先进，数量和工位与办学规模相适应，实验实训教学设施能为区域内同行学校所共享。实验实训教学环境建设应当满足以下要求：（1）有功能齐全的校园网，基本实现数字化管理；有数字化教学平台；所有教学场所均配备多媒体设备；建成一定数量的教学资源库，信息化教学达到一定水平。（2）单个实验室实训场地、仪器设备数量按照满足约50人同时实训的要求配置。在满足一个教学班学生实验实训需要的基础上，百名学生配教学用计算机台数不少于10台。（3）执行中学校可以根据学生人数、建筑面积、实验实训教学分类和教学任务增减每个实训室的座位数，确定实训室的建设数量。

二、实验实训室

　　为了满足财务管理职教师资的培养要求，财务管理职教师资培养单位应配备以下实验实训室：专业教学技能实训室，会计电算化与 ERP 实训室、财务管理岗位实训室、企业经营沙盘实训室、财务管理综合技能实训室。

　　专业教学技能实训室用于训练学生从事基本教学工作所需技能的实训室，能够满足财务管理职教师资开展教育教学技能培训、课程开发及学科技能竞赛的教学和实训要求。会计电算化与 ERP 实训室用于培养学生会计电算化软件和财务 ERP 业务流程的操作和设计能力，需配备相应的硬件和软件，满足财务管理职教师资开展会计电算化和财务 ERP 技能训练和竞赛辅导的需要。财务管理岗位实训室按照财务管理的主要工作岗位进行设置，配置满足进行出纳岗位、预算管理岗位、投融资管理岗位、成本管理岗位、税务管理岗位、营运资金管理岗位、信用管理岗位实践技能训练的软硬件，满足学生财务管理岗位技能训练的需要。企业经营沙盘实训室模拟企业经营沙盘实战环境，配备沙盘模拟需要的各种硬件和软件，满足财务管理职教师资开展企业经营沙盘模拟和学科竞赛训练和培训的需要。财务管理综合技能实训室是模拟企业具体的财务管理职业场景，满足开展企业财务管理岗位工作模拟、商务洽谈和小组研讨的需要，需配备相应的财务管理和理财软件，满足财务管理方案制定、理财规划设计和财务咨询业务实训和教学的需要。

　　根据教学需要建议选配虚拟商业社会环境实训中心，该中心是融现代制造业经营管理系统，现代服务业经营管理系统，现代金融业经营管理系统，政务服务中心及外围组织为一体的仿真经营管理系统。通过在商业社会环境下的全景模拟实训，培养学生的决策管理、过程管控、业务运作、部门运作、企业管理、价值链管理等方面的能力，全面提升学生的经营管理水平、信息技术水平和综合能力。

三、实验实训室配备标准

　　实验实训室的建设是一个长期的过程，为了满足财务管理职教师资专业培养人才和教学需要，实验实训室需要配备完善的硬件和软件设施，详见表 4-1 至表 4-5。

表 4-1　　　　　　　　　　专业教学技能实训室

项目	设备名称	单位	数量
硬件设备	服务器（含机柜）	台	1
	投影仪（含幕布、投影设备安装调试）	台	1
	教师专用机	台	1
	教师多功能桌椅（含功放系统）	台	1
	学生用计算机	台	50
	学生电脑桌椅	套	50
	交换机	个	3
	交换机柜	个	1
	立式空调	台	1
	文件柜	个	2
	实训室场景建设环境、布线吊顶等		
软件配备	能满足 50 名以上学生同时进行实训的 office 办公软件、多媒体制作软件、数据统计分析软件等		

备注：实训场地面积建议 120 平方米左右。该表列示的软、硬件是建设教师技能实训室必备的设施配置，设备的规格、型号、功能要求、技术参数等可根据建设时的软件运行环境需要、建设目标和建设经费情况具体设计

表 4-2　　　　　　　　　会计电算化与 ERP 实训室

项目	设备名称	单位	数量
硬件设备	服务器（含机柜）	台	1
	投影仪（含幕布、投影设备安装调试）	台	1
	教师专用机	台	1
	教师多功能桌椅（含功放系统）	台	1
	学生用计算机	台	50
	学生电脑桌椅	套	50
	交换机	个	3
	交换机柜	个	1
	立式空调	台	2
	文件柜	个	2
	实训室场景建设环境、布线吊顶等		
软件配备	ERP 实训教学软件（50 站点），要求包含财务、管理会计、供应链等模块组及教学资源		

备注：实训场地面积建议 120 平方米左右。该表列示的软、硬件是建设会计电算化与 ERP 实训室必备的设施配置，设备的规格、型号、功能要求、技术参数等可根据建设时的软件运行环境需要、建设目标和建设经费情况具体设计

表 4-3　　　　　　　　　　　　　财务管理岗位实训室

项目	设备名称	单位	数量
硬件设备	服务器（含机柜）	台	1
	投影仪（含幕布、投影设备安装调试）	台	1
	教师专用机	台	1
	教师多功能桌椅（含功放系统）	台	1
	学生用计算机	台	50
	学生电脑桌椅	套	50
	交换机	个	3
	交换机柜	个	1
	立式空调	台	2
	文件柜	个	2
	实训室场景建设环境、布线吊顶等		
软件配备	能满足 50 名以上学生同时进行资金管理、成本管理、财务分析、财务预算、投融资管理、税务管理等岗位实践技能训练的教学软件		

备注：实训场地面积建议 120 平方米左右。该表列示的软、硬件是建设财务管理岗位实训室必备的设施配置，设备的规格、型号、功能要求、技术参数等可根据建设时的软件运行环境需要、建设目标和建设经费情况具体设计

表 4-4　　　　　　　　　　　　　企业经营沙盘实训室

项目	设备名称	单位	数量
硬件设备	沙盘桌子	张	12
	透明水晶塑料板	张	12
	凳子	个	50
	桌子	张	2
	教师多功能桌椅（含功放系统）	台	1
	学生用计算机（两台显示器）	台	12
	投影仪（含幕布、投影设备安装调试）	台	1
	交换机	个	1
	分屏器	个	13
	立式空调	台	2
	实训室场景建设环境、布线吊顶等		
软件配备	企业经营管理沙盘实验套件（含物理沙盘和电子沙盘）（建议标准：12 组）和教学资源		

备注：实训场地面积建议 120 平方米左右。该表列示的软、硬件是建设企业经营沙盘实训室必备的设施配置，设备的规格、型号、功能要求、技术参数等可根据建设时的软件运行环境需要、建设目标和建设经费情况具体设计

表 4-5　　　　　　　　　　财务管理综合技能实训室

项目	设备名称	单位	数量
硬件设备	服务器（含机柜）	台	1
	投影仪（含幕布、投影设备安装调试）	台	1
	教师专用机	台	1
	教师多功能桌椅（含功放系统）	台	1
	学生用计算机	台	30
	学生电脑桌椅	套	30
	交换机	个	3
	交换机柜	个	1
	立式空调	台	2
	文件柜	个	2
	点钞机	台	2
	验钞机	台	2
	传票装订设备	台	2
	传真机	台	2
	复印机	台	2
	扫描仪	台	2
	打印机	台	2
	实训室场景建设环境、布线吊顶等		
软件配备	满足企业财务管理方案制定、理财规划设计和财务咨询业务教学需要的软件和教学资源		

备注：实训场地面积建议 120 平方米左右。该表列示的软、硬件是建设财务管理综合技能实训室必备的设施配置，设备的规格、型号、功能要求、技术参数等可根据建设时的软件运行环境需要、建设目标和建设经费情况具体设计

第三节　财务管理专业教学环境设计与教学媒体选择

一、教学环境设计

建设教学环境需要对教学环境进行科学有效的设计。所谓教学环境设计，就是指为了创造或改善教学条件，对教学环境进行的整体或局部的规划、组织、协调和安排。大量的教学实践表明，良好的教学环境对学生的学习活动、身心健康、思想道德以及其他综合素质的培养，对教学活动的顺利开展和教学质量的提高，都具有深刻的影响。在教学实践中，教学环境能否发挥其作用受诸多因素的制约，而教学

环境的设计就是其中重要的因素。财务管理职教师资专业的教学环境的设计需要在结合自身专业特点和要求的基础上，遵循如下一些基本原则：

(1) 整体规划和调整

在进行教学环境设计时，尽管构成教学环境的因素复杂多样，但是教学环境通常是作为一个整体发挥其作用的。因此，应当从整体上对教学环境的各个方面进行整体规划和调整，把各种环境因素有机地协调成为一个整体，发挥其整体的最佳效益。财务管理职教师资专业的教学环境设计，要顺应学校的教学环境整体的规划和部署，树立全局观念，协调各种教学环境因素，使教学环境向着有利于促进学生身心健康和提高教学质量的方向发展。

(2) 突出专业特色

这一原则要求我们在设计教学环境时，要针对财务管理职教师资专业特定的教学目的，通过突出教学环境的某些特性，形成特定的环境条件来影响学生，促进学生的身心发展和专业素质的培养。为了达成特定的教学目的，培养具备财务管理专业职业教育、教学、管理等技能和专门知识，能够胜任本专业领域的理论教学、实训指导、教育教学管理等工作的职教师资，应当适当突出或增强环境的专业实践和教学实践的特性，有针对性地培养学生。如根据财务管理专业实践教学的要求，应当建立财务 ERP 实训室、财务管理岗位实训室、财务管理综合技能实训室等，并配备教学设备和设计教学环境；根据财务管理职教师资专业的教学要求，还应当在此基础上建立教学技能实训室，训练学生从事教学工作，能够满足财务管理职教师资开展教育教学技能培训、质量工程建设以及学科技能竞赛的教学和实训要求。

(3) 利用学校的区域环境优势

这一原则要求我们在设计教学环境时，在充分利用学校已有的有利条件的基础上，也要利用和发挥学校自身所处的区域环境因素，做好教学环境的建设。一般说来，不同学校所处的区域环境是有差别的，这种差别使得各个学校在区域环境方面都有各自的特点和优势，充分发挥和利用好这些优势，就能更大程度地推动整个学校教学环境的完善。如财务管理职教师资专业教学环境设计，除了考虑符合财务管理专业教学和职业教育教学的要求之外，还可以根据学校所处的地域，充分利用该区域的名牌企业的有利资源，设置规范的校外实训基地，聘请实业界的专业人才作为实践指导教师，创设一种理论与实践密切结合的教学环境。

(4) 发挥学生的主体作用

这一原则要求我们在设计教学环境时，重视学生主体的作用，培养学生对教学环境的掌控能力。学校是育人的场所，能否遵循学生身心发展的特点和规律是教学环境设计的一个基本出发点。在教学实践中，教师起主导作用，学生起主体作用，教师和学生都是教学环境的主人，教学环境的设计离不开学生的主体参与、支持和合作。因此，在设计财务管理职教师资专业教学环境时，教师应充分调动学生的主动性和积极性，培养他们对教学环境的责任感，让学生参与到教学环境设计中来，吸纳学生的想法和智慧，只有这样，良好的教学环境的创建才能得到广泛的支持，已经形成的良好教学环境才能得到持久的维持。

教学环境设计是一项复杂工程，它不仅要考虑到对整体教学环境的宏观控制，而且要注意对局部教学环境的微观调节。课堂教学环境设计是教学环境设计的一个重要组成部分，教学环境设计最终会通过每一门具体的课程教学来体现。对于财务管理职教师资专业的课程教学来说，课程教学环境设计要根据该专业特定的教学对象和教学内容的特点，并采用一定教学方法的基础上进行合理的设计。比如，在采用在传统讲授教学法的过程中，教师经常会引入问题讨论。因此，教师就可以根据授课的内容，设计"提出问题、设置悬念、引起疑问、激发兴趣、引入研究"的这样一种课堂教学环境，实践证明，这种课堂教学环境可以引导学生找出问题，提高注意力，进入积极的思维状态。由于课堂教学具有即时多变的特点，偶发事件随时发生，教师就必须时刻注意把握教学环境的变化，并根据教学环境变化的需要对各种课堂环境因素进行必要的调节和控制。

二、教学媒体选择

在教学环境设计中，教学媒体的选择与应用是其中一个最重要的环节，它影响到教学环境设计的各个部分。首先，要考虑教学任务方面的因素，如教学目标、教学内容、教学方法等。其次，要考虑学习者方面的因素，如能力基础、知识现状、智力水平、认知风格等。再者，要考虑教学管理及技术方面的因素，如教学策略、学生反馈、软硬件及媒体维护等[①]。随着我国经济发展和科技水平的提高，现代教学媒体已经被广泛地采用，尤其是多媒体技术的日益发展完善，已经使其成为财经专业教学中具有代表性的典型教学媒体。但是，目前有一种认识上的误区，认为只有多媒体系统是教学媒体，而黑板，粉笔等传统教学媒体不是教学媒体，甚至认为传统教学媒体应该被淘汰。事实上，各种教学媒体都有各自的优点，也有各自的局限性，没有一种媒体适合于所有的教学目标，也没有一种媒体适合于所有学生的学习类型和特点。教学媒体本身并没有优劣之分，只有教学媒体的选择有优劣之分，其优劣应看它是否适合教学内容、对教学效果的影响如何，而不是只孤立地看选用了哪种教学媒体。因此，教学媒体的选择应考虑以下要求：

（1）要与所要达成的教学目标相结合

每门课程、每个单元、每个课题都有一定的教学目标，且教学目标呈多维性而非单一性的特点，为达到多维的教学目标需要使用不同或多种的教学媒体传输教学信息。以财务管理专业教学法课程教学为例，让学生掌握各种教学法的概念、原理、实施步骤与使学生掌握各种教学法技能是两种不同的教学目标，前者往往采用教师讲解，辅以板书或幻灯片、教学课件等材料，使学生在循序渐进的内容安排中形成清晰的方法、原理和程序，后者往往采用角色扮演并辅以录像资料，使学生在情景交融的练习操练中掌握教学技能和方法。

---

① 朱跃龙："教学媒体的选择与应用对教学设计要素的影响分析"，《教学与管理》，2014年第2期。

(2) 要与具体的教学内容相结合

正如每门课程的教学目标多维性，课程的教学内容也是多样化的，而教学目标是渗透到每一个教学内容的完成之中，不同的教学内容，其呈现方式一定有所不同，教学媒体的选择应能为教学内容提供多样化的呈现方式，选择适当的教学媒体，可以为教学内容提供一个恰当的情景，给学生一个身临其境的感受，学生对内容的理解会更加深刻。比如在财务管理课程教学中，有关理财活动流程的内容可利用多媒体技术制作一些动画，帮助学生理解，而有关各种决策的概念、公式推导、计算的内容，利用粉笔、黑板和语言则更易使学生注意力集中、带动学生的思维，能够获得更好的教学效果。

(3) 要与教学对象相结合

教学媒体的选择与应用，应充分考虑到知识传递及能力培养过程中学习者的心理及认知方面的特点，为有效开展教学环境设计提供支持。教学材料的数字化、多媒体化及网络化，使学习者获取知识更加便捷。财务管理职教师资专业的学生是经历了高中阶段的学习后进入大学本科继续学习的学生，这一阶段他们的认知心理迅速发展，表现出思维独立性增强、辩证逻辑思维开始发展、创造性思维逐渐建立、情绪感情丰富、自我认识逐渐深刻、自控能力显著提高、个人体验需求丰富等特点，需要对教学媒体进行多样化有效组合，对教学进行多样化的设计，使教学媒体具有丰富的呈现力、便捷的可控性及友好的交互性等特性，以便能够更好地切合学生的需求。

(4) 要考虑所在学校的教学条件

教学中能否选用某种媒体，还要看所在学校当时当地的具体条件，其中包括经济能力、师生技能、使用环境、管理水平等因素。其中经济能力是重要的制约因素，学校是一个非营利组织，在选用教学媒体时会受到资金制约，先进完备的现代教学媒体的购建代价必须要考虑学校能否承受。因此，在一定的经济能力的条件下，尽可能地配备相对完备的教学媒体，并尽量努力地提高师生操作运用技能，完善维护使用环境，提高对教学媒体以及教学设备的管理，以达到充分有效地运用教学媒体特别是现代教学媒体的目的。

第四节 财务管理职教师资培养方案

建设财务管理专业职教师资队伍，需要培养合格的财务管理职教师资，并制定科学合理的职教师资培养方案，这一方案应当按照财务管理专业学科特点，以中职财务管理专业教师成长规律与教育教学规律为主线，结合项目调研和培养条件，对财务管理职教师资所应具备的基本素质、专业能力和专业教学能力的培养作出一个科学合理的规范。

一、培养理念

（一）职教特色

强调课程体系的整体性，充分体现"职业性、技术性和师范性"的有机融合；注重教育类课程教学内容与教师资格证书要求、专业课程与专业资格证书相结合，强调应用性人才的培养。

（二）实践教学

贯彻职业行动能力导向的教育教学理念，强调理实一体化的培养思路，加强专业理论与实践、教育教学理论与实践的整合；参与财务管理职业实践活动，根据财务人员的社会需求、工作环境的变化，优化知识结构和能力结构，提高实践技能、文化素质和职业素质的培养。

（三）教育教学模式

随时更新财务管理及相关专业知识、掌握职业教育先进理论及财务管理专业技能，学习和吸收国内外先进职业教育理念与经验。强化与职业学校、相应行业企业的合作，实现工学结合、工学交替的多元化培养。

（四）可持续发展

考虑学生可持续发展要求，既注重专业基础的拓宽又突出专业重点方向；遵照教学规律和循序渐进原则，厘清不同课程模块之间的逻辑关系，形成有机的课程体系，培养终身学习与持续发展的意识和能力。

二、培养目标和培养要求

财务管理职教师资专业培养德、智、体、美全面发展，适应社会需要，基础扎实，具备财务管理专业职业教育、教学、管理等技能和专门知识，能够胜任本专业领域的理论教学、实训指导、教育教学管理等工作，具有创新精神、实践能力和可持续发展的高素质"双师型"职业教育师资。

财务管理职教师资专业毕业生应系统、熟练地掌握财务管理专业基础理论和通用技能，掌握财务管理专业职业教育教学的基本方法和能力，具有财务管理专业知识的继续学习能力和传授能力，具备自我提升和发展的基本素质。按照师德为先、学生为本、能力为重和终身学习的基本理念，财务管理职教师资专业培养应符合的包括基础知识、专业能力、教学能力以及职业素养有关要求，在第三章中已有论述。

三、教学安排

财务管理职教师资专业依托于工商管理和教育学一级学科，与之相关性较高的本科专业有财务管理、会计学、财务会计教育、教育学、工商管理、金融学等，教学过程中应注意相关学科知识的扩展与涉猎。该专业基本学制4年，学生学业合格获管理学学士学位。教学进程安排可参见表4-6。

表 4-6　　　　　　　财务管理职教师资专业教学进程安排表

课程类别		课程名称	学分/学时	理论学时/实验实训学时	一 16周	二 16周	三 16周	四 16周	五 16周	六 16周	七 12周	八	考核方式
通识教育课程	公共必修课程	思想道德修养与法律基础	3/48	48/0	3								试
		马克思主义基本原理	3/48	48/0			3						试
		中国近代史纲要	2/32	32/0		2							查
		毛泽东思想和中国特色社会主义理论体系概论	3/48	48/0				3					试
		形势与政策	2/32	32/0	讲座形式，分散进行								查
		体育	8/128	32/96	2	2	2	2					试
		大学英语	16/256	256/0	4	4	4	4					试
		计算机应用基础	3/48	24/24	3								试
		数据库应用	3/48	24/24			3						试
		微积分	8/128	96/32	4	4							试
		线性代数	3/48	32/16				3					试
		概率论与数理统计	3/48	32/16			3						试
		小计	57/912	704/208	16	15	12	12					
	公共选修课程	自然科学类	2/32	32/0									查
		人文社科类	2/32	32/0									查
		经济管理类	2/32	32/0									查
		艺术类	2/32	32/0									查
		课外科技文化活动	2/32	32/0									查
		人文科技讲座	2/32	32/0									查
		小计（选足8学分）	8/128	128/0									
专业教育课程	专业基础课程	微观经济学	3/48	48/0				3					试
		宏观经济学	2/32	32/0				2					试
		管理学基础	3/48	32/16	3								试
		会计学基础	3/48	36/12	3								试
		税法	3/48	32/16						3			试
		金融学	2/32	32/0					2				试
		统计学	3/48	32/16					3				查
		经济法原理	3/48	48/0					3				试
		小计	22/352	292/60	6	3	2		8	3			

续表

课程类别		课程名称	学分/学时	理论学时/实验实训学时	各学期周学时分配								考核方式
					一 16周	二 16周	三 16周	四 16周	五 16周	六 16周	七 12周	八	
专业教育课程	专业核心课程	财务管理概览与基础	4/64	64/0		4							试
		财务会计	4/64	48/16				4					试
		公司财务与案例	3/48	32/16						3			试
		财务分析	3/48	32/16						3			试
		财务信息化	3/48	32/16				3					试
		高级财务管理	3/48	32/16							4		查
		审计原理与实务	3/48	32/16					3				试
		小计	23/368	272/96		4	4	3	3	6	4		
	职教师资课程	职业教育学	3/48	48/0			3						试
		职业教育心理学	3/48	48/0				3					试
		财务管理专业教学法	2/32	32/0						2			查
		现代教育技术	2/32	20/12						2			查
		师德教育与班主任工作	2/36	18/18							3		查
		小计	12/196	166/30			3	3		4	3		
	专业模块课程	资金管理模块	营运资金管理	3/48	32/16					3			试
			成本管理会计	3/48	32/16						3		试
			资本运营管理	3/48	32/16							4	试
		业绩管理模块	预算管理与绩效管理	3/48	32/16					3			试
			风险管理与内部控制	3/48	32/16						3		试
			内部审计	3/48	32/16							4	试
		小计（二选一）	9/144	96/48					3	3	4		
	专业拓展课程	税务代理实务与纳税筹划	3/48	32/16							4		试
		资产评估原理与实务	3/48	32/16						3			试
		投资学	3/48	32/16					3				查
		商业银行经营与管理	3/48	32/16						3			查
		小计（选足6学分）	6/96	64/32									

续表

课程类别		课程名称	学分/学时	理论学时/实验实训学时	各学期周学时分配								考核方式
					一	二	三	四	五	六	七	八	
					16周	16周	16周	16周	16周	16周	12周		
集中实践	集中实践课程	国防教育与军事教育	2/2周		√								查
		公益劳动	1/1周				√						查
		财务管理单项技能实训	5/5周				√	√	√				查
		财务管理综合技能实训	2/2周						√	√			查
		财务管理专业教学研究	1/1周						√				查
		财务管理专业课程建设	1/1周							√			查
		财务管理定岗实习	16/16周								√	√	查
		财务管理专业毕业实习	4/4周									√	查
		财务管理专业毕业论文	6/6周									√	查
		小计	38/38周		2周	2周	2周	2周	2周	2周	6周	20周	
必选学分			161										
选修学分			14										
总学分			175										

说明：①本教学进程按照理论课、理论与实践一体化的课程每16学时计1学分；实践课程按照每周计1学分。②专业方向课程和专业拓展课程可由学校根据办学特色和学校的课程实施水平，自行确定。

另外，财务管理职教师资培养过程中，要有不少于1年的企业实践和职业学校教育教学实践，其中职业学校的教育教学实践至少要达到一个完整的教学周期，企业实践可以安排在寒暑假进行。同时，财务管理职教师资培养院校能够提供满足职教师资人才培养需要的校企合作单位和职业学校教育教学实践基地，校外实训实习基地原则上不少于10家，其中品牌企业和职教合作院校各不少于3家。校外定岗实习基地提供的岗位和岗位的数量要与财务管理职教师资人才培养密切相关，学校应当配有健全的校外实训实习基地管理制度并能严格执行。

四、师资队伍的要求

（一）通识教育课程教师

通识教育课程教师要求具备良好的政治修养、道德修养、人格修养，具备相应的专业知识，具备团队能力、项目能力和沟通能力，有较强的人格魅力和感召力。通识教育课程教师一般由校内通识教育课程教师、德育专家等组成。

（二）专业课程教师

1. 专任师资的基本要求

专任师资原则都应具有博士学位，专业由财务管理、会计学和金融学等相关学科组成；在编的主讲教师具有讲师及以上专业技术职务，并通过岗前培训；教师队伍年龄、学历、专业技术职务等结构合理，并具备会计师、注册会计师等职（执）业资格和任职经历的教师，整体素质满足学校定位和人才培养目标的需要；专业教师的生师比应不超过 18:1。

2. 专业带头人的基本要求

专业带头人应履行岗位职责，师德过硬；治学严谨，具有奉献精神；具有较强团队合作精神，具有较强组织管理与协调能力；专业知识扎实，专业视角宽广，实践技能较强，富有改革和创新精神；专业对口或相近，具有高级职称或博士学位，实践技能过硬，具有本专业或相近专业高级职（执）业资格证书；近三年内独立系统地讲授过本专业 2 门及以上专业课程；主持或参与过本专业人才培养模式创新、课程体系和教学内容改革、人才培养方案制（修）订、课程开发与建设、实训基地建设、特色或品牌专业建设；参加过（或指导学生参加过）省级或国家级本专业各类技能大赛。

3. 专业骨干教师的基本要求

专业骨干教师应履行岗位职责，师德过硬；治学严谨，具有奉献精神；具有较强团队合作精神，具有较强组织管理与协调能力；专业知识扎实，专业视角宽广，实践技能较强，富有改革和创新精神；专业相同或相近，具有中级职称，实践较强，具有本专业或相近专业中级职（执）业资格证书；近三年内独立系统地讲授过本专业 2 门及以上专业课程；在人才培养模式改革、课程体系和教学内容改革中成绩突出。

4. 专业兼职教师的基本要求

专业兼职教师应具有硕士学位以上学位，专业由财务管理、会计学和金融学等相关学科组成；具有注册会计师、注册税务师、会计师等职（执）业资格，或在大中型企业担任会计师、财务负责人等；热爱教育事业，胜任教师岗位职责，具有奉献精神和团队合作精神，较强的组织管理和协调能力。

五、毕业条件

财务管理职教师资专业的学生在修完本培养方案所要求的课程，完成最低 175

学分,获得普通话等级考试、会计从业资格证、中等职业学校教师资格证,具备财务管理人员中级以上专业技术职务要求的业务能力,具备良好的师德和终生学习能力,并符合学校毕业的有关规定,方能毕业并获得毕业证书和学位证书。

思 考 题

1. 如何将传统教学媒体与现代教学媒体有效地结合?
2. 怎样理解财务管理职教师资培养方案?

第五章

财务管理专业教学法原理

第一节 讲授教学法

一、讲授教学法及其类型

"讲"即"讲解","授"即"教授",顾名思义,讲授教学法是指教师通过口头语言向学生描绘情景、叙述事实、解释概念、论证原理和阐明规律的一种教学方法。在这种方法的运用中,教师有系统、有组织地向学生传授知识,用言语传递特定的内容,实现预定的学习目标,而学生则要尽可能准确地表达所接受的内容。

作为一种古老而传统的教学方法,讲授教学法是随着教育的产生而产生,随着教育的发展而发展。原始社会生产力低下,没有专门的教育机构、教师和专门接受教育的学生,教育和生产、生活融为一体,口耳相传生产与生活的经验应该是讲授教学法的雏形。奴隶社会学校开始出现,但是当时的学校教育是服务于少数人,讲授教学法成为了服务于特权阶层的教育活动方式。从孔夫子到朱熹,从苏格拉底到洛克,所采用的教学法基本上都是讲授教学法。

现代意义的讲授教学法也一直在课堂中被普遍采用。随着教学改革的不断推进,尤其是随着电子技术和互联网技术的不断发展,讲授教学法受到越来越多的诟病。但作为一种传统的教学方法,讲授教学法有其自身的优点和其他方法难以替代的作用,因而仍被广泛使用。为了实现更好的教学效果,在运用讲授教学法时,需将其与其他方法有效结合,并尽可能使讲授富有趣味性和启发性。

在课堂教学实践中,常用的讲授教学法一般包含以下几种基本形式:

(1)宣讲法

宣讲法是教师运用书面语言,朗读教材或讲义上的知识内容,如概念、原理、规律、方法等。宣讲的目的是让学生记录或引起学生对所讲内容的注意、重视。宣讲法能够使学生对讲授的内容有所记录或对所讲知识有一个梗概的和全面的了解。宣讲法既显得正式又显得呆板,如果在教学中仅运用此形式教学,其效果肯定是"满堂灌"或"填鸭式"。

（2）讲解法

讲解法是教师运用解释、说明、分析、论证和概括等手段讲授知识内容。它与宣讲法互补，前者是运用逻辑性强的语言，对概念、原理、规律、方法等原文进行宣读，唤起学生的特别注意；后者是通过教师生动形象的语言，对这些内容进行细致入微地分析和讲解，这有利于让学生准确地掌握教学内容中的重点。讲解要求科学、客观、准确、清晰。教师在教学中，要把讲解法与宣讲法交替运用或结合使用，这样可以克服学生在听课过程中的疲乏感，增强授课内容的有趣性。

（3）讲述法

讲述法是教师运用生动形象的语言，叙述、描绘和概述所要讲的知识内容，比如在宣讲和讲解的过程中，用形象具体的语言进行案例分析或事例举要，讲述某些事态的发展线索，绘声绘色地讲述人、物、事、理等内容。事实上，讲述法应当与其他教学法如案例教学法等结合使用，不仅能够增强讲授的吸引力，而且能够调动学生的形象思维，唤起学生的联想和想象。

（4）讲演法

讲演法是教师运用演讲的形式对某一关注的理论或实务热点问题，做深入广泛的叙述和论证，并得出科学结论。运用讲演法要求教师对所讲内容有深入研究或探索，所讲线索具有较强的逻辑性，并运用丰富的口头语言和肢体语言感染学生，这样才能取得理想的教学效果。

（5）答疑式

答疑式是指教师针对学生提问，或针对学生在自学、讨论研究中提出的问题，有针对性地进行讲解与回答。

（6）介绍式

介绍式是教师围绕某一问题或某一理论观点，客观地介绍各种不同的见解，让学生在对各种不同见解的比较中，形成自己的见解。

（7）启发与提示式

它或者运用于教师授课过程中，对有关问题启发学生进行思考，而不是直接讲授内容给出结论；或者运用于教师介绍知识、案例等背景材料，提示思考要点，提供读书目录，指出应注意的问题，引导学生进行读书、讨论和探讨问题。

（8）总结式

总结式主要是教师在学生自学、讨论、作业、实践之后进行的专门点评和阶段性总结，这种讲授不系统阐述知识，而是归纳分析学生在自学、讨论、作业中遇到的问题，给予理论概括与升华。

二、讲授教学法的作用

（一）有利于提高课堂教学的效果和效率

讲授教学法是教师直接向学生讲解知识、原理的方法，教师的讲授能使深奥、抽象的知识、原理变得具体、形象，易于理解。同时，讲授教学法采取定论的形式直接向学生传递知识，避免了认识过程中的许多不必要的曲折和困难。因此，讲授教学法在传授知识方面具有无法取代的简捷和高效两大优点，这也是讲授教学法长盛不衰的根本原因。

（二）有助于加深学生对理论知识的理解并使知识系统化

教材是学生学习学科知识体系的一个蓝本，但由于教材的编写要受到书面形式等因素的限制，且学生的知识体系和能力水平有限，往往难以弄懂教材当中的知识，更不用说教材当中所蕴含的学科思想观点、思维方法以及情感因素等。然而，教师闻道在先、术业有专攻，且全面掌握了相关知识，能够比较全面、准确地领会教材编写意图，吃透教材、挖掘教材的深邃内涵。因此，借助教师的系统"讲授"，学生能比较深刻准确地掌握教材，不仅学到学科的系统知识，而且能使知识系统化，提升学科能力。

（三）有利于充分发挥教师自身的主导作用

教师是讲授的主体，如何进行有效的讲授，不仅受教师自身学识的影响，更受教师修养、情感等的影响。因此，讲授对教师来说，不仅是理论知识和方法的输出，也是内心世界的展现。它潜移默化地影响、感染、熏陶着学生的心灵。可以说，它是学生认识人生、认识世界的一面镜子，也是学生精神财富的重要源泉。

（四）讲授教学法是其他教学方法的基础

从教的角度来看，任何方法都离不开教师的"讲授"，其他各种方法，如案例法、研讨法、角色扮演法等，在运用时都必须与讲授相结合，只有这样，其他各种方法才能充分发挥其价值。因此，可以认为，讲授是其他方法的工具，教师只有讲授得好，其他各种方法才有可能得以有效运用。从学的角度来看，接受法也是学生学习的一种最基本的方法，其他各种学习方法的掌握大多是建立在接受法的基础上。学生只有学会了"听讲"，才有可能潜移默化地或自觉系统地把教师的教法内化为自己的学法，把书本知识内化为自身知识，从而真正地学会学习，掌握各种方法。

三、讲授教学法的基本步骤

在教学实践过程中，教师对讲授教学法进行灵活有效地运用，不仅需要注意上述基本讲授教学法的熟练运用，而且也需要在实践中不断地探索新的讲授教学法。不管哪种讲授法，作为一种科学的教学方法，讲授教学法大致可分为以下三个基本步骤：

（1）准备阶段

①首先教师需要制定明确的教学目标。因为讲授教学侧重的是向学生传递一套系统的有价值的知识，因此，学习目标更多是描述学生要达到的行为。

②其次是拟定和准备教学内容。教师需要收集有关资料，并按照内容的要点将材料加以整理，循序渐进，由浅入深地呈现主题。

③再次是分析学生背景。虽然讲授教学法并不能照顾学生的个别差异，但学生的总体特点需要加以考虑。

（2）讲授的实施阶段

①导入。所占时间较短，一般在5~10分钟，其作用是引起学生的注意和引发学生动机，也可将学生已有知识与新知识建立起内在联系。

②讲述。按讲述提纲所列的内容逐一讲解。讲述的内容要尽可能地与学生原有的知识基础发生联系，符合学生的接受能力。同时，讲述要注意带有启发性。在讲述过程中，可不断地提出问题并解决问题，为学生提供科学地认识、解决问题的范例。

③总结。综合讲解内容的要点，将主要内容或结论再次展现给学生，使学生能够加深对这些问题的认识，形成对讲解内容的完整印象。

（3）教学后的反思阶段

可以认真思考一下，是否真正把学生的动机激发出来了，激发的程度如何；教学目标是否实现了，是全部实现还是基本实现；内容的讲述是否层次分明、系统完整；语言的表达在哪些方面还需要进一步改进；教学手段的运用是否恰当；学生的反应是否热烈等。这些思考能在一定程度上保证教师清醒地认识自己讲授教学中的利弊得失，并不断地改进和完善今后的教学。

四、讲授教学法的局限性

虽然讲授教学法有诸多优点，但随着教学改革的不断推进，尤其是随着电子技术和互联网技术的不断发展，讲授教学法受到越来越多的诟病，被人们贴上了"灌输"、"独角戏"等标签。

（一）易使学生产生"假知"

教师在运用讲授法教学时，是把现成的知识教给学生，这往往使人产生一种错觉，即只要学生认真听讲，就可以获得知识。然而，学生对任何知识的真正掌握都是建立在新旧知识的有机结合和自己的独立思考上。在讲授中，教师把知识讲解得清清楚楚，学生以听讲代替思考，以被动灌输代替主动学习，即使有自己的思维参与，也是被教师架空起来的。学生听起来好像什么都明白，事后却又说不清楚，这种不靠独立思考获得的知识，学生对知识本身掌握不牢固，更谈不上举一反三，因而并不是"真知"。

（二）易使学生产生依赖和期待心理

讲授教学法渊源于传统的教师中心论，教师是知识的象征，一切知识得由教师传授给学生，所以，这种方法在运用过程中也容易使教师产生重教轻学的思想。教师往往只注重自己怎么讲，怎样讲得全面、细致、深刻、透彻，似乎只有这样，学生才能掌握得越多、越好，长此以往，就会使教师产生心理定势，教师不讲就不放心，担心不讲学生就学不到东西，与此相应，注入式、满堂灌便应运而生，并愈演愈烈。就学生而言，往往也不知不觉地形成了依赖心理，一切问题等待教师来讲解，特别是教师讲得越好，这种期待和依赖心理就越强烈。正是这种期待和依赖心理严重地削弱了学生学习的主动性、独立性和创造性。

(三) 不利于培养学生的逻辑分析能力、判断决策能力和团队协作能力

讲授教学法下教师单向的灌输使得学生的学习较为被动，即便有自主思考，也因要与教师的讲授同步，而使得这种思考不够深入、系统，因而学生在独立思考中所必然要碰到和解决的各种必要的疑问、障碍和困难变得隐蔽。因此，讲授教学法不利于培养学生的逻辑分析能力和判断决策能力。同时，讲授教学法因以教师讲授为主，学生参与的可能性和空间都较小，因而也不利于锻炼学生的团队协作能力。而逻辑分析能力、判断决策能力和团队协作能力是优秀人才的必备能力，这也是讲授教学法受到越来越多指责的主要原因之一。

五、财务管理专业运用讲授教学法的注意事项

(一) 选择合适的讲授内容

在财务管理教学中，需要教师根据教学内容、学生的情况和基础选择合适的教学方式和教学手段。有的教学内容，如基本的概念和定义（如普通股、优先股、认股权证），既定模型的假设和前提（如最佳现金持有量模型、存货经济订货批量模型等的既定假设），常常需要使用讲授教学法。

(二) 讲授要富于启发性

在讲授教学中，教师要注意启发和引导学生思考。因而有效的提问在讲授教学中就显得尤为重要。古人云：学起于思，思源于疑。因此，在课堂教学中教师要有意识地设置一些与本节教学内容相关的问题，使学生产生疑问，激发探求问题奥妙的积极性。如在讲授存货的经济订货批量模型时，通过一系列的提问：如为什么要持有存货？持有存货会产生哪些成本？不同的订货批量会产生哪些不同的成本？这些成本之间是如何变动的？如果在前提条件既定时，应该分几次订货？每次订货量多少合适？这种启发式的讲授教学法有助于激发学生学习的积极性和主动性，弥补讲授式教学法的不足，提高学生学习的效果与效率。

(三) 注重讲授的趣味性

无论是企业，还是个人，都会涉及"财务"管理。因此，教学情境以实际问题为切入点，是财务管理教学的一个特点。在讲授过程中，应尽可能地使讲授的内容贴近学生的生活实际，将抽象的、甚至枯燥的原理寓于生活实例中，增强学生的感性认识，如现金的日常管理，无论是每个企业，还是个人，都面临着这一话题。对学生而言，现金（包括钱包里的货币资金和银行卡里的存款）的管理包括日常取款金额、取款次数、取款成本等。在讲授企业现金管理时，可通过学生个人的"现金管理"逐层深入，进而引发出企业的现金管理方法和模型。

(四) 注意与其他教学法的融合

在众多教学方法中，讲授教学法是最古老，最基本的方法，有其优势，也有其不足。在教学过程当中，单纯的讲授或过多的讲授会让人觉得压抑。同时，讲授教学法也是其他各种方法，如案例教学法、研讨教学法、角色扮演教学法等有效运用的基础。因此，在课堂教学的过程中，应该注意讲授教学法与其他教学方法的有效

结合。同时，在与其他教学方法综合运用时，应注意充分发挥各种教学方法的优势，以提升教学效果。

综上所述，讲授教学法是课堂教学中普遍应用的一种教学方法。现在虽然提倡学生自主学习、自主探究，但讲授教学法有其他教学方法不能替代的作用。因此，关键是需要弄清什么时候、什么内容要用讲授教学法；用讲授教学法时该如何去讲，怎样与其他教学方法有机地结合起来，这样才能达到"无招胜有招"的境界。讲授教学法不排除其他教学方法，在讲授的过程中，该讲授的地方讲授，该自主探究的地方探究，各种教学方法相互融合，只有这样，才能不断提高学习的效率与效果。

第二节 案例教学法

一、案例教学法及其作用

案例译自英文"case"，简单地说，一个案例就是一个实际情境的描述，在这个情境中包含有一个或多个疑难问题，同时也可能包含有解决这些问题的方法。案例教学法（case-based teaching），是一种以案例为基础的教学法，是根据教学目的，针对教学内容，选择恰当案例，组织学生采取一种全面参与、平等对话的课堂讨论方式，达到理论联系实际、学以致用的教学方法。从广义上讲，案例教学是通过对一个具体情境的描述，引导学生对这些特殊情境进行讨论的一种教学方法，在一定意义上它是与讲授教学法相对立的。因此，案例教学法是一种教与学双方直接参与，共同对案例或疑难问题进行讨论的、合作式的教学方法。

案例教学法是由古希腊哲学家苏格拉底最早开创。现代案例教学兴起于20世纪20年代，美国哈佛大学法学院、商学院所倡导，这些案例来自于商业管理的真实情境或事件，这种方式教学有助于培养和发展学生主动参与课堂讨论，实施取得成效后，被广泛运用医学、工商行政管理、市场营销等教学之中。而国内教育界开始探究案例教学法，则是在1990年以后。近几年我国教育领域也掀起了案例教学研究的热潮，出现了许多理论研究成果。案例教学法作为一种行之有效、务实，以行动为导向的教学法越发受到人们的广泛青睐。

案例教学法的着眼点在于学生创造能力以及实际解决问题的能力的发展，而不仅仅是获得那些固定的原理规则。通过案例教学，学生得到的知识是内化了的知识，并且可以在很大程度上整合教育教学中那些"不确定性"的知识。案例教学法大大缩短了教学情境与实际生活情境的差距。案例的运用也可以促使学生很好地理解和掌握理论。

通过案例可以更有效地获得知识，案例教学实际上是一种"做中学"的形式，它在经验和活动中获取知识，增进才干。通过案例不仅可以获得认识的知识，而且有利于提高其表达讨论技能，增强面对困难的自信心。案例教学中，教师实际上更多地从讲台前站到了学生的背后,这既调动了学生的积极性,也可使学生有展示自己能力的机会。案例教学大大地缩短了教学与实际生活的差距。案例教学可以帮助学习者理解教学中出现的两难问题,掌握对教学进行分析和反思的方法。案例教学是通过对一个个具体案例的思考,去启发学生的创造潜能,培养学生解决实际问题的能力,在案例分析中可以体现学生的职业行为能力、决策能力和将整个决策过程的思维用语言进行完整表述的语言能力。

教师在教学中扮演着设计者和激励者的角色,鼓励学生积极参与讨论,是一种相当有效的教学模式。它能创设一个良好的宽松的教学实践情境,通过呈现案例视角材料,经过分析讨论,将书本中的理论与案例材料结合起来,并利用理论分析说明复杂的案例内容,它是一种连接理论和实践的方式,在学生掌握了一定专业理论知识的基础上,对真实的社会工作情景进行典型化处理,通过教师引导、学生思考、小组互动讨论,使学生在分析案例的同时,充分深入理解所学的理论知识,全面提高学生主动参与的意识、独立思考和解决问题的能力。

二、案例教学法的特点

案例教学法的主要特点是把课堂教学与工作实践紧密结合,这对学生掌握理论知识,增加课堂教学信息量,改善教学效果具有较好作用。

(一)明确的目的性

通过一个或几个独特而又具有代表性的典型事件,让学生在案例的阅读、思考、分析、讨论中,建立起一套适合自己的完整而又严密的逻辑思维方法和思考问题的方式,以提高学生分析问题、解决问题的能力,进而提高素质。

(二)客观真实性

案例所描述的事件基本上都是真实的,不加入编写者的评论和分析,由案例的真实性决定了案例教学的真实性,学生根据自己所学的知识,得出自己的结论。

(三)较强的综合性

一是案例较之一般的举例内涵丰富;二是案例的分析、解决过程也较为复杂。学生不仅需要具备基本的理论知识,而且应具有审时度势、权衡应变、果断决策之能。案例教学的实施,需要学生综合运用各种知识和灵活的技巧来处理。

(四)深刻的启发性

案例教学,不存在绝对正确的答案,目的在于启发学生独立自主地去思考、探索,注重培养学生独立思考能力,启发学生建立一套分析、解决问题的思维方式。

(五)突出实践性

学生在校园内就能接触并学习到大量的社会实际问题,实现从理论到实践的转化。案例教学法中,教师提供给学生的是真实的案例素材,学生需要进入案例所叙述的真实情境中去体味、感悟,进而让学生进行仿真的实践操作。因此,有人曾简明地概括案例教学的特征是:"从实践中来,在实践中练,到实践中去。"

(六)学生主体性

学生在教师的指导下，参与进来、深入案例、体验案例角色。案例教学要求教师融入学生群体之中，与学生形成一个学习"共同体"。在这个共同体中，师生处于平等的地位，相互交流并获得信息。

（七）过程互动性

在教学过程中存在着老师个体与学生个体的交往，教师个体与学生群体、学生个体与学生个体、学生群体与学生群体交往，也就是师生互动、生生互动。案例教学法提倡"四个自由开放"，即自由设疑开放、自由思维开放、自由讨论开放、自由选择开放。这样就会创造出一个宽松、和谐的多维互动的教学情境。在案例讨论阶段，教师与学生是教与学的平等互动关系，教师和学生可以在"案例"这个平台上进行平等的对话。

（八）结果多元化

案例教学法在本质上并不提倡得出统一的结论。换句话说，案例教学不是刻意去寻求一个唯一的正确答案，而是注重运用案例启发学生去思考、去探索。

三、案例教学法的步骤

（一）准备工作

案例教学的准备工作包括同时进行的两个方面，一是教师的准备工作，主要是搜集和整理案例的背景材料，讲授剖析案例的相关理论知识；二是学生的准备工作，主要是阅读教材和参考文献，加深对分析和评价案例相关理论知识的理解，疑惑之处，要相互商讨交流，草拟会计案例的分析和评价报告。

（二）小组讨论

教师根据学生的个体情况，将学生划分为由3～6人组成的几个小组。小组成员个体情况要多样化，这样他们在准备和讨论时，表达不同意见的机会就多些，学生对案例的理解也就更深刻。各个学习小组的讨论地点应该彼此分开，小组应以他们自己有效的方式组织活动，教师不进行干涉。

（三）集中讨论

各个小组派出自己的代表，发表本小组对于案例的分析和处理意见。发言时间一般应该控制在30分钟以内，发言完毕之后发言人要接受其他小组成员的询问并作出解释，此时本小组的其他成员可以代替发言人回答问题。小组集中讨论的这一过程为学生发挥的过程，此时教师充当的是组织者和主持人的角色。此时的发言和讨论是用来扩展和深化学生对案例的理解程度的。然后教师可以提出几个意见比较集中的问题和处理方式，组织各个小组对这些问题和处理方式进行重点讨论。这样做就将学生的注意力引导到方案的合理解决上来。

（四）总结阶段

在小组和集中讨论完成之后，教师应该留出一定的时间让学生自己进行思考和总结。这种总结可以是总结规律和经验，也可以是获取这种知识和经验的方式。教师还可让学生以书面的形式作出总结，这样学生的体会可能更深，对案例以及案例所反映出来各种问题有一个更加深刻的认识。

四、案例教学法的要求

（一）真实可信

案例是为教学目标服务的，因此，它应该具有典型性，且应该与所对应的理论知识有直接的联系。案例一定要来源于实践，经过深入调查研究，决不可由教师主观臆测，虚构而作，否则，角色扮演变成角色游戏，锻炼能力就无从谈起了。案例一定要注意真实的细节，让学生犹如进入企业岗位之中，确有身临其境之感。这样学生才能认真地对待案例中的情境和细节，认真地分析各种数据和错综复杂的案情，才有可能搜寻知识、启迪智慧、训练能力。为此，教师一定要亲身经历，深入实践，采集真实案例。

（二）客观生动

真实固然是前提，但案例不能是一堆事例、数据的罗列。教师要摆脱乏味教科书的编写方式，尽可能采用场景描写、情节叙述、心理刻画、人物对白等，作用是加重气氛，提示细节。但不可暴露案例编写者的意图，更不能产生导引结论的效果。案例可随带附件，诸如该企业的有关规章制度、文件决议、合同摘要等等，还可以有有关报表、台账、照片、曲线、资料、图纸、当事人档案等一些与案例分析有关的图文资料。当然这里所说的生动，是在客观真实基础上的，旨在引发学生的兴趣，生动与具体要服从于教学的目的，不可喧宾夺主。

（三）案例的多样化

案例应该只有情况没有结果，有激烈的矛盾冲突，没有处理办法和结论。后面未完成的部分，应该由学生去处理、去争论、去决策，而且不同的办法会产生不同的结果。假设一眼便可望穿，或只有一好一坏两种结局。这样的案例就不会引起争论，学生会失去讨论探索的兴趣。从这个意义上讲，案例的结果越复杂，越多样性，越有价值。

五、案例教学法的局限性

实施案例教学法尽管在教学中能够发挥其积极作用，但是案例教学法也存在一定的局限性：第一，案例的形成过程花费较大，时间消耗较多，有时案例的来源往往不能满足教学的需要，若重复使用某些案例会使学生产生厌烦的心理。第二，案例教学对教师的要求较高，编写一个有效的案例需要有技能和经验，它要求教师必须经过良好的训练，要求教师善于表达，感情充沛，也就是说，在师资的培训上，它所需要的时间一般要比运用其他方法进行教学的教师培训的时间长，否则难以达到想要的教学效果。第三，案例教学的效率有时较低，案例教学法只有大量地使用案例才能收到案例教学预期的效果，但是，在需要较多的教学课时，还需要学生的积极参与，以及教师的有效组织，而要做到这两个方面的完整结合往往较为困难，有时会产生耗费时间较多而收效甚微的情况。第四，案例常常是以较短篇幅的材料来涵盖相当长的时间历程的，很难在内容与时间历程之间保持协调一致，而案例教学一般既要让学生了解过程，更要让他们领会内容，这两者难以兼顾。第五，案例叙述的是某一事件，案例与案例之间在事件的叙述上具有不连续性，没有什么严整的结构，这样，学生所获得的知识、技能等，也就难以汇总形成一个整体框架。因此，案例教学对于学生来说，存在着这样一种危险，即缺乏对概念、原理等概括化知识的批判性分析能力的培养，因为案例中的事件的叙述是远离那些抽象的概念和知识的。第六，案例可能会使学生形成一些不正确的概括化认识。因为有时案例所展现出来的信息非常吸引人，学生也深受其影响，但是他在这一两个案例上形成的概括化认识，也许远远不能说明事物整体，这样也就出现了一种"过度概括化"的现象。因此，在教学过程中需要认识并克服以上局限性，使案例教学法充分发挥其积极作用。

六、财务管理专业案例教学法的作用

在财务管理专业的教学过程中，应用案例教学法可以弥补传统教学法的不足，充分调动学生的学习积极性，提高学习的效率和效果，具体而言有以下几点作用。

（1）有利于增强学生学习财务管理的积极性，提高学生分析问题和解决问题的能力

财务管理职教师资专业课程的专业性较强，内容庞杂，学习难度大，计算量较大，且灵活性较强。因此，如果在教学过程中仅注重财务管理专业课程的理论知识和基本概念的灌输以及反复的计算练习，很容易使学生产生厌倦情绪，而开展案例教学法可有效地改变这种状况。来源于现实的财务管理方面的教学案例（如按揭买房、养老金的计算），不仅使学生意识到财务管理的应用价值，更能帮助学生直观地理解教学内容。因为案例教学法的特殊性，使学生由被动接受知识变为接受知识与运用知识主动探索并举，学生将应用所学的基础理论知识和分析方法，对教学案例进行理论联系实际的思考、分析和研究。充分体现了学生在学习中的主体地位。因此，案例教学法是一种培养开放型、应用型人才的有效的教学方法。

（2）提高学生分析处理财务管理专业方面实际问题的能力

财务管理专业现实性很强，这就要求培养的学生有很强的应变能力。传统教学方法，可以使学生获得具有"标准答案"式的财务管理知识体系，却难以使其实践能力得到锻炼和提升。与传统的教学方式不同，案例教学法不刻意强调一定要得到"标准答案"，而在于得出答案的过程。一个人能够经受得起在课堂上犯错误并从中汲取教训是因为其中没有真正的风险。也就是说，一个学生如果在课堂上就某个案例所作出的"决策"是错误的，他也不会因此而真付出经济损失或其他代价，因为那毕竟是一次"预演"而非"实践"。并且其"决策失误"将在课堂上通过讨论或老师指导而得以当场纠正。但以后在他们的职业生涯中，作决策将是要付出代价的。这一过程不仅可促进学生对财务管理有关概念、理论和计算方法的理解，而且对于培养学生的创新思维能力、语言表达能力等都有很大益处。

(3) 有利于增加教师和学生之间在教学中的互动关系

与传统的教师授课、学生被动学习的教学方式不同，在案例教学中，教师与学生的关系是"师生互补、教学相辅"。这种教学法将使得学生积极参与，在查阅资料、案例分析和课堂讨论等环节中发挥主动性。教师在案例教学中则始终起着指导的作用，既要选择符合教学需要的案例，又要在课堂讨论中审时度势因势利导，让每一个学生充分地发挥，获得最大的收效。案例教学加强了师生交流活跃了课堂气氛，这方面是传统教学方式难以比拟的。

七、财务管理专业教学中实施案例教学法应注意的问题

（一）要注意案例的时效性

财务管理专业的理论和方法受会计环境、会计制度、会计法规影响较大。近几年，随着我国会计制度、会计准则和世界不断接轨，每年都有许多新的准则出台，引起会计理论和制度的不断变化，从而也引起一些财务管理理论和方法的改变，这些改变必将使一些过去的某些经典案例失去其实际意义，一味照搬容易误导学生。因此，教师在教学中必须注意到这些改变，适时对案例进行修改，使一些旧的案例能够适应新的环境、制度，给学生正确的指导。

（二）要注意区分不同的教学阶段，灵活应用案例教学法

应根据财务管理职教师资专业的不同年级的课程设置，灵活地运用案例教学法。比如会计类课程中有基础会计学和财务会计学课程，财务管理的课程有财务管理概览与基础、公司财务与案例、高级财务管理课程，教师应该根据各教学阶段的教学要求，根据案例反映财务和会计实际活动的复杂程度，结合学生现有的理论水平和实际操作能力，由浅入深、由易到难、由少到多，合理确定财务管理案例教学的内容和学时，安排的案例教学进度与课堂理论教学进度，从时间和内容上应该是一致的。

（三）要注意处理好案例教学与其他教学手段的关系

案例教学固然很重要，但不能代替其他教学手段，因为培养学生素质、提高学生能力、增长学生知识的教学手段很多，如组织学生到企业、事业单位进行业务实习，组织学生进行财务管理业务的模拟实验，组织学生做一定数量的习题以及进行必要的测验和考试，等等，都是重要的教学手段。我们认为，这些教学手段各有各的用途，是案例教学不能完全替代的。教师可以在理论知识的讲授中穿插相关财务管理案例，在课堂理论教学的启示下，使学生自觉地进入理财工作"现场"，充当其中的"角色"，让学生具有"真刀真枪"实践的经历，促使他们勤于思考、善于决策，以财务管理案例为典型实例，举一反三，变学生被动听课的过程为积极思考、主动实践的过程，成为一种适用、有效的启发式教学方法。

（四）要注意充分发挥学生的主动性

传统的讲授教学法，主要是教师讲，学生听，教师是主角。而在案例教学中，唱主角的应该是学生。在案例教学中，教师应该在选用案例、带领学生做好讨论前

的准备、组织学生认真讨论案例、做好讨论后的总结等方面起主导作用。在讨论中教师应设法调动学生的主动性、积极性，鼓励学生广开思路，积极发言，不断提出新的设想和思路。财务管理是一种管理的思维，一个财务管理的案例其真实的答案不是唯一的，可能存在比先进企业成功经验更好的思维和方法，我们应该鼓励学生得出各种虚拟答案，学生提供的虚拟答案越多，可以证明学生的个性和创新能力越强。知识经济条件下企业与企业之间的竞争在很大程度上就是人与人之间的竞争，每个人只有拥有独特的、广博而精深的技能和知识，才会有更多的就业机会和成材机会。因此，在财务管理案例教学中，应当尽力培养学生的个性化思维，允许并提倡他们作出与设定答案不同的结论。这时，教师要有甘当学生的气度，学生也应该有敢于与老师讨论问题的胆识，做到教学相长。

（五）要将专业理论与方法融入具体案例中

财务管理案例教学选编的案例要将适宜的财务管理理财基本理论和方法融汇于具体实例之中，或者明确地指出案例剖析所运用的会计与理财的理论和方法，以便于学生掌握并善于运用所学的理论知识，通过定性和定量的方法分析，对财务管理实际工作的各种复杂情况进行科学、系统地论证，提出正确的处理措施，并编写出具有较高理论水平的案例分析和评价报告。

（六）要注意吸取国际先进经验的同时结合中国国情

管理方面的案例教学起源于美国，财务管理方面的案例教学也起源于美国。经过几十年的发展，管理方面的案例教学在世界主要发达国家得到了普遍推广。随着美国财务管理教学改革的不断推进，案例教学在财务管理教学中得到空前的重视和普及。在我国，案例教学刚刚起步，各方面条件都不很成熟，应该说，西方国家在案例编写、案例教学的推广和应用方面，都明显优于我国。因此，在推广案例教学时，适当引入案例教材及教学方法是正确的。但在吸取国际先进经验时，应注意结合中国的国情。根据经验，一些纯方法性的案例，可以直接采用国外的案例，一些涉及法规和具体理财环境的案例，最好在调查研究的基础上，根据中国企业的有关情况，编写我们自己的案例，这样才能取得比较好的教学效果。

第三节 研讨教学法

一、研讨教学法的内涵

研讨教学法以建构主义理论为主要理论基础，最初起源于早期的德国大学，目前，在西方发达国家学校已成为一种普遍的教学方法，旨在为学生提供思考问题和讨论问题的机会。研讨教学法在我国 20 世纪 90 年代再次被提出并引起广泛关注。按照现代教学观念，教师在教学活动中的角色是组织者、引导者和启发者，不再是传统教学意义上的主宰者，同时，教学不仅仅是教，也不仅仅是学，而是师生的双边活动。由此可见，研讨教学法与现代教学观念不谋而合，在当下具有现实意义。

研讨教学法是以启发式教学思想为基础，以研讨为主，在教师的启发指导下，充分发挥学生主体性，以学生独立自主学习和合作讨论为前提，以教学中的重点难点问题，疑难问题，有争议学术问题和前沿问题为研讨，通过学生查阅资料，独立钻研和认真思考，在同学之间、师生之间进行相互交流和互动式思考和学习，展开课堂讨论与交流，使不同的学术观念相互碰撞、切磋、交流与补充，以达到教学目的的一种教学方法。是将研究法、讨论法和其他一些教学方法结合起来并加以创新的结果。它不仅要求组织好每一堂研讨课，而且要求将其贯穿一门课程的始终。在国外的许多著名大学，研讨教学法被作为仅次于课堂讲授的第二教学手段向教师们推荐，已成为西方高校的一种主要教学方法。

研讨教学法的内涵具体包括：（1）通过课程教学实现讨论与教学、研究结合；（2）充分发挥学生的主体能动性，让学生充分参与研究工作，培养学生解决问题的能力与创新能力；（3）在教学过程中，通过优化课程体系，在教学科研结合的氛围中实现师生、生生间的互动；（4）教学的目标是强调学生多方面能力的培养而不是某一项研究成果。

二、研讨教学法的作用

（一）有利于提高学生的综合素质，为开展科研工作打下基础

研讨教学法的出发点和主要归宿是培养学生的多方面能力，将科研与教学紧密结合，教学的过程也是科研的过程。学生从检索文献，阅读资料，撰写文稿以及宣讲的全过程就是在学习如何做学问，整个教学活动中突出科研地位，以科研活动促进教育质量的提高。实现教师在做学问中教，学生在做学问中学。学生自学能力、分析问题的能力、逻辑推理能力、语言表达能力以及科研与创新能力都有较大的提高，达到全面提高学生素质的目的。

（二）有利于调动学生的积极性，充分发挥学生的主观能动性

在研讨过程中，学生参与课堂教学，使学生成为课堂的主角。学生根据教师所提出的问题，提前做好准备，学生主动地思考问题，要带着材料、问题进课堂，在集体中相互交流个人看法，相互启发、相互学习。其能动性能够得到充分的发挥，更有利于调动学生的积极性。

（三）有利于教师教学水平及科研水平的提高

在研讨教学过程中，老师不再是一个单纯的知识传授者，更是一个引导者和问题分析专家，对教师的课堂教学及科研是一种挑战，对老师形成一种倒逼机制，迫使老师提高自身的教学水平和理论水平。要求老师不光要掌握相关知识，而且要大力提高自身分析问题与解决问题的能力。在研讨式教学中，老师要全面提升职业能力，包括自己的课堂组织能力、语言表达能力、创造想象能力、逻辑思维能力和课堂教学驾驭能力，只有这样，才能取得良好的教学效果。

（四）有利于师生关系和谐，提高教学效率

在研讨教学中，学生是主角，而教师是引导者，在引导者的引导下，作为主角的学生充分发挥自己的学习潜能，在这种学习过程中，教师与学生进行着全方位的互动，这种良性互动无疑拉近了师生之间的距离，有利于新型师生关系和同学关系的建立。创设师生、生生之间平等、和谐的教学环境，体现教学的民主化，形成和谐共进、教学相长的境界，更好地促进师生关系的融洽。

总之，研讨教学不仅是教学形式的改变，而且是教学内容的深化。古今中外一切先进的教育思想一再表明，教师的教只是为了学生的学，归根结底，教是为了不教。

三、研讨教学法的特点

研讨教学法不是如何上好一堂课的具体方法，而是贯穿于整个教学过程始终的根本方法，它不是讨论法和研究法的简单相加，而是将研究法、讨论法和其他一些教学方法结合起来并加以创新的结果。它具有以下几个突出的特点：

（1）探究性

让学生自己查阅资料，与学生、老师之间的相互研讨的一种学习方式。研讨课虽然以教材中的例题和习题为基本素材，但研讨内容的组织方式更接近于科研论文，因此，同学们在准备研讨内容的同时，也经历了一次开展科研工作的演习。

（2）问题性

在研讨教学法中，学生往往是带着问题去寻求问题的答案，在解决问题的过程中，他们会形成新的问题，问题意识贯穿着他们学习的始终。研讨式教学法的宗旨是在实践中培养学生多方面的能力，提高学生的综合素质。

（3）自主性

研讨教学法改变了教学过程中教师和学生的互动方式，强调了学生在学习过程中的主体性作用。要求整个教学过程都要在教师的具体指导下，充分发挥学生的学习能动性，让学生通过自我学习、自我教育、自我提高来获取知识。

（4）开放性

研讨教学法追求的是一种开放式的教学过程。"问题——探究——解答——结论——问题——探究……"的开放式教学过程。

（5）互动性

师生、生生之间的交流与协作以及师生关系的革新，让学生在合作中既要学会独立思考，又要乐于与同伴相互帮助。要求教学相长，倡导老师的"教"与学生的"学"相互促进，两者相得益彰。

四、研讨教学法的应用步骤

研讨式教学作为一种区别于传统填鸭式教学的新的教学模式，有着自己一套较为稳定的教学活动结构框架和教学活动程序。重方法传授，重能力培养，重学生主体作用的发挥，指导学生自己去探索、去研究，然后通过讨论与交流，完成教学任务。整个教学活动的结构框架与活动程序分为如下五个步骤：

(1) 导师指导选题

教师简明扼要地讲清全课程的基本线索、主要观点，根据课程标准所规定的教学内容、教学时数，从课程全局的角度，协调确定研讨的不同主题。在研讨主题设置上，主要把握以下三点：一是内容设置要紧扣教学内容，体现教学目的，不能偏离课程去寻找和设计研讨课题，兼顾学科前沿知识，尽可能让学生从多个角度对问题展开分析；二是题目设置要难易适度，过难或过易的研讨课题都不利于研讨的深入与展开，并尽量与专业知识背后所蕴含的基础理论知识联系起来，便于学生查找相关资料。三是抓住难点、疑点和热点问题，激发学生开展多角度、多层次探索的兴趣和热情。这些选题可以是论点，可以是关键性主题，也可以是提问，甚至可以是正反对立的一组观点。多种形式的选题其目的是以新颖的方式引起学生的关注，同时，在设置上可以兼顾引导的方向。

然后将全班学生分成若干研讨小组。对研讨专题布置任务分工并确定各专题研讨负责人，通过自主选择、抽签决定或教师分配等多种方式让每个小组选定一个主题，指导学生如何查找和收集资料。为了提升研讨的层次，可向学生提出要求：研讨内容不能局限在解题层面，要通过知识点将各个题目串起来，这样的要求使同学们在准备研讨内容时从答题上升到梳理和运用知识的层次。

(2) 个人自主研讨

这是学生充分发挥自己作用，独立进行科学研究的初步训练过程。他们按照教师所传授的方法，围绕自己选择的研究课题，充分利用图书馆资源与网络资源，全面收集资料。并对收集的资料进行分类、整理、阅读、归纳概括，获得比较全面的信息。了解学术界对该课题的研究概况，然后经过独立思考，选定论文题目，并撰写成文。

(3) 小组交互研讨

学生在独立自主研讨，充分掌握已有资料的基础上，以组为单位，开展相互交流，提出对问题的不同看法，归纳总结出本小组的研究成果。并对别人的观点作出分析和评论，将大家共同认可和补充的内容进行汇总，并制作成多媒体课件。最后每个小组推选1~2名同学将大家的共识在班级进行讲述。在课堂研讨把控上，教师应鼓励学生尊重他人的看法，通过学生小组研讨，得到对问题的系统的完备的认识，为学生解决问题提供了更多方法和途径。教师也要检查、了解学生的准备情况，及时督促，防止出现因为学生没有认真准备，而导致在课堂上研讨缺乏深度、流于形式。

(4) 班级集中研讨

小组交流之后，由各组推选出优秀者，到班级进行讲评展示。采用多媒体方式演示向全班同学汇报自己小组研究结果。展示成果的程序如下：首先，组员共同总结研讨的结论；其次，每组派出一名组员向全班汇报本组最新奇观点或最新发现的最具有挑战的问题，以备今后继续讨论研究；建议各小组在一张大纸上或黑板上写出自己的讨论小结，让班里所有的同学反复浏览阅读并与自己小组的答案比较；再次，让每个学生总结自己在这次讨论中的收获，专题研讨类的成果展示就更加丰富多彩了，可以是学生收集到的研究资料，也可以写一篇演讲或报告成最终的成绩评定，等等。最后，教师现场点评，要避免做过于绝对的总结，只要是有利于发挥学生的特长又能更好地将学生的讨论成果有效地展示出来，教师就要采用多元的教学成果展示方式，并结合自己的研究和搜集的资料，对研讨内容做全面总结与延伸。同时，要对表现优异的学生进行表扬并登记，从心理层面激励其更加积极参与到教学互动中来。

（5）总结提升

总结应该视情况而定。如果学生对于此专题准备得不够充分，有些基本知识必须进一步讲解，则教师应多花些时间进行知识的补充。如果学生掌握基本知识比较好，则可以就以上环节中提出的问题及讨论的观点作总结，包括对此专题还有什么其他的观点，目前有哪些争论，还有哪些方面值得深入研究等。另外，课程结束时总结评比不可缺少。研讨教学要求不仅要在每一次研讨后小结，而且在一门课程结束时也要认真总结评比。总结评比大体可以分为三个部分：一是每个小组开展自评；二是每个小组之间开展互评；三是师生之间开展互评。小组自评的目的主要是为了在课堂研讨后进一步深化知识的学习。小组互评的主要目的则是使学生有一种"你追我赶"的精神，形成相互学习的气氛。师生之间的互相激励与批评最有利于教学水平的提高。

上述五个步骤相互联系，环环相扣，前一步是后一步的必要准备，后一步是前一步的自然延伸，而每一个步骤又各有其功能。第一步是课程教学活动的开始，教师充分发挥主导作用，教师的讲授旨在让学生了解知识的整体，把握课程的脉络，以此为基础，提出问题，落实任务，授之以渔，从而将学生的兴趣和积极性激发起来，为第二步乃至整个教学过程做好思想上、精神上和方法上的准备。第二步是学生个人带着研究任务有目的地进行自学，是他们吸取专门知识、培养信息收集与处理能力、创新思维能力和文字表达能力的主要阶段，完成论文或撰写讲稿则为下一步的讨论和交流作了学术上的准备。第三步是师生之间、生生之间互相启发，切磋学问，培养表达能力、应变能力、团队精神和学习合作共事的重要阶段。第四步是第三步的自然延伸。第五步则是通过总结和回顾，把个人的感性认识上升到大学教育如何更有成效的理性高度。由于研讨式教学的活动结构框架和活动程序分为前后衔接的五步骤，所以又称为"研讨式五步教学法"。

五、研讨教学法的适用范围

研讨教学法对学生的心理和知识准备，参与意向的要求和对老师灵活多变情景模拟和设置，参与方式的灵活性要求很高。所以选择合适的研讨内容是采用研讨式教学方法能否成功的关键因素，但由于课程性质、内容不同，而且同一门课程内容也不见得全都适合研讨教学，这就需要教师在选择研讨主题时紧扣教学内容，不能为研讨而研讨，同时，要注意控制研讨内容的难易程度，过难或过易都会对研讨的深入程度和课堂把控产生影响。研讨教学法适合于围绕一个具体问题寻求普遍性解决方案的各种领域。有些必须通过实证研究提供信息的问题不适合使用该教学法。

六、财务管理专业中运用研讨教学法注意的问题

采用研讨教学法，为实现主体式教学和培养学生创新精神营造了良好的教学环境，达到了教学相长的目的。但在财务管理职教师资专业教学实践过程中，仍有一些问题值得注意。

（一）以科研促进教学

以最新科研成果充实课程教学内容，丰富财务管理领域的前沿性、先进性的理论和实践成果，并使学生参与最前沿的课题研究和调查分析，提升创新能力和实践能力。以研究论坛、发展报告、每年更新的专业文献库、案例库等为依托，增强专业的学术气氛，吸引本科生参与学术研究和创新活动，将更多的特色研究成果转化为教学资源和教学内容，实现科研反哺教学的作用。

（二）注重与实践教学密切结合

重视实习实训基地建设，整合实践教学资源，更好地满足创新型人才培养要求。强化实践教学环节，创新实践教学模式，提高实践教学质量，提高大学生的实践能力和创新能力。在教学过程中充分关注学生的个性差异，为注重理论研究能力提升和专业实践技能拓展的学生发挥各自的个性提供充分的选择空间，解决专业教育中对学生个性发展重视不够的问题。同时，聘请名牌企业、金融机构的专家讲授企业营运资金管理实践的前沿理念、先进经验和典型案例的同时，有意识地增加研究性学习的内容。

（三）要精心设计研讨的问题

一堂课是否能够较好地达到教学目标，教学过程是否顺畅、内容衔接是否流畅、各部分的过渡是否自然，与所设计的选题是否能切中要害密切相关。因此，教师要在研讨题的设计上下足功夫。研讨课的选题既要让学生有话可说，更要让学生通过研究讲得深、讲得透，要着眼训练学生的文献综述能力、学术研究能力、口头表达能力和创新思维能力等。因此，选题的本身就要能激励学生的兴趣，激发思维的火花。既不能太窄，使学生无话可讲，又不能太宽泛，使学生无从下手。

（四）研讨教学法中师生的角色和要求应突破传统教学模式的限制

研讨式教学过程中，教师不再是课堂的主宰者，而是以学生为主体，但教师始终是主导。教师的引导作用对于教学的成败至关重要。显然，它对教师的学术水平、教学能力、组织能力、工作责任心等方面都提出了更高的要求。要求导师教师在理论上应能达到一定的高度，知识面要宽，要能够控制课堂讨论的局面，对学生提出的各种观点，能够随机应变，加以引导、评判，能够很好地驾驭课堂讨论。

（五）研讨教学法的评价应突出教师的主导性、学生的主体性的特点

研讨课和一般的课堂教学不一样，与传统的讲授法完全以试卷来评价相比，研

讨教学法的评价要困难得多。因此，对研讨课教学质量的评价也应该有不同的侧重点。开展多元的成果评价。研讨课课堂教学评价表中的重点指标有：教师的授课准备，教师对讨论的引导，教师对讨论的贡献，课堂气氛对学生学习的传导性，教师提出的问题或题目的质量，教师对学生观念的开放性和包容性。部分学生参与意识不强，喜欢混在研讨小组里充当"南郭先生"，对这部分学生的评价还没有科学合理的体系，无法对其在研讨过程中的贡献作出明晰的评估。

（六）有效地控制研讨的节奏

本科生往往发散性思维强，而逻辑性思维不够。尤其是各小组相互讨论发言时，容易偏题离题。这就需要教师发挥其主导作用，要对研讨的整个过程有所把握，并在此基础上，分析学生的不同兴趣爱好、求知欲及个性特征。教师必须对外部因素和内部因素都有所了解，特别是内部因素，从而设计自己的思考。研讨过程中教师的积极参与是必不可少的，这种参与包括恰当的时候给予适当的点评及引导研讨的话题。每个小组对其他同学和教师对他们的诘难作出回应。在一定的范围内，否则就变成了夸夸其谈。另外，切忌研讨变成介绍性发言，问题意识是关键，研讨式教学是将研究与讨论结合起来，而不是一般性的知识介绍。一般性的知识介绍应留给学生自学或在开展研讨前由教师抽时间主讲。目前，信息发达，有的学生为了偷工减料或偷梁换柱，直接从网络下载一些不痛不痒的文字对付教师布置的任务。因此，教师在组织学生研讨时一定要杜绝这种现象的发生，其关键在于教师要善于启发学生思考问题。没有问题意识，学生很难提出有价值的问题。

第四节　角色扮演教学法

一、角色扮演教学法的概念及其类型

角色扮演最早源于一种精神疗法，其提倡者为约瑟夫·莫雷诺（Joseph Moreno，美国著名的精神分析学家、音乐心理剧的创始人）。莫雷诺认为，角色扮演就是设身处地扮演一个在真实生活中不属于自己的行为角色。后来该方法被美国一些教学理论研究者引入课堂，并对其教学效果进行探索，经过几十年不断的发展和完善，当前角色扮演教学法已成为被广泛应用的教学模式之一。

角色扮演教学法是以培养学生的实践能力为目标，以学生为主体、教师为主导，根据具体的学习任务要求，精心设计虚拟的现场工作环境，进行角色设计，通过让学生扮演不同的角色，借助自身经历的过程来体验、掌握相关的知识和技能所采用的教学方法。如在会计凭证传递、日常业务处理流程等教学中让学生扮演业务经办人员、制单会计、审核会计、出纳、记账会计等角色，按岗位分工、角色轮换的"做中学"模式，模拟财务活动的办理过程，使学生体验不同角色的财务任务和财务职责，使学生真切体验企业财务管理工作过程，有效培养学生的综合职业能力，

从而能更快地适应未来的职业环境。

　　角色扮演教学法可以分别按照组织方式、控制度与开放度等角度进行分类，按照组织方式，角色扮演教学法分为模拟性角色扮演、创造性角色扮演和冲突性角色扮演。模拟性角色扮演法是根据所学内容的情景，要求学生扮演教材中的人物角色，用语言和动作来表达教材内容的一种课堂活动。在活动中，教师给学生指定或提供进行模拟练习的材料。这是一种有一定控制性的练习活动，因此，又称为控制性的角色扮演。学生通过这一活动，能够自然地掌握课程知识，极大地提高了参与度并加速了学习过程。同时，它也是学生进行创造性角色扮演的基础。创造性角色扮演就是教师根据所学的内容结合现实生活设计的课堂活动。它为学生提供了一个更自由的想象创造空间。这种活动中，情景、人物角色是创造的，活动内容与教材有关，是在教材基础上的延伸或发展。在该活动中，学生没有现成的对话和剧本，教师为帮助学生完成任务，仅为学生创设情景和活动要求，并作适当提示，目的是让学生运用所学知识形式来自由表达自己的思想。所以，这一类型的角色扮演活动体现了任务型教学的特点。冲突性角色扮演法是教师根据课程内容，将学生分成正反两方面的角色，即赞成方和反对方角色冲突的扮演。这种教学方法是一个将课前准备、课堂教学和课后总结有机结合起来的教学过程，具体包含了"导读——分组——辩论——总结"这样一个基本的教学思维过程。

　　从控制度与开放度分类，角色扮演教学法分为完全控制式的角色扮演、半控制式角色扮演、半自由式角色扮演和自由式角色扮演。在完全控制式的角色扮演中，情景和角色的语言、动作都是事先设计好的，学生只是根据情境用适当的语言语调进行对练。从控制度来说，学生完全是按照规定的语言进行操练，即学生完全受控于教师，教师对于学生的语言表达一目了然。半控制式角色扮演中，只给其中一个角色或一部分角色以详细的提示和要求，而对于另外一个或一部分角色扮演者，只给他们有关对话情景的粗略信息，其目的在于训练学生在一定刺激条件下的言语表达能力。在这种角色扮演活动中，老师的控制相对较少，未获详细提示的角色扮演者虽然有时在使用语言上有困难，但有利于在一种较为真实的情景中训练语言表达能力。半自由式角色扮演给学生提供某个情景和教学任务，要求学生在某一情景的角色扮演中使用规定的知识进行交际，但又不限定使用具体的知识表达方式和内容。这类角色扮演活动要求在真实的环境中使用目标知识。从控制度来说，学生有较大的自由来开展活动，教师只是给予有限的帮助。但是从检测的角度看，教师可以看到学生的多方面能力。自由式角色扮演只为学生提供某个情景和任务，学生根据情景和任务完全自由发挥想象，可以用尽可能多的语言和动作来表达他们的意思。自由式角色扮演可在课前给定情景和任务，让学生自己分配角色，并根据自己的想法做好必要的准备。也可以是课堂即兴角色扮演，即事先并不安排学生的角色，只是临时给他们一个情景或任务，学生按照自己已有的知识和对情景或任务的理解进行角色扮演。为了能让更多的学生在活动中创造性地自由发挥，教师可以只是一名观众，不给学生任何的控制，教师的作用就是适当调整对活动性质的控制，最后给出适当的反馈也是必不可少的。

二、角色扮演教学法的作用

角色扮演教学法是运用情境设置、讨论、表演等各种形式的综合性教学方法，要求学生主动参与。与传统教学法相比，有以下作用：

（1）有利于加强学生的职业认知，体会各岗位角色不同的岗位职责

由于财务管理学科的应用性较强，在教学中不但要向学生传授基本的理论和方法，更要培养学生运用理论和方法处理财务管理实务的能力。但在现行的外部环境下，由于财务工作的严肃性、保密性等限制因素，组织学生到校外实习已较难实现，即便实习，实习效果也不尽人意。角色扮演教学法是财务管理专业教学中的客观需要，在财务管理专业课程教学中使用角色扮演教学法，教师设计特定情境，将教材内容与专业知识相融合，让学生通过对角色的演绎，可以增强学生对各财务岗位的认知，掌握专业知识的同时，提高相关职业技能，培养学生良好的职业道德，提前进入社会角色，对学生日后专业课程的学习和个人发展，都起着重要的作用。这有利于培养既有理论基础又有实际操作能力的应用型人才。

（2）有利于激发学生的学习兴趣，在轻松的环境中获得新知识，掌握新技能

角色扮演教学法强调学生为主体，要求学生全身心地投入角色，为了准确演绎角色，学生需要分析角色特点，独立思考特定情境下角色的心理及行为活动，能让学生融入在职业岗位中，让学生深入理解岗位职责，在表演的过程中寓教于乐，激发学生的学习兴趣。在轻松、活跃的环境中学习专业知识，强化实践技能。这种活动充分发掘学生潜能，培养学生学习的主动性，角色扮演法留给学生很多自由发挥的空间，提高学生分析及解决实际问题的能力。还有助于增强学生的学习能力，形成正确的态度、情感和价值观，有助于培养学生的探究创新能力。

（3）有利于锻炼学生的沟通协调能力，培养学生的团队合作意识

在角色扮演活动中，每个学生都担任不同的角色，每个学生既是独立思考、解决问题的个体，又是团队合作、集体演绎活动的一分子。学生不仅能充分发挥个人优势，展现自我，表达个人见解，还需要角色之间的配合、交流与沟通，共同完成教师分配的角色扮演任务。因此，角色扮演法在表演过程中，锻炼了学生的沟通协调能力，提供展示自我的机会，让学生在展示中获取自信。角色扮演教学法采用分小组合作表演的方式，小组互相配合，共同完成表演，有利于学生团队合作意识的形成。

（4）有利于建立新型的师生关系，使教与学产生良性互动

实施角色扮演教学法，体现了"学生主体、教师主导"。教师是学习活动的设计者、组织者、管理者和指导者，学生是教学活动的主体，是主动者和表演者，这种师生关系有利于双向沟通和学生潜能的发掘。通过角色扮演、参与体验，使学生在更多的参与和互动下，获得深刻的体验，在做中学，以达到更佳的学习效果。此外，在角色扮演的过程中，教师也可以进一步了解到学生的思维方式、情绪体验、

个性特征等深层次的东西，由此提供有针对性的教学手段，从而真正达到教学相长的良性互动局面。

三、教师在角色扮演教学法中的指导作用

（一）教师在角色扮演教学中要把握全局

教师要明确角色扮演活动是否适合在教室内进行，角色扮演会不会给学生带来过大压力或让学生有挫折感，扮演能否加深学生对所扮演角色的价值观、观点或感受的了解。角色扮演的情节是否清晰，演出是否容易进行，角色扮演的情节是否有助于了解个人或群体。

（二）教师要明确学生所要学习的目标

教师要对角色扮演的过程进行精心设计，包括编写剧本、选择要模拟的案例、预告学生角色扮演的学习目标、提醒学生不要偏题。要向角色扮演者详细描述各角色的基本规则，包括各角色的表演方式，所强调的阶段重点内容，所表演的内容应是紧扣教学目的、态度和技能，也应是财务管理工作中可能经历的情景，既要易于表现，也要易于接受。

四、角色扮演过程中可能遇到的问题

首先，由于每个学生的资质不同，并不是每一个学生都能将自己融入角色，而且这种角色扮演还必须在观众面前展示。这对于某些学生来说可能很容易，而对另外一些学生而言则不自觉地会产生一些抵触。这就需要教师和同学的不断鼓励，促使那些融入角色困难的学生反复练习，克服最初的抵触，从而自如地积极参与角色扮演。

其次，角色扮演达不到预期的效果。有些教师担心角色扮演会陷入无组织的混乱，有一些干扰因素会影响学习环境；还有些教师担心教学内容的单调和学生受训练不足而影响角色扮演的效果。其实经过认真的计划和准备，上述所担心的问题是可以克服的。角色扮演的成功与否关键在于精心的设计和实施，尤其是计划。要根据预期的目标和教学内容进行组织，使表演过程更富有教育意义。在这方面首先教师要有详细而周密的计划，其中最重要的是要写一个角色扮演的脚本，让学生按脚本来表演。

最后，学生观众的积极观看与否也会影响角色扮演效果的好坏。学生观众要从观看角色扮演中获得知识，并积极参与其中，提出一些问题。如果学生观众不积极观看就无法收到学习的效果，所以教师还要对学生观众提出具体的要求，并在观看完角色扮演后填写调查问卷，以评估观后是否有实际的学习效果。

另外，教师还应该在表演结束后，组织针对性的讨论，包括课堂总结，强调所学的内容以及怎样的过程能被运用在今后的财务管理工作中，以及有哪些方面还需要改进。总结角色扮演的优缺点，并对如何运用于以后的财务管理专业提出指导性意见。

当然，完美无缺的教学方法是不存在的，而且现存的各种各样的教学方法在适宜的环境和条件下还能发挥着自己独特的功能。教育具有复杂性，它不是教师或者学生哪一方的努力就可以完成的，学生能力的充分展现需要师生间的密切配合，教无定法，需要我们教育工作者不断地摸索和尝试。

五、角色扮演教学法应用步骤

在财务管理专业中运用角色扮演教学法开展教学，努力实现做中学，做中教。在教学中创设财务情景，以工作任务为引领，以典型业务为载体，以岗位实践为形式，梳理和整合关联性知识点及岗位要求，让学生通过角色演练和小组合作，探索操作方法背后的工作原理，学会发现问题、分析问题和解决问题的方法，让知识与技能的迁移能力不断生成，从工作任务实践中获得实质性感悟，最终生成岗位核心技能。该教学法的实施过程主要分为三个阶段：角色设计阶段、角色扮演阶段和角色评价阶段。

（一）角色设计阶段

这是角色扮演准备阶段，重点工作就是如何有效整合教材内容，凸显岗位实践操作，有效培养学生岗位能力，根据典型工作任务，创设岗位实践工作情境，设计职业角色，做好角色的准备、任务的设计，成为角色扮演法的关键所在。

角色的设计要注意两个原则：一是角色设计要与学生所学专业课结合起来，这样学生在理解角色的知识应用时，就比较熟悉、比较容易，同时也使学生知道学习这门专业课的价值，将所学专业知识综合运用，有利于提高学生的学习兴趣。二是角色的分配要与教学知识点相匹配，同时，分配的角色在功能上保持一定的独立性。角色中涉及的各知识点及其间的联系，要循序渐进、难度适中，避免跨度大，避免学生畏难情绪的产生。角色的设计是角色扮演教学法取得成功的关键。教师根据教学目标以及角色的知识点和学生的基本素质，合理地提出任务要求，也就是说要遵守任务适当的原则。

在这个过程，要注意把握三个方面的问题：一是选择典型工作任务，确定角色扮演目标。教师明确教学目标，提炼出教学的重点、难点，按照实际工作任务、工作过程和工作情境，有机整合理论与实务操作，贴合学生实际学习情况，精心进行教学设计，教师根据教学内容和背景材料，选择适合角色扮演的典型工作任务，创设情境和角色，明确角色扮演目标。如何创设符合教学目标且能让学生产生浓厚兴趣的角色扮演主题，是角色扮演教学法的起点，也是整个教学过程能否取得成功的关键步骤。二是角色分配，明确角色任务。先将学生分成若干个学习小组，教师可以让学生自由选择。以小组形式承担角色扮演任务，由小组内部协商确定每个人扮演的不同角色，如财务主管、会计、出纳等角色。小组成员共同进行角色分析，根据已有知识和自身理解设计角色扮演方案，教师应对角色人选的确定和方案设计进行必要的指导和确认。教师引导学生根据角色扮演的内容及主要问题，协助学生了解自己所扮演的角色特点，学生通过各种途径，如参考教材、网络、专业书籍等，搜集表演用的参考资料，参与演出的学生明确各自角色的特征、任务并草拟相关的台词，做好扮演角色的准备。三是设置模拟场景，做好角色扮演准备。角色扮演法是要在一种模拟场景中进行的，模拟场景尽可能要逼真。创造一种和谐、自由的课堂气氛和相对真实的情景，将有利于角色扮演者尽快进入角色。教师应准备必要的场景、道具或其他辅助用品，为学生创造相对真实的表演情境，并营造轻松的表演氛围，为角色扮演教学法的顺利实施提供一定基础。

（二）角色扮演阶段

此阶段是角色扮演教学过程的核心。在这一阶段中，主要是学生根据角色扮演设计方案在情境中扮演角色，表演问题情节，分析和解决问题。

角色扮演往往有两种情况。其一，不同的组进行相同内容的情景表演，各组的表演顺序由抽签决定，并限定每组的表演时间。这种情景表演主要适用于内容单一、跨度较小和表白性的知识点的教学，比如结算业务实验，纳税申报，会计案例分析等，其目的是对不同组相同情景的表演进行比较，从中选出优异者并将其做法进行推广。其二，不同的组进行内容不同的分工式的情景表演，这一方法适用于内容复杂，跨度较大，协作性要求较强的知识点的教学，例如，存货盘点实验，固定资产盘点实验等，可以由几个组扮演方案制作者，由几个组扮演方案的实施者，由剩下的组扮演整个方案实施的控制人员，然后由各组人员分别提出自己的观点、想法和操作思路。另外，财务预算，会计报表分析等都可以采取此类方法进行情景表演。

教师始终处于观察员、指导者、监督管理人的位置，而教师在这一阶段的主要任务是调动暂时无角色扮演任务的学生、维护课堂秩序、纠正一些偏离主题的行为，并做好现场气氛的调控，保证活动的顺利开展。教师和其他学生观看的重点，应集中在问题解决的方法和策略上，切忌苛求完美，在表演技巧上挑剔。在表演中给予学生更多的发挥空间，鼓励学生根据实际情节发展变化做适当调整，对于学生的表演应以肯定为主。对于过分冗长的表演，教师应及时提醒，每组时间控制在 10 分钟左右为宜。同时，教师还应引导其他无角色扮演任务的学生观察并记录表演者的情况，引导他们思考情景表演中出现的问题，进行间接学习，为下一步分析讨论和评价角色做准备。在此期间，教师应尽量安排扮演者与观察者轮流交换，尽可能使学生都有参与表演的机会。

（三）角色评价阶段

包括角色扮演过程中现场讨论和总结评价。可在讨论前教师进行适时引导和提示，将学生讨论重点转移到情景本身和情景操作所要涉及的知识点以及问题解决方法等重点问题。评价则由互评和师评两部分组成。评价的人选可以是教师，也可以是学生，还可以是扮演的参与者和观察者。就评价目标而言，评价不是为了给学生在群体中定级，而是为促进学生的发展。因此，评价的指标不仅要关注知识技能，更要关注过程、方法、情感、态度、价值观等成分。

评价的主要内容也要根据扮演角色的不同有区别地进行。教师的评价可以让学生更进一步了解自己，看到自己的进步和不足，明确自己今后努力的方向，促进学生更加主动地学习。其他小组同学之间的评价可以肯定其中的优点，指出其中的不足，从而能够使学生的表演水平和知识水平不断提高。不同小组的学生之间还可以进行讨论，在交流中得到提高。当然，教师的评价应该是核心。通常建议教师的评价放在最后，以避免教师的评价主导了学生的评价。

六、角色扮演教学法实施要点

（一）问题情境与学生实际紧密结合

角色扮演得以顺利进行的首要条件，是选择一个适合学生表演的情境。如果情境设置不当，非但不能调动学生的积极性，反而会打消他们参加表演的热情。角色扮演的选题应考虑切合学生年龄特点、文化程度、理解能力和学生生活实际。问题情境可涉及学生发展阶段存在的矛盾、价值观、社会争议及与学生有密切联系的现象等，既要有现实的教育意义，又符合学生认知与情感的发展水平。可让学生参与选题的确认。

（二）对教师的整体教学水平有较高要求

教师在角色扮演教学的各个阶段都发挥重要作用，所以对教师的专业能力、教学能力和管理能力均有较高要求。如教师课前需进行大量准备，收集实践信息，对角色的特点、场景、涉及的问题及背景材料进行深入研究，并对可能出现的问题作出多套处理方案。另外，角色扮演教学中学生思维活跃，容易出现跑题和走偏现象，教师需及时引导学生开展针对性的讨论和分析，同时，有效控制、把握教学进度和课堂秩序，既要培养学生的发散思维能力，又要总结归纳出重点。教师最好应提前经过相关培训，如果教师的课堂组织能力欠佳，很容易流于形式，所以对教师的课堂协调和组织管理能力有较高的要求。

（三）学生有足够的知识铺垫

对角色的理解和接受程度，将直接影响角色扮演的效果，实施前可通过学生自学或教师讲解使学生对教学内容相对熟悉，掌握足以应对角色扮演所需的知识，保证角色扮演教学法的针对性和有效性。

（四）应保证学生有足够的参与度

角色扮演教学法优势在于引导学生广泛参与教学过程，对问题处理进行不断反思。学生的参与程度的高低，将直接影响课程的最终效果。教师应充分调动学生的积极性，并在多个环节进行引导和提示，使学生不断明确各自的任务，以保证学生能够充分参与教学全过程。

（五）关注学生能力的培养

角色扮演教学其教学结果并非只有唯一的答案，具有一定的选择性。教师应给予学生一定的自由度来使他们能够自我"尝试"，教师可以通过开放式的问题来帮助和引导学生。教师应鼓励学生提出多种解决问题的方案，充分发挥学生的潜能，培养学生分析问题和解决问题的能力。

（六）充分尊重学生意见

角色扮演教学提倡学生进行主动性的学习过程，教师在学生主动学习的过程中应给予学生充分肯定，提高学生参与教学全过程的积极性。讨论和评估阶段，教师评判过程中应持"客观"的态度，充分听取学生的观点和意见，避免直接否定学生。

（七）处理好归纳总结

最终教师的总结环节至关重要，总结旨在让所有学生对角色表演中的关键点有一个全面的了解，更深入地理解角色各种行为意义和目的。达到加深对专业知识的理解并能灵活运用解决实际问题的目的。

（八）创造良好的课堂氛围

应为角色扮演准备一个良好的环境。一方面，创造良好的演出气氛，另一方面，进行职业场景的创设，如道具、场景、座位等应给予妥当的安排。为保持想象力创造一个轻松的气氛，讨论中不必称呼学生的真实姓名，而直接使用其角色名称，引导学生进入角色。

七、财务管理专业中应用角色扮演教学法

角色扮演教学法是实践性很强且行之有效的教学方法，但是在财务管理专业教学过程中仍要注意一些问题。

（一）课前精选教学内容，有针对性地选择课程内容、情景及角色

角色扮演教学法对情景的设计要求很高，实施角色扮演法前教师要进行充分的课前准备，选择难度适中的任务，根据所选择的内容，选择贴近现实工作的表演情境，要避免情境设计过于简单化、笼统化等现象。同样，设计也要具有合理性，否则会达不到理想的效果，甚至于误导学生。如在基础会计课程中，会计凭证的填制和审核，供应、生产、销售过程的核算程序，财产清查的方法、对账和结账等内容都可以用角色扮演法进行学习。

（二）课中表演采用分小组进行的形式，尽可能安排全体学生参与到试验中

角色扮演教学法作为一种课堂教学的表现形式，最终目的仍然是为实现教学目标服务，要让学生都能参与其中，积极表现自己，给学生更多的锻炼机会。在角色扮演活动实施过程中，课堂无法完全模拟实际场景，此外在演出过程中也不是所有学生都能自然融入所扮演的角色中，在角色扮演教学中一方面个别学生由于自身的特点不乐意接受角色扮演的教学形式，而又没有明确拒绝，其结果是在试验中不能够充分表现出自己的个性；另一方面是部分学生的参与意识不强，角色表现漫不经心，这些都会影响教学的效果。因此，要以小组的形式分层次给学生下达任务，安排学生尽可能地参与到试验中，如果课时、精力等不允许，可以让少数学生角色扮演，其他学生和老师一起仔细观察，并对产生的"问题"的处理效果进行评估，以做到适时指导、及时点评。此外，学生还应有较强的参与意识、团队意识、吃苦耐劳和潜心钻研的精神，学生要扮演好不同的角色，必须花大量的时间和精力去钻研和琢磨背景材料和角色工作的特征，明确学习的任务。

（三）课后对表演的角色及内容进行提炼，进行理论升华

在角色扮演结束后，教师要把握住时机，引导学生对角色扮演存在问题及解决方案进行讨论。在学生的讨论时间结束后，教师要及时给予相关的点拨和指导。教师要对角色进行分析，结合表演情况对岗位职责进行强调，再结合要掌握的知识点对问题进行深入浅出的分析和讲解。从而有利于学生把表演和理论结合起来，从表演中的感性认识进一步上升到理性认识的高度，真正能应用于将来的实际工作当中。

第五节 实验教学法

一、实验教学法含义

实验教学法，是指学生在教师的指导下，使用一定的设备和材料，通过控制条件的操作过程，引起实验对象的某些变化，从观察这些现象的变化中获取新知识或验证知识的教学方法。实验教学法是随着近代自然科学的发展而兴起的，是物理、化学、生物、地理等自然学科中比较重要的教学方法。而财务管理是一个理论性和实践性都很强的专业，这就决定了该专业同样需要引入实验教学法。

从应具备的知识和能力来看，财务管理专业学生既要掌握管理学、经济学的基本理论和基本知识，熟悉经济政策、财务法规以及国际相关法规和惯例，又要接受财务管理方法和技能方面的严格训练，具备分析和解决财务问题的实际能力。从应具备的综合素质和能力来看，财务管理专业学生不仅要有较强的语言沟通、文字表达、人际交往、信息获取及分析的能力，还要具有创新意识、创新精神、创新思维和创新能力，需要不断增强职业的敏感性和判断能力。实验教学法，既可以使学生把直接知识同书本知识联系起来以获得比较全面的知识，又能够培养他们的独立探索能力、实验操作能力和研究兴趣。

按照实验的目的和时间不同，实验教学法可分为感知性实验和验证性实验两种。感知性实验发生在学习新的理论知识前，使学生对新知识形成感性直观的印象；验证性实验发生在学习理论知识后，使学生对所学的知识达到复习校验的效果。按照实验组织方式的不同，实验教学法又可分为个别独立实验和小组实验。个别独立实验是指由一人单独完成实验任务，小组实验强调学生的集体参与，以小组合作的形式完成实验任务。

通常情况下，实验需要在实验室进行，也可以在教室里进行。目前，国内只有清华大学、人民大学等为数不多的院校拥有比较完备的财务管理实验室和实验平台，而大多数开设财务管理专业的高等学校只是安排学生到会计实验室进行相关会计实验操作，并没有专供财务管理专业使用的财务管理实验室。而设立财务管理实验室，对于财务管理专业的学生来说是十分必要的，可以使学生对工作环境具有更直观的认识，更好地理解财务管理活动，掌握财务管理的实际操作技能。

在教学手段上突出现代教育技术和网络教学的特色,充分利用幻灯片、视频、实物投影等高科技手段和现代化的教学手段,采用多媒体、教学资源上网等方法方便学生学习实验内容,增加实验教学的直观性、形象感和立体感,扩充实验的信息容量,提高实验的效率。

二、实验教学法的特点

(一) 理论与实践的高度结合

实验教学法是建立在管理理论与实践高度结合基础上的一种教学方法,其结合的深度、广度、紧密程度超过其他教学方法。应用型人才的培养质量很大程度上体现在理论联系实际的能力、实践动手能力和创新能力方面。实验教学法对于提高学生的综合素质、培养学生的创新精神与实践能力具有特殊作用。实验教学对于激发学生学习兴趣、促进学生将知识转化为能力、逐步地完成由学习者到实践者的转化,具有不可替代的特殊作用。

(二) 教与学的真正结合

实验教学法可以将教师与学生真正结合在一起,共同完成教与学的任务。在实验教学过程中,学生具有更大的独立性、自主性、探索性,实验的各个环节都要求学生独立完成,学生在实验教学过程中成为名副其实的"主体",充分体现学生自主性学习。而教师成为学生知识学习和能力培养的设计者、组织者、指导者。实验教学法充分体现了学生的主体地位和教师的主导作用,实现教与学的有机结合。

(三) 知识性与趣味性的圆满结合

实验教学法可以使教学活动变得真实、生动、多姿多彩,具有极强的趣味性和吸引力,可以真正实现"寓教于乐"的目的。在实验教学的过程中,学生从"封闭的束缚态"转变为"开放的自由态",增加了学生学习的自由度,激发了学生学习的兴趣和积极性,增加了直觉思维和创造思维的训练机会。

三、实验教学法的教学步骤

实验教学法通常按照下面三个教学步骤进行:

(1) 明确实验任务,制定实验计划

教师在实验前需要做好充分准备,确定实验的目标和任务,并按照任务编制实验计划。做实验前,教师要认真准备并全面检查有关的仪器、材料和用具等,向学生讲明实验的目的、要求及其所依据的科学原理和操作过程中的注意事项,若是小组实验,还需要划分好实验小组,必要时需进行示范实验,以增强学生实验的自觉性并保证实验的效果。

(2) 按照实验计划进行实验操作

在明确实验任务以及计划后,学生独自开始实验,或是根据小组分工中所负责的任务,按照已确立的工作步骤和程序进行实验操作。在实验过程中,无论是个别独立实验还是小组实验,要力求使每个学生都亲自动手参与实验。教师应注意过程控制，具体指导，确保实验程序科学、操作规范、结论正确。对个别同学或小组进行个别帮助，及时发现和纠正出现的问题。

(3) 评估并撰写实验报告

实验结束后，由学生和教师进行小结。先由学生进行自我评估，再由教师对实验结果进行成绩评定。师生共同讨论、评判实验中出现的问题、学生解决处理的方法。通过对比教师和学生的评估结果，找出造成评价结果差异的原因。并最终由学生撰写实验报告。

四、财务管理专业中应用实验教学法应注意的事项

实验教学法是学生在教师指导下，按照预定的要求，利用指定的设备，采用特定方法而进行独立操作，并在观察研究中获取直接经验、培养技能技巧的方法。财务管理专业中应用实验教学法应注意以下几个问题：

(1) 注重教师的多重角色

在应用实验教学法的过程中，教师除了需要具备良好的组织能力、缜密的逻辑思维能力、反应能力以及分析能力外，还需要在不同阶段扮演着不同的角色：示范者、观察者、引导者、业务顾问、评价者等。

示范者：为了明确实验任务和目标，教师需要将实验的相关资料展示给学生，并在需要的情况下操作示范实验。

观察者：在实验进行过程中，教师通过观察每个学生在实验过程中的表现，判断哪些知识是学生最欠缺的，并根据学生的特点选择最有利于学生快速吸收并应用的教学方法。

引导者：实验中主要是学生进行操作，引导学生把实验过程与实际工作联系起来，帮助学生进行知识整理，并启发学生进入更高层面的思考。

业务顾问：教师不仅要在实验中激发学生的学习兴趣，还要提供必要的建议，根据学生的需要，帮助学生系统整理已掌握的知识，解答实验中出现的问题。

评价者：实验结束后，教师要根据实验情况进行全面、充分的点评与总结。

(2) 明确学生的主体地位

学生在实验教学过程中是名副其实的主体，他们参与积极性的高低、动手能力的强弱直接影响实验的效果与效率。因此，在应用实验教学法时，教师需要提升学生的参与热情，促使学生积极思考，灵活运用所学知识。实验过程中，还要十分注重培养学生实事求是的科学态度，严格按事先拟定的规程操作，使实验能有序地进行。通过实验教学，加深学生对理论知识的理解，同时，提高学生的综合应用能力和实际操作能力。

(3) 不断改进和完善实验条件

实验教学法的运用需要具备一定的实验条件。实验室建设不完善，投入的设备和软件不足，课时量过少等问题，都难以让学生进行有效的实验。在教学过程中，应充分利用多媒体、网络、录像等高科技技术和现代化的教学手段，使学生真正融入实验中去,在实验中体会学习财务知识的乐趣。

(4) 保证实验资料的恰当性

实验教学法的运用弹性较大、实践性较强,能否达到预期的教学效果,实验资料是关键性的影响因素之一。在开展实验教学前,教师应编制一套比较全面的实验教学资料,主要包括实验项目、实验教学大纲、实验指导书等,让学生在实验前有充分的了解和准备。选取的实验资料可以通过有关调研整理得到,也可以通过对上市公司的经营资料进行整理形成。选取时应注重资料是否具有代表性,数据是否真实、完整,资料是否齐全。同时,要严格归档管理,保证实验教学文档资料的完整性,为后续实验教学奠定良好的基础。

第六节 实践教学法

一、实践教学法的含义

所谓实践教学法,是一种基于实践的教育理念和教育活动的方式方法。它通常是指在教学过程中,建构一种具有教育性、创造性、实践性以学生主体活动为主要形式,以激励学生主动参与、主动思考、主动探索为基本特征,以促进学生总体素质全面发展为主要目的的教学观念和教学形式。从广义上说,实践教学法就是除理论教学之外的所有教学环节,它包括教学实验、教学实习、生产实习、毕业论文(设计)、科研活动、专业劳动、社会实践、学生第二课堂、社会调查等多种形式的教学环节。狭义的实践教学是指教学计划之内的课堂实践教学、技能训练、综合实训、学生见习和实习等,是一种以培养学生综合职业能力为主要目标的教学方式方法。

实践教学法在整个教学过程中占有十分重要的地位,有着其他教学形式方法不可替代的作用。实践教学法是基于学生的直接经验,紧密贴近学生的个人生活和社会生活,由学生自主实践和探索,从而体现对知识综合运用的一种全新教学方式,它融思想政治教育、专业教育和社会服务于一体,具有转变学生思想、开发智力、提高能力、培养素质、促进全面发展的教育功能。其目的就是培养学生理论联系实际,对专业的了解与认识能力,拓宽学生视野,巩固专业理论知识,提高分析能力、创新能力和动手能力。这样我们就要求学生依据课本知识,积极参与到实践中去,在实践中发展,将自己培养成实践性人才。

二、实践教学法的特点

(一) 综合性

人的个性、素质具有整体性,其发展往往是在复杂多样的环境下,多种知识交互影响中,通过对知识的综合运用而不断探究世界与自我的结果。实践教学法中有多种项目,它为学生提供了一个丰富多彩的、综合化的育人环境。在这样的环境下,学生的专业技能、综合职业能力与素质等能够得到全方位的锻炼和提升。

(二)自主性

现代教学思想认为,教学过程是在教师的帮助和指导下构建知识体系的过程,因此,学生才是教学过程中真正的主体,教师只是主导。实践教学法强调学生自主性的发挥,并为其提供了有利的条件。除了一些规范性的操作技能外,实践教学尤其是社会实践、科研、课程设计、毕业设计等,充分尊重学生的兴趣、爱好,在选题、形式、时间、过程、方法等方面有很大的自由度,为学生自主性的发挥开辟了广阔的空间。在实践教学法中,教师一般处于辅导地位,主要进行个别辅导,而不进行系统性的传授,起着引导、鼓励、帮助、评价、促进等作用。在实践教学法中体现了学生在教学中的主体地位,使得学生能够在实践中加深对知识的理解和体验。

(三)体验性

实践教学法让学生对知识和技能的掌握更加深刻,从而更好地实现理论与实践的融合。类似于真实企业生产环境的熏陶,使学生能够了解和熟悉企业的工作环境,了解所学知识在未来生产岗位的应用情况,强化技能训练,为将来从事职业工作养成良好的职业习惯并培养对职业工作的态度。实践教学法中,学生通过亲身经历,用眼睛看,用耳朵听,用手操作,用脑子思考,用心灵感悟,使学习过程不仅是增长知识和掌握技能的过程,同时也是身心和人格健全与发展的过程。实践教学法的体验性特征使学生的学习不再是仅仅属于认知、理性范畴,而且,它使学生在情感、人格等领域也能得到较好的发展。

(四)创造性

实践教学法营造了一个具有较强的独立性、自主性、体验性、开放性、综合性的教学活动环境,它为学生提供了大量的创造机会,为其创造力的发展提供了极为有利的先决条件。比如设计、科研、社会实践等,不是盲目的或低层次简单重复的实践,它们都在不同程度上要求学生能够应用一定的理论知识创造性地解决具有一定难度的实际问题,使学生的创造性思维、创造性人格在解决问题的过程中得到较好的锻炼。

三、实践教学法的模式

在国外,许多国家和组织对实践教学都十分重视,纷纷提出适合自身发展的实践教学模式,经过长时间的应用和推广,都取得了不俗的成绩。目前,国外比较流行的实践教学模式有:德国的"双元式"实践教学模式、加拿大的"能力中心的课程开发型"实践教学模式、世界劳工组织的模块式培训(简称 MES)实践教学模式、英国的"资格证书体系推动型"实践教学模式、美国的"社区学院多元开放型"实践教学模式等。近些年来,我国许多高校也在实践教学模式的探索方面作出了许多贡献。下面主要介绍三种实践教学模式:

(1)"五阶段"教学模式

"五阶段"教学模式以能力培养为中心，从"能力本位"模式出发，将实践教学过程分为五个阶段即"市场调查与分析、职业能力分析、教学环境的开发、教学的实施和教学管理评价"，专业设置以市场为导向、突出学生实践综合能力的培养，具有较强的系统性和实用性。"五阶段模式"的特点：第一，以市场为导向。强调职业技术教育的专业设置，随着社会对人才需求的变化而变化。第二，以能力培养为中心，重视综合素质和职业能力的提高。第三，以科学方法为指导，具有较强的系统性和实用性。第四，具有自我完善的功能。较加拿大的 CBE 实践教学模式有一定的发展和创新。但是该模式却忽视了校企合作关系的建立，学生无法在企业长期从事实践活动。此外，由于我国目前还未制定统一的职业能力评价标准，无法对学生的职业能力进行准确分析。

（2）"交互——探究"实习实训教学模式

"交互——探究"实习实训教学模式主要是通过总结归纳实践教师的好的教学经验和方法，并以现有教学理论、教学模式为基础，结合实习教学的特点推理演绎出的一种新型实践教学模式。其特点表现为：在整个实践教学过程中，对实践教学的诸多因素进行优化变革，强调教师与学生的"双重"主体地位，做到教与学并举，过程与结果并重，实施"多维"交互，在交往中学习，探索中提高"多元"评价，双向发展。虽然该模式能够充分发挥学生的主体性，但是在教师与学生的交互学习中，无疑对教师自身素质提出了更高的要求。

（3）"模拟公司"模式

"模拟公司"模式主要是借助商业赞助和真实公司的帮助、指导，由受训人员或学生建立起来的教学或培训公司，而这种模式公司的运作主要是在虚拟的市场环境下进行。学生在这样一个仿真环境中参与商务活动，经历企业各项业务的具体操作过程，以达到提高实践能力的目的。模拟公司使学生置身市场，使学生得到实际锻炼，又降低了实习费用，为实践教学的实现提供了可借鉴的典型。这种模式的实现途径是在校内实习基地，学生组建"模拟公司"设立企划、生产、财务、销售等机构，按市场运行机制，"真刀真枪"地进行市场开发、生产、销售等活动。采用模拟企业生产管理的"社会化"实习方式，建立在实习基地内的模拟实习，除了能有效地培养学生的市场运作以外，还节约了教育经费，同时，由于学生实习"真题真做"，在校期间就直接面对市场，与大企业间联系，得到了实际能力训练，学生毕业上岗后，适应能力强。

四、实践教学法的作用

实践教学法要培养创新人才，培养学生探索知识、发现知识的能力。同样，实践课堂的教学不仅要让学生学到一定的知识，更重要的是要让学生能够自己去探索知识、发现知识，具有自我教育的能力和分析问题、解决问题的能力，从而能让他们在不断尝试和不断修正错误的过程中进行知识的探索。实践教学法是培养学生的基本技能、职业能力、技术应用能力、创新能力的重要途径，最能体现人才培养的应用型特色。

（一）有利于理论与实践紧密结合

实践教学与理论教学有着不可分割的紧密联系，它对全面提高学生的综合素质，培养学生的实践能力有着理论教学无法替代的作用。实践教学法在一定程度上激发了学生的学习热情，并促使他们将理论联系实际，深化其对理论的认识，并逐渐将理论转化成为具体的方法论、观点及立场，让理论知识能更好地应用于实际问题的解决。实践教学增强了学生的感性认识，拓宽了学生将所学的理论知识与实际相结合的学习途径，既动手又动脑，是学习的能动过程。通过实践教学使学生更直观地了解所学的理论知识，引发学生的创新能力，因为实践是科学的基础，是科学发展的动力源泉，是解决学生学习兴趣低下、知识面窄及其发现、分析与解决问题和动手操作能力的关键。在教学过程中应积极引导学生参加实践活动，把学习到的理论知识与参加各种实践有机结合起来。这样，学生掌握的知识和技能，才比较完善和全面，才能把所学知识转化为各种能力。

（二）有利于加快知识经验的转换

学生在课堂教学中不断接受知识、积累经验。但是这种知识和经验往往是平面的、抽象的，难以内化为学生独特的知识和经验结构。这就需要在认识主体与认识客体之间建立一个通道，这个通道就是实践。通过这个通道，认识主体就能够比较快地进入到认识对象之中。通过采用实践教学法，从物境到情境再到意境，有所感悟。也就是说，实践教学法打破了学习中机械孤立的学习状态，促使学生在解决问题时能综合运用已有的知识和经验，从而获得新的结果和感受。

（三）有利于优化教学体系

传统的教育体系是以理论教学为主，培养的学生实践能力不强，中等职业院校应以培养专业技术人才为目标，实现由学科型向实践型转变。在教育教学中要突出技能和技术，在教学实践中要着重职业能力的培养，要突出知识与能力的协调发展。在"以人为本"的今天，就是要以学生的自我发展为本，合理确立教育理念和教育模式，注重实践教学有利于优化实践教学体系，不断深化教学改革。首先要重视学习和研究，根据专业学科特点设计实践教学方案，积极认真思考，从基础实践——专业实践——社会实践，逐步完善教学体系，总结出行之有效的实践教学模式。其次，学校应围绕市场人才需求培养目标，将理论知识、实践能力和综合素质紧密结合，在教学体系中应设置实验、技术实习、毕业实习生产实习、社会调研等主要实践方式，有助于学生更好地适应社会的需求。

（四）有利于创新型人才的培养

提高教育质量最根本的在于提高人才培养质量，提高人才培养质量核心在于提高人才能力和素质，其中首要的在于动手实践能力和创新能力，而提高动手实践能力和创新能力的核心点在于实践教学环节。现今中等职业院校越来越注重扩大学生的知识层面，从以教为主的教学理念转变为以学为主，全面培养学生的实用性，提高学生的创新和实践能力。实践教学法给了学生发展自己能力的更多机会，学生的主动精神与创造潜能更容易被激发出来。实践教学法对提高学生的综合素质、培养学生的创新精神和实践能力具有特殊作用。如在实践中容易遇到一些预想不到的问题，这就需要寻找新方法，来解决新问题，学生在不断发现问题、解决问题的过程中，不仅提高了自身分析问题、解决问题的能力，也使得自身创新意识和创新能力不断得到提高。与此同时，还能培养学生严谨的学习态度、一丝不苟的工作作风，相互合作的团队精神，形成良好的个人素质和品格，进而使学生的综合素质得到全面发展。

（五）有利于提高教师的综合素质

通过实践教学法培养和提高学生独立思考能力、实操能力和创新能力，仍是一个相对崭新的课题。它不仅要在选题上具有代表性、新颖性和可实现性，而且要求教师能够指导和驾驭整个实践过程，能够回答学生在实践中遇到的各种各样的问题。这无疑对教师的知识面、实操能力、组织能力等都提出了更高的要求。作为一名合格的实践指导教师不仅要具备丰富的专业理论知识，同时，还要具有丰富的实践经验和娴熟的操作技能，不仅要指导学生把已学的专业理论知识运用到实践中，同时，还要指导学生总结、归纳实践操作的技巧，并进一步指导理论学习。所以教师只有不断扩充知识面、逐步缩小理论与实践差距、提升组织、协调、管理等能力，才能满足实践教学法的需要。

实践教学法不仅是社会发展的需要，同时也是人才培养的需要。它不仅能让学生在实践活动中体验学习的乐趣、激发学习积极性，也能让学生在实践活动中通过不断发现问题、解决问题来提高自身的创新意识。虽然我国目前的实践教学还处于发展阶段，但伴随着国家对实践教学的不断重视、经费投入力度的不断加大以及教学观念逐渐由理论教学向实践教学的转变，实践教学一定能在广阔的教学领域发挥巨大的作用。

五、财务管理专业中应用实践教学法应注意的事项

实践教学法是财务管理专业学生实践能力培养质量得以保证的重要方式。不同的教学组织形式和教学方式对财务管理专业学生实践能力培养将产生截然不同的效果。以往的接受式实践教学法忽略了学生的主体地位，忽视了学生的个性需求，教学中教师与学生之间缺乏互动和沟通，学生难以积极主动地参与教学活动，而往往成为知识被动的接受者和机械的应用者。所以，在财务管理专业中应用实践教学法应注意以下事项：

（1）贯彻"学生为主体，教师为主导"的教育理念

目前，大多数实践教学，更注重实践环境的改善，实践教学方法仍采用传统的、封闭式的教学模式。财务管理专业实践教学应该是开放的、共融的，教师和学生要把能力培养作为学习团队内所有成员达成的共识，教师的作用在于促进学生间的讨论，鼓励学生充分思考，转变传统的"满堂灌"教学模式，增强学生的参与意识，让学生以主体的身份参与教学过程，启迪学生积极思考，提高财务管理专业实践教

学的针对性、吸引力和感染力，从而更好地激发学生的学习兴趣和热情，使学生主动地投身实践学习，锻炼自身的动手操作能力。

（2）注重学生创新能力的培养

实践是创新的基础，所以摆在高校面前的一个重要任务是尽可能为更多学生提供一个更具综合性和创造性的实践环境，以便使每个学生在学习中都能接受多个实践环节的培养，这不仅能使学生掌握扎实的基本知识与技能，而且有助于提高学生的创新能力。职业院校应着眼于市场人才需求和职业岗位需要，坚持知识、能力和素质均衡发展，注重能力培养，着力提高学生的学习能力、实践能力和创新能力。要坚持以职业需求为导向，深化教学改革，构建适应市场经济社会发展需要的人才培养体系。在培养学生具有良好实践能力和创新精神方面，应从学生身心发展为出发点，有针对性地制定相关措施和培养计划。在安排教学计划时，要把握好理论课和实践课的比例关系，以加强实践为重点，认真研究，使理论课与实践课的课时比例达到科学的比值。首先，要鼓励教师积极探索对教学内容和方法的改革，通过循序渐进地指导学生把课堂理论用来分析解决实际问题，启发学生对实际问题的思考，培养学生解决问题的实际能力和创造精神。其次，应完善实践教学管理方法，创新实践教学机制，加强对实践教学的投入。要对教师的教学实践和科研实践进一步提出要求。

（3）科学安排财务管理专业实践时间和内容，提高学生理解财务管理专业知识的能力

在财务管理专业实践的时间和内容上要统筹规划合理安排。教学内容是决定选择何种教学方法的重要依据，而教学方法又是教学内容的桥梁和载体。在构建财务管理专业创新型实践教学内容体系时，应根据财务管理专业培养目标和学科专业对知识能力培养的需要，围绕人才培养计划的总体框架，结合财务管理专业自身的优势和特色，应紧紧围绕财务管理实践能力这个核心来构建、取舍、优化、整合，充分体现财务管理实践能力的核心特征。通过研究式教学、讨论式教学、引导式教学、启发式教学等多种实践教学法的改革，使教学内容产生更好的效果，激发学生的学习兴趣和热情，实现教师与学生之间的双向良性互动，不断增强学生的财务管理创新意识和实践能力。财务管理专业实践活动要给学生"能力"的发挥提供广阔的平台，并给他们加以正确引导，可采用集中实习与分散见习相结合的办法，延长教学实践时间，充实教学实践内容。课题布置要有目的性，题目宜小而不宜大；宜广而不宜狭；宜普及而不宜专业；宜联想而不宜单一。要有适当难度，各次实践之间要有一定梯度，根据财务管理专业需要选择切实可行的内容。避免学生因不能理解所提供的材料，而走向死记硬背的道路。课题如果太难、太多、太杂的话，学生的实习就会造成走马观花式的走过场，蜻蜓点水式的混时间，达不到教学目的，浪费学生的宝贵时间。

在财务管理专业实践教学过程中，教师的指导作用是十分重要的，不应忽视。在实训环境中，学生所学的知识和应用之间可能会产生矛盾。教师应当充分利用这

些矛盾,提出问题或者对这些矛盾加以点拨,促使学生积极思考,使学生在知识和实践之间思索,再发展上升到更高的层次,完成理论——实践——理论的升华。在财务管理专业实践过程中,着重引导学生如何将所学的知识和技能运用到实践当中,解决事件过程中遇到的各种问题。要多用启发式教学,不要对学生的操作过多干涉,应注重最后的实践结果及对结果的讨论。

（4）构建"校企融合"的实践教学环境

构建"校企融合"的实践教学环境,能够按照企业的实际岗位要求或者学校同企业进行合作教学,并注重校企融合的多样性。如：英国的企业——学校——企业的理论实践交替模式,美国的半工半读,或者也可以是在各学年先进行学校理论学习,再到企业进行为期一年的实践锻炼形式等,这样的多样化实践教学模式引入高校实践教学中来,不仅注重实践锻炼,多样化的联合培养,而且其实践的时间能够得到保证,学习的理论知识得以消化提升,企业的文化、生活的艰辛得以体验,再回归学校完成最后的理论提升,有助于理论的深化,学习动力的激发。

校内按企业环境和财务管理岗位的操作流程,建设校内实训基地,力求体现真实的职业环境,强调实训项目的应用性和操作的规范性,提高实训过程的岗位针对性和岗位职业能力培养。通过校内实训室的训练,学生可以将课堂中学到的理论,解决"模拟"中的实际问题,培养学生的实际动手能力,使学生系统地掌握财务管理全过程的基本技能操作。通过 ERP 沙盘模拟、财务软件和审计事务所分所等岗位实训室的操作,让学生在仿真和全真、手工和电脑、企业和岗位的财务管理环境中,让学生学会：确定企业财务管理目标,编制财务管理计划,实施资金筹集、管理营运资金、分析投资、分配利润和进行财务分析。

营造校外实训基地,按毕业生就业的企业类型和财务管理工作的内容,有针对性地建设校外实训基地。建设校外实践基地的关键是建立互惠互利的合作关系,通过双赢的合作机制使企事业单位自主参与进来。一方面,高校可以为企业进行技术服务,解决技术难题,进行员工培训；另一方面,企业可以为学生提供真实的实践岗位,进行专业训练和生产实习。财务管理专业建立的校外实训基地有两类,一类是"教学合作型",另一类是"顶岗实习型"。"教学合作型"基地是为完成财务管理专业课程教学任务而建立,这类基地要求,一是校企紧密合作；二是具有经验丰富、水平较高的兼职教师；三是能满足课程认知实习、岗位实习和综合调研。"顶岗实习型"基地是为完成学生毕业实习和就业而建立,这类企业要求,一是有就业需求,二是有以前毕业生在企业或部门当领导。对校外实践基地要规定工作任务,健全规章制度,提出预期目标,并对实践教学活动作出合理评价。专业实习是学生在校期间随具体课程进行的专业实践,通过学生到具体的社会组织、单位顶岗考察和锻炼,可以对生产流程、企业管理形式、营销模式、财务管理环节等产生丰富的感性认识,获取企事业单位管理工作的概貌,提高大学生应用专业知识认识和解决企事业单位实际问题的操作能力,增强他们独当一面的工作能力。毕业实习时,学校应组织学生到校外实习基地,全面进行实习实践,使他们把整个学习阶段学习的知识、技能运用于各项活动中去,为就业创造有利条件。通过营造"教学合作型"和"顶岗实习型"校外实训基地,出色地完成财务管理专业实践教学的任务。

(5) 构建科学合理的财务管理专业实践教学考核评价体系

考核评价是教学过程中的一个重要环节。一方面,通过各种考核手段,可以全面了解学生对于专业知识的掌握情况,另一方面,考评是对教师的授课水平及授课有效性的检查。实践教学的考评比课堂教学成绩的评定复杂得多,实践教学成绩的评定是一个多因素、多目标的综合评定过程,是一个以量化指标判定一系列边界模糊内容的考核体系。因此,在财务管理专业应用实践教学法必须要构建科学合理的实践教学考核评价体系。实践教学考核评价体系应体现综合能力的培养,学校需要深入用人单位调研,根据财务管理专业的特点,建立客观、全面的实践教学考核评价体系。实践教学考核评价体系的构建应遵循以下原则:

①整体性原则。财务管理专业实践教学考核评价体系的建立及完善应以整体性为原则,系统全面地结合影响实践教学质量的各个环节,对各个要素进行有效控制,以实现理论教学和实践教学的有机整体。考核对象既有任课教师对学生实践成绩的评价,又有在课程结束时学生对教师教学质量的反馈信息和教学评价,如可以采用学生自评与教师评价相结合的考核方式取代单一的教师评价,这种多角度、全方位的评价能够避免教师单一评价的主观性,从而保证最终评价结果的公正性与科学性;考评内容既包括对学生实践结果的量化评价,如平时成绩和总评成绩,又包括其他非量化因素考评,如完成实践或实习所花费时间、学生在实习或实践过程中的学习态度及出勤情况等。

②科学性原则。财务管理专业实践教学考核评价体系的构建及完善应与人才培养目标一致。其考核指标应根据财务管理专业特点进行细化分解,不能简单以每门课程建立独立的考核标准,而应综合考虑人才培养计划和教学大纲的安排,分解和建立相应的教学单元。传统的实践教学往往忽视了对学生的专业素养及学习能力的培养,其考评模式对此也无从下手。因此,科学的实践教学考核评价体系应综合考虑学生能力培养目标和素质培养目标,形成全面的实践教学评价标准。

③交互性原则。实践教学强调通过教师的指导,学生应自主归纳、汇总和完成实践课程内容,并从实践过程中完善各方面的素质和培养各项能力,在这个过程中应体现"教"与"学"两方面的内容。传统的实践教学考核评价方法仅仅关注学生的实践结果,而忽视了在教学过程中的互动。新的实践教学考评模式的构建与完善应有助于实现"教"与"学"的有效沟通,反馈教学相关的信息、改变"教"、"学"分离的状况,全面了解学生的学习过程和效果,加强对自主学习的监控,提高教学的针对性。

构建财务管理专业实践教学考核评价体系能提高整体教学质量,也能促进教学改革的不断发展。财务管理专业高职人才的实践教学,应结合高职人才培养的目标,根据具体的实践教学情况,建立一个考核内容科学化、考核方法多样化、评价指标多元化的考核评价体制,坚持以学生为本,尽可能全面提高学生的实践能力、创新能力和综合能力。

（6）加强教师实践能力培养，提高教师实践教学水平

在人们眼中，教师应该是知识的化身。学生也在听其言观其行的体察中加以选择，看是否应亲其师而信其道。我们常说：要想给学生一碗水，自己就应该有一桶水。每一位教师都应不断地学习来充实自己、更新自己。特别是在"实践教学"上，要向书本学习，向生产一线的人员和技术人员学习，不断地充实完善自己。

实践教学效果如何与教师的实践经验和创新意识的高低有一定程度的关系。这就要求专业实践指导教师要有渊博的专业理论知识和较丰富的行业实践工作经验，有勇于创新、锐意开拓的精神；懂经营会管理，既能用理论指导实践，又能善于把经验上升到理论，这样才能在指导学生实训时，让学生知其然，并能知其所以然。为保证做好实践教学工作，培养专业技术实用型人才，必须建立一支既懂理论又有丰富的实践经验的教师队伍。师资队伍建设是提高教学、科研水平和人才培养质量的基本保证。师资队伍建设应以补充教师队伍数量为基础，以全面提高教师队伍综合实践技能为核心，以培养教师队伍为重点。因此，必须采取各种有效途径，提高教师的综合教学能力，培养"双师型"的师资队伍。首先，请进来。在企业实践中，选择一些具备教师能力的财务管理人员。让他们给学生上课并参与"实践教学"，发挥他们的长处。同时，安排中青年教师带领学生随同实习，这样，既有利于中青年教师克服"实践教学"经验不足之弊端，又通过教师参加实践，提高自己的动手能力。其次，走出去。将中青年教师分批分期派往兄弟院校进修或到企业一线顶岗学习、"进修"，开拓其视野，学到先进的教学方法，提高实践教学水平，促使他们早成才。鼓励教师到企事业单位去"进修"和"充电"。教师可以适当参加一些社会性的工作，例如，到企事业单位兼职，这样就能够积累更多的经验，发现和积累新的实践教学素材，既可丰富自己的理论教学课堂，又可以指导学生的实习实训。教师是搞好教学的根本。没有优秀的"实践教学"师资，要想培养学生的实践动手能力，无疑是水中捞月。加强对中青年教师的培养工作，也不是一朝一夕就能奏效的，需要我们长期地、不懈地努力，坚持下去定会作出成绩。

思 考 题

1. 财务管理专业教学中，常用的教学方法有哪些？
2. 各种教学方法的优势和局限，如何在教学中进行教学方法的组合？
3. 选取某种教学方法，根据一定的教学内容，进行课堂教学的设计。

第六章

专业基础类课程教学法

第一节 专业基础类课程内容及教材分析

一、专业基础类课程内容介绍

财务管理职教教师资的专业基础类课程主要包括微观经济学、宏观经济学、管理学基础、会计学基础、税法、金融学、统计学、经济法原理几门课程。

微观经济学是现代经济学的一个分支,是主要以单个经济单位作为研究对象分析的一个学科,主要分析单个生产者如何将有限资源分配在各种商品的生产上以取得最大利润;单个消费者如何将有限收入分配在各种商品消费上以获得最大满足;单个生产者的产量、成本、使用的生产要素数量和利润如何确定;生产要素供应者的收入如何决定;单个商品的效用、供给量、需求量和价格如何确定等等。微观经济学包括的内容相当广泛,其中主要有:均衡价格理论、消费者行为理论、生产者行为理论(包括生产理论、成本理论和市场均衡理论)、分配理论、一般均衡理论与福利经济学、市场失灵与微观经济政策等。

宏观经济学是现代经济学的另一个分支。宏观经济学以整个国民经济为考察对象,研究经济中各有关总量的决定及其变动,以解决失业、通货膨胀、经济波动、国际收支等问题,实现长期稳定的发展。宏观经济学包括宏观经济理论、宏观经济政策和宏观经济计量模型三个部分。具体内容主要包括经济增长、经济周期波动、失业、通货膨胀、国家财政、国际贸易等方面,涉及国民收入及全社会消费、储蓄、投资及国民收入的比率、货币流通量和流通速度、物价水平、利息率、人口数量及增长率、就业人数和失业率、国家预算和赤字、进出口贸易和国际收入差额等。

管理学基础是一门建立在经济学、心理学、行为学、社会学、数学等基础之上的综合性和实践性很强的应用性学科,是学习经济、管理专业的入门课程,学习和掌握管理学是掌握完备的知识体系的重要基础。管理学是研究和探讨各种社会组织的管理活动的基本规律和一般方法的科学,这些基本规律和科学方法对于所有管理领域具有普遍适用性,是管理学科群中最为基础的学科,它涉及的范围广,影响面大，是理论性与应用性较强的专业基础课程。该课程一般包括管理概述、管理职能、管理原理的应用等内容。

会计学基础是会计学科的入门课程，是引导学生进入系统学习会计专业知识的大门。本课程的主要内容是阐述会计学的基本理论、基本方法和基本操作技能，为后续课程的学习打下基础，主要介绍会计的基本概念、会计要素、会计等式、会计科目和账户、记账方法、借贷记账法的运用、账户分类、会计凭证、会计账簿、财产清查、财务会计报告、会计核算程序、会计档案管理以及会计机构等内容。

税法是会计学科的重要课程，主要介绍我国现行税收法律体系和各主要税种，讲述各税种的基本原理、征税范围、应纳税额的计算、税收优惠、税收征收管理。详细介绍的税种有：增值税、消费税、营业税、城市维护建设税、关税、资源税、土地增值税、房产税、城镇土地使用税和耕地占用税、车辆购置税和车船税、印花税和契税、企业所得税和个人所得税等。

金融学是从分析金融运作对象——货币、货币资金、金融工具、金融资产入手，阐述货币时间价值原理；介绍金融体系和金融市场体系的具体类型及业务，说明其在现代经济中的重要作用；研究货币政策及作为其依据的货币理论等。通过本课程的学习，使学生了解金融学的基本概念及基础知识，熟悉金融学原理体系、分析框架及思维方式，从而为以后的专业课学习打下扎实的基础。

统计学着重阐述统计学的一般原理，主要内容包括：统计研究的对象、特点和方法，统计调查，统计整理，综合指标，抽样估计，假设检验，相关与回归分析，时间序列分析和预测，统计指数，国民经济核算等。本课程主要通过利用概率论建立数学模型，收集所观察系统的数据，进行量化分析、总结，做出推断和预测，为相关决策提供依据和参考。

经济法原理主要研究、阐释我国经济法基础理论与具体经济法律制度，它由经济法基本原理、市场主体法、市场规制法、经济调控法与经济持续发展法等内容组成，具体涵盖了企业法、经济竞争法、产品质量法、消费者权益保护法、财政税收法、金融法、节约能源法、可再生能源法等我国经济法体系中最主要的、最重要的法律制度。

二、专业基础类课程教材分析

专业基础类课程包含的微观经济学、宏观经济学、管理学基础、会计学基础、税法、金融学、统计学、经济法原理几门课程，其共同的特点是既有较大篇幅理论知识的讲述，又有实践操作能力的要求，是理论与实践并重的学科。

比如，会计学基础作为一门基础课程，理论性强且枯燥，学生刚刚开始接触，每次课都是新的内容，没有既往的学习经验可以借鉴，往往出现"摸不着头脑"的情况，不知道学过的内容要在什么时候使用，怎么用，如果在教学中仍旧沿用传统单纯的理论教学模式就会效果不佳，根本不能调动学生的积极性。而该课程还需要同具体的实践工作紧密结合，这就要求学生不但要掌握基础理论和观点，还要求学生必须能运用自己所学到的基础理论和知识来解决实际问题。传统的教学方法下老师照本宣科,纸上谈兵,学生一直处于被动的学习状态,导致"教"与"学"难的现状,所以寻找更好的教学方法来提高教学效率,提升学生的学习质量成为教师急需解决的问题。

作为一名管理类专业的学生,除了要掌握一定的会计核算技能外,还应该掌握一定的法律知识,把握市场的动态,关注社会的发展。财会专业的知识更新得较快,而其中最快的就是经济法律制度。因此,经济法原理课程在专业基础类课程中起着一个领航的作用,占据着一个指导的地位。学好经济法原理,学生在其他课程中就会比较容易地去进行思考和实践。该课程是管理类专业中的一门专业基础课程,它的涵盖面比较全面,既涉及法律知识、税务知识和会计知识,还涉及仲裁知识、劳动保障知识等。本课程旨在通过对经济法理论及其实际应用的研究和学习,使学生系统掌握经济法的基本理论、基本制度、基本原则,培养学生运用经济法理论和知识以及有关法律法规分析和解决经济生活中的实际问题的能力。课程中大都是法律条文的解释,既枯燥又难以记忆。因此,在经济法原理课程教学中,如何让没有社会实践经验的学生能在短短的几个月时间里掌握大量的法律条文,又能把所学的理论知识很好地运用到财会专业的实践中去,就是我们授课老师亟需解决的问题。

第二节 专业基础类课程教学法适应性分析

对于教师来说,要把专业基础类课程这些枯燥但又必不可少的学科讲授好,确实需要下一番功夫。专业基础类的课程中,都包含着相当比例的理论知识,要求学生掌握有关的概念、原理、技术和方法等,所以,在专业基础类课程中,传统的讲授教学法是一种重要的教学方法。但是,还需要将案例教学法、研讨教学法、角色扮演教学法、实验实践教学法等多种教学方法综合运用,才能把这些课程讲活、讲透。

会计学基础是一门专业性与理论性都很强的课程,单纯采取传统的课堂教学方式往往不能有效地调动学生学习的积极性和主动性,运用案例教学法,根据教学目的的需要,把案例作为教学素材来组织学生进行学习和研究,增强学生的独立思考和独立决策能力,这时学生是课堂的主角、主动的学习者,而教师只是充当导演、点评的角色,从而调动学生学习会计课程的热情,让学生明白一个事实:会计实际上是一门有意思、有趣味性的学科,它既不沉闷,也不单调。在选择会计案例时应遵循以下几个原则:(1)针对性。案例要根据教学目的和要求有针对性地进行设计、筛选,使之典型化,要能够鲜明地体现教学内容。(2)实务性。会计教学活动的基本特点是其应用性,选择的案例要反映真实发生的事件或情况,给学生提供可参与的场景,让学生分析案例所描述的内容,确定应采取的解决措施和方法,培养学生发现问题、分析问题,运用职业判断得出科学、合理结论的能力。(3)可操性。案例的选择要做到难易适度，这样才能引起学生的兴趣。如果内容太简单，问题一目了然，就不需要讨论了；如果内容太复杂、难度太大，超出了大部分学生的知识范围和分析能力，可能会使学生感到无从下手，从而产生畏难情绪，不会积极参与案例的分析与讨论，从而使教学工作难以开展，达不到预期的效果。

经济法原理是一门实用性很强的课程，单纯的法律条文十分枯燥，但结合适当的案例则会使教学内容丰富且生动，易于激发学生的学习热情，有利于培养学生分析、表达及理论联系实际的能力，为他们今后的就业提供一个练兵场所。因此，案例教学是经济法原理教学的一大特色。但如何组织好、运用好案例教学值得思考，要注意以下几个问题：（1）在案例的选择上，尽量选择与学生所学专业如会计、金融等相关联的案例，例如案例中的当事人是会计或银行的工作人员，以增强案例的吸引力，也容易为学生接受和掌握。（2）在案例的表现形式上，尽量图文并茂，如采用录像教学，教师选择典型案例，集中给学生放录像以提高学生的学习兴趣，这样学生比较容易融入到案例的发展情节中去，轻松愉快地学习了知识而且印象深刻。目前电视、网络上有关法律问题方面的录像资料很多，为教师提供了较大的选择空间。（3）在案例的选择上，案例应是对实际情况、法律现象的客观描述，其基本内容必须是现实生活中的案例，尽量选择因当事人可能不经意的违法行为给自己或他人造成的后果严重，能给学生带来震撼的案例。（4）案例应适应教学目标的需要，必须能够说明问题。其中应含有人们易混淆的观点，如法律与道德、情理等的混淆，也可能是对不同概念、不同法律主体、不同法律行为等的混淆，这些问题可以用直接的方式提出，让学生思考、分析、解决，也可以用间接的方式提出，通过引导，让学生深入思考来发现问题。

角色扮演教学法是体验式学习的一种方法。学生在教师所设计的场景中，扮演一定角色，以当事人的身份身临其境地去思考问题、解决问题。这种类似游戏般的体验，促使学生能深刻地体会法律知识，可以说是一种寓教于乐的教学方式。教师在其中的角色则是以客观的局外人的立场出现的，主要的作用有根据教学内容设计场景、提供背景资料、点评总结等，可见在角色扮演教学法中，教师是学习过程的组织者和促进者，学生才是真正的主体。通过角色扮演法，注重理实一体化，实现做中学做中教，使学生从情感上、思维上、行动上主动参与学习，积极思索，让枯燥的课程变得有趣，强化知识的系统性，加强各学科知识的整合。

由于会计学科的应用性特点，在会计教学中不但要向学生传授基本的理论和方法，更要培养学生运用会计理论和方法处理会计实务的能力。但在现行的外部环境下，由于会计工作的严肃性、保密性等限制因素，组织学生到校外实习已较难实现，即便实习，实习效果也不尽如人意。角色扮演教学法是会计教学中的客观需要，在会计课程教学中使用角色扮演教学法，可以增强学生对各财务岗位的认知，培养学生良好的职业道德，对学生日后专业课程的学习和个人发展都起着重要作用。以会计学基础课程中的销售商品业务为例，传统的教学方法下，上课重点一般是老师讲授如何确认销售收入以及如何做好相关的账务处理，学生被动地接受相关内容，记下什么样的业务该做什么样的处理，一旦经济业务发生变化很难做到随机应变。而采用角色扮演教学法，可以设计一个比较完整的业务流程，让学生对经济业务有一个整体的印象，该业务不但涉及会计部门，还会涉及业务、银行、客户等部门，具体的角色有客户、业务员、会计、银行职员等，涉及的课程可能就有会计学基础、市场营销、经济法原理等，运用到相关知识与技能有财务、营销、金融、税务、物流等，当然，在授课过程中我们应重点突出会计学基础的学科知识，合理介入其他学科的知识，对于已学过的学科做一些简单的复习、练习，而对于未学过的学科则可做类似"节目预告"的工作，使每一笔业务都是一个完整的流程，学生也就在一个又一个的业务处理过程中，不断巩固旧知识，接触新知识，形成一个比较完整的知识体系。

以合同法原理为例介绍角色扮演教学法在其课程中的具体应用：订立合同。目的主要是要求学生掌握合同订立的两个重要的阶段：要约与承诺的法律效力。情节有：设计若干名学生代表分别代表买卖双方，对教师所给素材中的合同主要内容进行洽谈。学生洽谈的内容一定要体现要约和承诺，然后请其他的同学就洽谈过程所体现的法律问题进行分析和点评。教师主要对学生分析和点评的观点进行评价和总结。角色扮演教学法需要注意的问题是：角色扮演教学法的主角是学生，可选择学习能力强和探知力强的学生来担当主角，但对其他未直接参与的学生，教师一定要兼顾，这样才会充分调动全班学生的学习积极性，增强教学效果。

角色扮演教学法使用时注意几个环节：（1）老师准备。老师在课前做好大量的准备，设计好流程。（2）学生分组。分组时应考虑学生性格、成绩等各方面因素，尽量使各组实力相当，每个学生积极参与。（3）角色分配。各小组之间可按知识和能力特长，结合学生的兴趣爱好进行角色分配。（4）角色扮演。各小组在组长带领下按照分工完成教师给定的任务，教师巡视点拨，使学生不仅学会专业知识，还学会与人合作的技巧，增强集体荣誉感。（5）经验分享。每个学生都是参与者，都要熟悉相关的工作过程，通过学生的分享，突破重难点，加深学生的印象，也进一步培养学生的表达能力。

第三节 专业基础类课程教学法的实践应用

一、案例教学法在会计学基础课程中的实践应用

（一）教学对象分析

本课程的教学对象是财务管理专业一年级下学期的学生，他们刚开始学习会计的基础知识，还没有接触财务管理专业课程的内容，在学习中逐步构建起有关会计的基本理论，对会计理论与实务缺乏感性认识，因此案例教学法能够帮助学生深入地理解会计的基本概念、技术、方法。

（二）教学内容分析

会计学基础课程的主要教学内容是会计的基本核算方法，包括设置账户、复式记账、填制和审核凭证、登记账簿、成本计算、财产清查、编制会计报表等会计的基本核算方法。该课程的重点是让学生理解并掌握会计基本核算方法及其应用，教学难点是学生对会计核算方法的熟练运用。因此，案例教学法对于学生运用会计基本核算方法解决会计实务问题具有重要意义。

（三）教学目标分析

通过本课程的教学，学生了解会计的基本理论，掌握会计的基本核算原理与方法，理解会计核算程序和会计工作组织，并具备一定的会计实际业务的操作技能，为进一步学习财务会计和其他专业课程打下良好的基础。

（四）教学实施过程

会计学基础课程的案例教学法，在实施过程中可以按照以下步骤进行：

（1）准备工作：教师搜集和整理案例的背景材料，讲授剖析案例的相关理论知识；学生主要是阅读教材和参考文献，加深对分析和评价案例相关理论知识的理解。在会计学基础课程教学过程中，教师可以根据教学内容和教学进度，适当安排案例教学，以下是一些适合案例教学法的教学案例。

【案例1】关于会计的对话

在我们开始学习会计的一些基本知识之前，我们先来看一段关于会计含义的对话：甲、乙、丙、丁是四个好伙伴，有一次在一起聚会，一通天南海北之后，聊起了什么是会计这一话题，四人各执一词，谁也说服不了谁，如图6-1所示。

图6-1 会计概念图

甲：什么是会计？这还不简单，会计就是指一个人，比如，我们公司的刘会计，是我们公司的会计人员，这里会计不是人是什么？

乙：不对，会计不是指人，会计是指一项工作，比如我们常常这样问一个人，你在公司做什么？他说，我在公司当会计，这里会计当然是指会计工作了。

丙：会计不是指一项工作，也不是指一个人，而是指一个部门，一个机构，即会计机构，你们看，每个公司都有一个会计部，或者会计处什么的，这里会计就是指会计部门，显然是一个机构。

丁：你们都错了，会计既不是一个人，也不是一项工作，更不是指一个机构，而是指一门学科,我弟弟就是在湖南大学学会计的,他当然是去学一门学科或科学。

结果,他们谁也说服不了谁。亲爱的朋友,如果让你来谈谈什么是会计的问题,你会怎么说呢?

【案例2】 会计主体和法律主体

会计主体与经济上的法人不是同一概念,一般地,会计主体可以是法人,也可以不是,如独资及合伙企业。

如甲、乙、丙等人准备成立A公司,这家特定的A公司就成为了一个会计核算的主体,只有以A公司的名义发生的有关活动,如购进原材料、支出生产工人的工资、销售产品等,才是A公司会计核算的范围,而作为该A公司投资者的甲、乙、丙等人的有关经济活动则不是该A公司会计核算的内容,向A公司提供材料的另一些公司的经济活动,也不是A公司的核算范围,还有借钱给A公司的银行的财务活动也不是A公司的核算范围。这样,作为A公司的会计,核算的空间范围就界定为A公司,即只核算以A公司名义发生的各项经济活动,从而就严格地把A公司与A公司的投资者、借钱给A公司的银行以及与A公司发生或未发生经济往来的其他公司区别开来。A公司以外的公司就是其他的会计主体了。

【案例3】 试算平衡表不是万能的

小于从某财经大学会计系毕业刚刚被聘任为光明公司的会计员。今天是他来公司上班的第一天。会计科里那些同事们忙得不可开交,一问才知道,大家正在忙于月末结账。"我能做些什么?"会计科长看他那急于投入工作的表情,也想检验一下他的工作能力,就问:"试算平衡表的编制方法在学校学过了吧?""学过。"小于很自然地回答。

"那好吧,趁大家忙的时候,你先编一下我们公司这个月的试算平衡表"。科长帮他找到了本公司所有的总账账簿,让他在早已为他准备的办公桌开始了工作。不到一个小时,一张"总分类账户发生额及余额试算平衡表"就完整地编制出来了。看到表格上那相互平衡的三组数字,小于激动的心情很难予以言表。兴冲冲地向科长交了差。

"呀,昨天车间领材料的单据还没记到账上去呢,这也是这个月的业务啊!"会计员丁梅说道。还没等小于缓过神来,会计员小王手里又拿着一些会计凭证凑了过来,对科长说,"这笔账我核对过了,应当记入'原材料'和'生产成本'的是10 000元,而不是9 000元。已经入账的那部分数字还得改一下。"

"试算平衡表不是已经平衡了吗?怎么还有错账呢?"小于不解的问。

科长看他满脸疑惑的神情,就耐心的开导说:"试算平衡表也不是万能的,比如在账户中把有些业务漏记了,借贷金额记账方向彼此颠倒了,还有记账方向正确但记错了账户,这些都不会影响试算表的平衡。小王发现的把两个账户的金额同时记多了或记少了,也不会影响试算表的平衡。"

小于边听边点头,心里想:"这些内容好像老师在上《会计学基础》课的时候也讲过。以后在实践中还得好好琢磨呀。"

经过一番调整,一张真实反映本月试算平衡表又在小于的手里诞生了。

【案例 4】 账簿启用与交接手续错误

2014 年 12 月 7 日,羽飞公司的王穆(此前,王穆于 2014 年 9 月 1 日开始出任了三个月的出纳员工作。当时的财务负责人为袁世海,此前的出纳员为谢红梅)被调离了出纳岗位,接任材料会计工作,新接任出纳工作的是刘乐,前任材料会计为吴鸿。王穆和吴鸿对各自的原工作作了他们认为必要的处理,并办理了交接手续,办理完交接手续后现金日记账和材料明细账的扉页及相关账页资料如表 6-1 和表 6-2 所示。

表 6-1　　　　　　　　账簿启用与经管人员一览表

单位名称	羽飞公司			
账簿名称	现金日记账			
册次及起止页数	自壹页起至壹百页止共壹百页			
启用日期	2014 年 1 月 1 日			
停用日期	年　月　日			
经管人员姓名	接管日期	交出日期	经管人员盖章	会计主管人员盖章
王穆	2014 年 9 月 1 日	2014 年 12 月 7 日	王穆、刘乐	袁世海
	年 月 日	年 月 日		
	年 月 日	年 月 日		
	年 月 日	年 月 日		
	年 月 日	年 月 日		
备考			单位公章	
			羽飞公司财务专用章	

账簿启用与经管人员一览表

单位名称	羽飞公司			
账簿名称	原材料明细账			
册次及起止页数	自壹页起至　页止共　页			
启用日期	2014 年 1 月 1 日			
停用日期	年　月　日			
经管人员姓名	接管日期	交出日期	经管人员盖章	会计主管人员盖章
吴鸿	2014 年 3 月 5 日	2014 年 12 月 7 日	吴鸿	袁世海
王穆	2014 年 12 月 7 日	2014 年 12 月 31 日	王穆	袁世海
	年 月 日	年 月 日		
	年 月 日	年 月 日		
	年 月 日	年 月 日		
备考			单位公章	
			羽飞公司财务专用章	

表 6-2　　　　　　　　　　　现金日记账

2014年 月	日	凭证号	摘要	对方科目	借方	贷方	核对号	借或贷	余额
9	1	略	期初余额						5000
	2	略	零星销售	主营业务收入	8000				13000
	12	略	报差旅费	管理费用		5000			8000
	13	略	零星销售	主营业务收入	5000				13000
	13	略	付广告费	销售费用		4000			9000

思考与讨论：

请你指出王穆会计处理的不当之处，并加以纠正。

（2）小组讨论：教师根据学生的个体情况，将学生划分为由3~6人组成的几个小组。小组成员个体情况要多样化，这样他们在准备和讨论时，表达不同意见的机会就多些，学生对案例的理解也就更深刻。

比如针对案例4，各组学生的讨论情况如下：

错误1：王穆是2014年9月1日接任出纳工作的，但在现金日记账的扉页中没有王穆接任出纳工作前的相关记录及王穆接任时的账簿交接记录。

错误2：在原材料明细账的扉页中，吴鸿的接管日前的账簿使用人与接管日不明，王穆交出日期为2014年12月31日不一定正确，2014年12月31日尚未到，2014年12月31日会计主管人员袁海的监交记录不应该有。

错误3：在现金日记账中，2014年9月1日的现金结余数是5000元，在2014年9月12日报销差旅费时全部支出，从2014年9月1日至9月13日，企业没有从银行提取现金，但2014年9月13日又从企业金库中支取现金4000元，王穆至少坐支现金4000元，违法了有关现金管理规定。

（3）集中讨论：各个小组派出自己的代表，发表本小组对于案例的分析和处理意见。

（4）总结阶段：在小组和集中讨论完成之后，教师应该留出一定的时间让学生自己进行思考和总结。

比如，对于案例1，可以进行如下的总结：在日常生活中，会计确实有多种不同的含义。甲、乙、丙、丁四个人的看法都说明了会计含义的一部分，但又都不全面。我们说会计主要还是指会计工作和会计学。会计是一项经济管理工作，一项为生产经营活动服务的社会实践，这就是说，认为会计是指会计工作。同时，又认为，既然有会计工作的实践，就势必有实践经验的总结和概括，就有会计的理论，就有会计工作赖以进行的指导思想。会计是解释和指导会计实践的知识体系，是一门学科。也就是说，会计是指会计学。可见，会计既指会计学，也指会计工作。也就是说，会计既包括会计理论，也包括会计实践。

比如，对于案例4的总结：在手工会计记账的条件下，账簿是会计数据的储存转换器，也是实现内部控制、明确经济责任的重要工具。账簿的运用分为启用、日常登记、错账更正、对账、结账、交接诸环节。要使账簿能够及时、有效地提供有用的会计信息，明确相关经济责任，发挥内部控制制度的效用，就必须加强账簿的启用、日常登记、错账更正、对账、结账、交接诸环节。正确填写或登记从账簿封面、扉页到账页的全部内容，及时进行对账、更正错账和结账，在记账人员更换时，要按相关要求办理相关的财物和账簿交接手续，在盘存相关财物后，填制财物交接清册，并在相关账簿的扉页上详尽记录相关交接内容，履行相关交接手续。

（五）教学评价

案例教学法教学效果评价如表6-3所示。

表6-3　　　　　　　　　　案例教学法教学效果评价表

	评价项目	分值	A 1	B 0.8	C 0.6	D 0.4	E 0.2
1	教学内容符合教学目标	10分					
2	教学目标定位准确，符合培养方案	10分					
3	教学过程设计科学合理，教学难点和重点处理得当	9分					
4	案例符合教学目标和教学内容	9分					
5	对案例的分析能围绕教学目标和教学内容进行	9分					
6	教学气氛活跃、师生互动热烈	9分					
7	教学内容能反映或联系专业发展的新思路、新概念、新成果	8分					
8	教师准备充分，总结提炼到位	8分					
9	充分利用电脑等多种媒体进行讲授	8分					
10	教学方法对学生知识技能的提高具有启发性，促进学生进行深入的以及发散思维的思考	10分					

续表

	评价项目	分值	A 1	B 0.8	C 0.6	D 0.4	E 0.2
11	学生当堂掌握情况好	10 分					
12	教学效果总评	100 分					

对本节课教学内容、方法、手段等的具体指导意见或建议：

签字：
年 月 日

二、案例教学法在经济法原理课程中的实践应用

（一）教学对象分析

本课程的教学对象是财务管理专业一年级下学期的学生，他们刚开始学习会计学和经济法有关专业基础课程，还没有接触财务管理专业课程的内容，在学习中逐步构建起有关专业基础理论，案例教学法能够帮助学生深入地理解经济法的基本概念和原理。

（二）教学内容分析

经济法原理课程主要内容是阐述经济法基础理论与具体经济法律制度，它由经济法基本原理、市场主体法、市场规制法、经济调控法与经济持续发展法等内容组成，具体涵盖了企业法、经济竞争法、产品质量法、消费者权益保护法、财政税收法、金融法、节约能源法、可再生能源法等我国经济法体系中最主要的、最重要的法律制度。案例教学法对于学生理解和运用经济法原理和具体经济法律制度具有重要意义。

（三）教学目标分析

通过本课程的学习，学生能够实现如下目标：（1）深入理解经济法基本理论知识，对于企业法、市场规制法、经济调控法等具体知识能够熟练掌握并运用；（2）能够强化自己的分析、归纳、总结能力，能自己发现问题、解决问题，并善于将书本知识运用到实践当中；（3）通过教学，能形成正确的人生观、价值观。

（四）教学实施过程

经济法原理课程的案例教学法，在实施过程中可以按照以下步骤进行：

（1）准备工作：教师搜集和整理案例的背景材料，讲授剖析案例的相关理论知识；学生主要是阅读教材和参考文献，加深对分析和评价案例相关理论知识的理解。在经济法原理课程教学过程中，教师可以根据教学内容和教学进度，适当安排案例教学，以下是一些适合案例教学法的教学案例。

【案例1】广告法案例

某快餐店为促销，在大众媒介上宣传称：凡在 2015 年 3 月 1 日～3 月 15 日期间

来本店就餐的顾客，都能获得惊喜——精美礼品一份；若想知道是什么惊喜，请在上述期限来本店就餐。3月12日，顾客王某一家来该店就餐，询问可获得什么礼品，被告知必须先消费满50元，然后在吃完离店时凭收银条领取奖品一份。于是王某一家购买了价值55元的食品。等他们吃完去领礼品时，又被告知最后一份礼品刚刚发完，没有了。双方遂发生争执，王某一家认为快餐店欺诈消费者，实际做法与广告不符；而快餐店店员认为是王某运气不好，吃得太慢，广告只是为了招揽顾客，本身就不全是真的。问：

①该快餐店的广告违反了《广告法》的哪些规定？

②快餐店应承担什么样的责任？

【案例2】公司法案例

A股份有限公司为一家于2011年1月在上海证券交易所上市交易的上市公司（以下简称"A公司"），其实收股本为人民币12 000万元，均为普通股，每股票面金额为1元，董事会由7名董事组成。2014年2月，中国证监会在对A公司进行的例行检查中发现如下事实：

①A公司于2013年3月18日召开了2012年度股东大会，在该次股东大会上审议通过了A公司对控股股东B公司向C银行借款提供担保的决议。经查：在股东大会进行该项表决时B公司未参与表决，该项表决由出席股东大会的其他股东所持表决权的52.4%获得通过。

②A公司因原材料成本大幅上涨，造成2013年度亏损560万元，股东大会决议以360万元的法定公积金和200万元的资本公积金弥补亏损。

③A公司原董事会秘书甲因个人原因于2013年2月辞职离任，A公司未将该事项向中国证监会和上海证券交易所报送报告，也未予公告。经查，甲于2013年7月转让了其所持A公司股份的20%。

④A公司总经理乙违反公司章程的规定，擅自决定将公司200万元的资金借贷给其亲属投资开发房地产项目，获得好处费20万元，后由于房地产市场行情剧变，该笔借款至今无法收回，给A公司造成了损失。经查，连续180日以上合计持有A公司普通股1.88%股份的26位股东，于2013年4月联名书面请求A公司股东大会就此向人民法院提起诉讼，要求乙承担赔偿责任，但A公司股东大会除将乙所得的20万元好处费收归公司所有外，未就要求乙赔偿事项向人民法院提起诉讼。A公司的上述26位股东为了公司的利益，于2013年7月以自己的名义直接向人民法院提起了诉讼。

⑤2014年1月，A公司向中国证监会申请发行优先股6 100万份，共筹集资金24 400万元，已知2013年A公司经审计的净资产是50 000万元，A公司自2011年1月上市以后未发行新股。

要求：根据《公司法》和相关的法规、规章，分析回答下列问题：

①根据本案例①所述事实，分析说明A公司股东大会作出的对B公司提供担保的决议是否合法？

②根据本案例②所述事实,分析说明 A 公司股东大会弥补亏损的决议是否符合规定?

③根据本案例③所述事实,分析说明 A 公司未就董事会秘书甲离任事项向有关部门报告和公告,以及转让其所持公司股份的做法是否符合规定?

④根据本案例④所述事实,分析说明乙所得的好处费是否应归 A 公司所有?人民法院是否会受理 A 公司 26 位股东的诉讼?并说明理由。

⑤根据本案例⑤所述事实,分析说明发行优先股的数量和筹集资金是否符合法律规定?并说明理由。

【案例 3】 企业破产法案例

自 2014 年初以来,A 公司出现不能清偿到期债务,且资产不足清偿全部债务的情况。2014 年 12 月 17 日,人民法院经审查裁定受理了 A 公司的破产申请,并指定了管理人。在该破产案件中,存在下述情况:

①2013 年 10 月 8 日,B 公司向 C 银行借款 1 000 万元,期限 1 年。A 公司以所属机器设备为 B 公司该笔借款提供了抵押担保,并办理了抵押登记。B 公司到期未偿还 C 银行的借款。C 银行将上述抵押物拍卖得款 900 万元,将不足清偿的 150 万元借款本息向管理人申报了债权。

②2014 年 7 月,A 公司向 D 公司租用机床一台,租期 1 年,租金已一次性付清。2014 年 11 月,A 公司以 30 万元的市场价格将机床售与 E 公司,双方已交货、付款。E 公司对 A 公司无处分权的事实并不知情。D 公司获悉机床已被 A 公司卖给 E 公司后,要求 E 公司返还机床,遭 E 公司拒绝。

③2011 年 1 月,A 公司与 F 公司签订房屋租赁合同,将所属 300 平方米门面房出租给 F 公司用作超市经营,租期 5 年,每年 1 月底前支付当年租金。F 公司一直正常缴纳租金。2015 年 2 月,管理人通知 F 公司解除该房屋租赁合同,但 F 公司表示反对。

④2013 年 10 月,A 公司欠刘某专利转让费 29 万元到期未付;2014 年 12 月 20 日,刘某将该债权以 15 万元的价格转让给 G 公司。G 公司现提出:以该债权与其所欠 A 公司的 30 万元货款在相同金额范围内抵销。

⑤2014 年 8 月 17 日,供电局向 A 公司发出欠缴电费催收通知书,要求 A 公司一周内补缴拖欠电费 20 万元,否则将对其生产区停止供电。A 公司于 8 月 22 日向供电局补缴了全部拖欠电费。2015 年 2 月,管理人主张撤销 A 公司向供电局补缴电费的行为。

要求根据上述内容,分别回答下列问题:

①C 银行以抵押物拍卖款不足清偿的 150 万元借款本息向管理人申报债权的行为,是否符合企业破产法律制度的规定?并说明理由。

②E 公司是否有权拒绝 D 公司返还机床的请求?并说明理由。如果 E 公司有权拒绝 D 公司返还机床的请求,D 公司能否向管理人申报债权?并说明理由。

③管理人是否有权解除 A 公司与 F 公司之间的房屋租赁合同?并说明理由。

④G 公司关于债务抵销的主张是否成立？并说明理由。
⑤管理人是否有权撤销 A 公司向供电局补缴电费的行为？并说明理由。

【案例 4】 合同法案例

2014 年 9 月 8 日，甲公司与乙公司订立合同，以每台 30 万元的价格购买 20 台货车。双方约定，甲公司应在乙公司交货后半年内付清全部货款，并以甲公司通过划拨方式取得的某国有建设用地使用权提供抵押担保。甲乙双方办理了抵押登记。10 月 12 日，乙公司交付了 20 台货车；次日，甲乙双方办理了货车所有权登记。

2014 年 11 月，甲公司在已设定抵押的土地上开始建造办公楼，2015 年 6 月建成。2015 年 8 月，甲公司以该办公楼作抵押，从丙银行贷款 300 万元，期限为 6 个月。甲丙双方办理了抵押登记。

2015 年 1 月 26 日，甲公司将 20 台货车出租给丁公司，每台月租金 1 万元，租期 3 年，但甲丁双方未签订书面租赁合同。由于资金周转困难，甲公司于 2015 年 10 月 10 日以每台 20 万元的价格将 20 台货车卖给戊公司。

戊公司受让货车后，通知丁公司向自己缴纳租金。丁公司主张：戊公司并非出租人，无权向其收取租金；甲公司侵害了其优先购买权，应承担相应责任。戊公司催收租金无果，遂通知丁公司解除租赁合同，要求其立即交回货车。

甲公司未按期向乙公司支付购车款，乙公司遂提起诉讼，并主张实现抵押权。在强制执行过程中，甲公司已设定抵押的建设用地使用权连同地上的办公楼共拍卖得款 1 200 万元，其中办公楼的对应价款为 350 万元。土地管理部门提出，应从拍卖中优先补缴 650 万元的土地出让金。丙银行则主张对拍卖款中办公楼的对应价款享有优先受偿权。

根据上述内容，分别回答下列问题：
①甲公司何时从乙公司处取得货车所有权？并说明理由。
②甲公司与丁公司的货车租赁合同是否因未采用书面形式而无效？并说明理由。
③戊公司是否有权要求丁公司支付租金？并说明理由。
④戊公司是否有权要求丁公司交回货车？并说明理由。
⑤丁公司是否对货车享有优先购买权？并说明理由。
⑥土地管理部门是否有权要求从拍卖价款中优先补缴 650 万元土地出让金？并说明理由。
⑦乙公司在实现抵押权时享有优先受偿权的金额是多少？并说明理由。

【案例 5】 公司法案例

赵某担任甲上市公司总经理，并持有该公司股票 10 万股。钱某为甲公司董事长兼法定代表人。

2014 年 7 月 1 日，钱某召集甲公司董事会，9 名董事中有 4 人出席，另有 1 名董事孙某因故未能出席，书面委托钱某代为出席投票；赵某列席会议。会上，经钱某提议，出席董事会的全体董事通过决议，从即日起免除赵某总经理职务。赵某向董事会抗议称：公司无正当理由不应当解除其职务，且董事会实际出席人数未过半数，董事会决议无效。公司于次日公布了董事会关于免除赵某职务的决定。12月20日，赵某卖出所持的2万股甲公司股票。

2014年12月23日，赵某向中国证监会书面举报称：（1）甲公司的子公司乙公司曾向甲公司全体董事提供低息借款，用于个人购房；（2）2014年4月1日，公司召开的董事会通过决议为母公司丙公司向银行借款提供担保，但甲公司并未公开披露该担保事项。

2015年1月16日，证监会宣布对甲公司涉嫌虚假陈述行为立案调查。3月1日，中国证监会宣布：经调查，甲公司存在对外提供担保未披露情形，构成虚假陈述行为；决定对甲公司给予警告，并处罚款50万元；认定钱某为直接责任人员，并处罚款10万元；认定董事李某等人为其他直接责任人员，并处罚款3万元。钱某辩称，公司未披露担保事项是公司实际控制人的要求，自己只是遵照指令行事，不应受处罚；李某则辩称，自己是独立董事，并不直接参与公司经营管理活动，因此，不应对公司的虚假陈述行为承担任何责任。中国证监会未采纳钱某和李某的抗辩理由。

证监会对甲公司的行政处罚生效后，有投资者拟对甲公司提起民事赔偿诉讼。其中，周某在甲公司公开发行时即购入股票1万股，一直持有至今，损失10万元；吴某于2014年6月20日买入甲公司股票1万股，于2015年1月5日卖出，损失1万元；郑某于2014年4月5日买入甲公司股票1万股，2015年2月5日卖出，损失1万元。

根据上述内容，分别回答下列问题：

①2014年7月1日甲公司董事会的出席人数是否符合规定？并说明理由。

②甲公司董事会能否在无正当理由的情况下解除赵某的总经理职务？并说明理由。

③2014年12月20日赵某卖出所持甲公司2万股股票的行为是否合法？并说明理由。

④乙公司向甲公司的所有董事提供低息借款购房的行为是否合法？并说明理由。

⑤2014年4月1日甲公司董事会通过的为丙公司提供担保的决议是否合法？并说明理由。

⑥钱某和李某各自对证监会行政处罚的抗辩能否成立？并分别说明理由。

⑦投资者周某、吴某和郑某能否获得证券民事损害赔偿？并分别说明理由。

【案例6】反不正当竞争法案例

某经销公司所在地的夏季气候十分炎热，凉席的销路一向很好。2015年春，该公司购买了一批井冈山产的凉席，准备在夏季卖出。但该年夏季气候反常，比往年夏季气温低许多，这样就造成该公司的凉席销路不好，在仓库内积压。为了销售积压的凉席，收回资金，该公司经理决定用奖励的方法来促销凉席，即将购买凉席的价款的10%给予购买者。恰在此时，有一企业招待所的采购员李某来到该公司购买凉席100张，经双方协商，达成协议：李某所买凉席货款的10%为该公司给李某的奖励；对于这部分"奖励"，双方均不入财务账。在李某买走凉席后，该经销公司又用同一种方法推销其积压的凉席，库存凉席很快便销售一空。但该地的工商部门闻讯前来调查，认为某经销公司的行为属商业贿赂行为，没收了其非法所得，并处以相应的罚款。

（2）小组讨论：教师根据学生的个体情况，将学生划分为由 3~6 人组成的几个小组。小组成员个体情况要多样化，这样他们在准备和讨论时，表达不同意见的机会就多些，学生对案例的理解也就更深刻。

（3）集中讨论：各个小组派出自己的代表，发表本小组对于案例的分析和处理意见。

比如针对上述案例，各组同学展开的讨论如下：

【案例 1】的讨论：

①快餐店违反了广告应当真实的原则。尽管广告属于要约邀请，但《广告法》中明确规定禁止虚假广告。此外，我国《广告法》还规定：广告中对商品的性能、产地、用途、质量、价格、生产者、有效期限、允诺或服务的内容、形式、质量、价格、允诺有表示的，应当清楚、明白；广告中表明推销商品、提供服务附带赠送礼品的，应当标明赠送的品种和数量。

②快餐店对消费者应承担民事责任，因为它发布虚假广告，欺骗了消费者，使消费者的合法权益受到侵害，可以补一份礼品并向消费者赔礼道歉。快餐店的行为还应受到工商行政管理部门的处罚，可采取责令停止广告发布、公开更正、罚款等形式。

【案例 2】的讨论：

①根据本案例①所述事实，分析说明 A 公司股东大会作出的对 B 公司提供担保的决议是否合法？

A 公司股东大会作出的对 B 公司提供担保的决议合法。根据规定，上市公司对股东提供的担保，该关联股东不得参与表决，股东大会以普通决议的方式审议通过。即须经出席会议的其他股东所持表决权半数以上通过。本题 B 公司作为关联股东未参与该事项的表决，由出席股东大会的其他股东所持表决权半数以上通过（52.4%），因此，该项决议是符合规定的。

②根据本案例②所述事实，分析说明 A 公司股东大会弥补亏损的决议是否符合规定？

A 公司股东大会弥补亏损的决议是不符合规定的。根据规定，资本公积金不得用于弥补公司亏损。本案例中 A 公司以资本公积金弥补亏损的做法是不符合规定的。

③根据本案例③所述事实，分析说明 A 公司未就董事会秘书甲离任事项向有关部门报告和公告，以及转让其所持公司股份的做法是否符合规定？

A 公司未就董事会秘书甲离任事项向有关部门报告和公告的做法是符合规定的。根据规定，上市公司的董事、1/3 以上监事或者经理发生变动，属于公司的重大事件，需向中国证监会和证券交易所报送临时报告，并予公告。本题甲为 A 公司的董事会秘书,属于公司的高级管理人员,但其变动不属于上市公司应当报告和公告的范围。

甲转让其所持公司股份的做法是不符合规定的。根据规定,上市公司的董事、监事、高级管理人员离职后半年内,不得转让其所持有的本公司股份。本题甲作为上市公司的高级管理人员在离职后半年内即转让其所持有本公司的股份,是不符合规定的。

④根据本案例④所述事实,分析说明乙所得的好处费是否应归 A 公司所有?人民法院是否会受理 A 公司 26 位股东的诉讼?并说明理由。

a. 乙所得的好处费应当归 A 公司所有。根据规定,公司董事、高级管理人员不得违反公司章程的规定,未经股东大会或者董事会同意,将公司资金借贷给他人,其违反规定所得的收入应当归公司所有。本题乙擅自决定将 A 公司资金借贷给他人所取得的好处费,应当归 A 公司所有。

b. 人民法院不应当受理 A 公司 26 位股东的诉讼。根据规定,公司董事、高级管理人员违反公司章程的规定,给公司造成损失的,股份有限公司连续 180 日以上单独或者合计持有公司 1% 以上股份的股东,可以书面请求监事会向人民法院提起诉讼,如监事会在收到书面请求之日起 30 日内未提起诉讼的,上述股东可以以自己的名义直接向人民法院提起诉讼。本题 A 公司的上述 26 位股东虽然符合法定资格,但未就作为高级管理人员乙的行为向监事会提出书面请求,而是向股东大会提出书面请求,其程序是不符合规定的,人民法院将不会受理此案。

⑤根据本案例⑤所述事实,分析说明发行优先股的数量和筹集资金是否符合法律规定?并说明理由。

A 公司发行优先股数量不符合规定,筹集资金符合规定。根据规定,公司已发行的优先股不得超过普通股股份总数的 50%。且筹资金额不得超过发行前净资产的 50%。本案例 A 公司申请发行的优先股 6 100 万份,超过普通股股份总数 12 000 万份的 50%,不符合规定;筹集资金 24 400 万元,未超过发行前净资产 50 000 万元的 50%,符合规定。

【案例 3】的讨论:

①C 银行以抵押物拍卖款不足清偿的 150 万元借款本息向管理人申报债权的行为,不符合企业破产法律制度的规定。由于 A 公司是为 B 公司所欠 C 银行借款提供的抵押担保,A 公司并非主债务人,故在抵押物价款不足以清偿担保债额时,余额不得作为破产债权向 A 公司要求清偿。

②E 公司有权拒绝向 D 公司返还机床。A 公司系以市场价格向 E 公司转让机床并已交付,且 E 公司对 A 公司对该机床无处分权的事实并不知情,因此,E 公司已善意取得机床所有权,D 公司的机床取回权消灭。D 公司可以向管理人申报债权。取回权消灭后,D 公司只能以机床的物价即损失额作为破产债权要求清偿。

③管理人无权解除 A 公司与 F 公司之间的房屋租赁合同。对于破产申请受理前成立而债务人和对方当事人均未履行完毕的合同,管理人应以保障债权人权益最大

化为原则，决定解除还是继续履行，但是，对于债务人对外出租不动产的合同，管理人不得任意解除。

④G 公司关于债务抵销的主张不成立。根据企业破产法律制度的规定，债务人的债务人在破产申请受理后取得他人对债务人的债权的，不得抵销。

⑤管理人无权撤销 A 公司向供电局补缴电费的行为。根据破产法律制度的规定，人民法院受理破产申请前 6 个月内，债务人在出现破产原因的情形下，仍对个别债权进行清偿的，管理人有权请求人民法院予以撤销，但是，个别清偿使债务人财产受益的除外。债务人清偿欠缴电费，是为了维系企业的生产经营，可使债务人受益，因此，不得撤销。

【案例 4】的讨论：

①甲公司于 2014 年 10 月 12 日从乙公司处取得货车所有权。根据物权法律制度的规定，动产物权的转让，自交付时发生效力，货车的转让登记只是产生对抗善意第三人的效力。

②甲公司与丁公司的货车租赁合同并不因未采用书面形式而无效。根据合同法律制度的规定，租期在 6 个月以上的租赁合同应该采取书面形式，但未采取书面形式并不导致合同无效，而应视为不定期租赁。

③戊公司有权要求丁公司支付租金。根据合同法律制度的规定，租赁物在租赁期间发生所有权变动的，不影响租赁合同的效力。所以，甲公司将货车转让给戊公司后，原租赁合同对戊公司继续有效。

④戊公司有权要求丁公司交回货车。根据合同法律制度的规定，不定期租赁合同的任何一方当事人都有权随时解除合同。戊公司解除合同后，即有权要求丁公司交回货车。

⑤丁公司不享有优先购买权。根据合同法律制度的规定，只有在房屋租赁的情况下，承租人才享有优先购买权。

⑥土地管理部门有权要求从拍卖款中优先支付 650 万元土地出让金。根据物权法律制度的规定，拍卖划拨的国有土地使用权所得的价款，应先依法缴纳相当于应缴纳的土地使用权出让金的款额。抵押权人只能就剩余价款主张优先受偿。

⑦乙公司可享有优先受偿权的金额是 200 万元。1 200 万元的总拍卖款中，优先偿付土地管理部门 650 万元的土地使用权出让金，同时，根据物权法律制度的规定，建设用地使用权抵押后，该土地上新增的建筑物不属于抵押财产，新增建筑物所得的价款抵押权人无权优先受偿，因此，应再减去 350 万元的办公楼拍得价款。这样，供乙公司实现抵押权的价款为 200 万元。

【案例 5】的讨论：

①2014 年 7 月 1 日甲公司董事会的出席人数符合规定。根据公司法律制度的规定，董事会会议应有过半数董事出席方可举行，但董事因故不能出席的，可以书面委托其他董事代为出席。甲公司有 9 名董事，4 名实际出席，1 名委托他人出席，符合过半数要求。

②董事会可在无正当理由的情况下解除赵某的总经理职务。根据公司法律制度的规定，董事会有权解聘公司总经理，并不需要理由。

③2014年12月20日赵某卖出甲公司2万股股票的行为不合法。根据公司法律制度的规定，公司高级管理人员在离职后半年内，不得转让其所持有的本公司股份。

④乙公司向甲公司所有董事提供低息购房借款的行为不合法。根据公司法律制度的规定，公司不得通过子公司向高级管理人员提供借款。

⑤2014年4月1日甲公司董事会通过的为丙公司提供担保的决议不合法。根据公司法律制度的规定，公司为公司股东提供担保的，必须经股东会或者股东大会决议。

⑥钱某的抗辩理由不能成立。根据证券法律制度的规定，上市公司董事负有保证信息披露真实、准确、完整、及时和公平的义务。公司董事受到实际控制人控制这一情形不得单独作为不予处罚的理由。

李某的抗辩理由不能成立。根据证券法律制度的规定，上市公司董事负有保证信息披露真实、准确、完整、及时和公平的义务。不直接从事经营管理不得单独作为不予处罚的情形认定。

⑦周某不能获得证券民事损害赔偿。根据证券法律制度的规定，周某是在虚假陈述实施日之前买入股票，因此不能推定其损失与虚假陈述行为之间存在因果关系。

吴某不能获得证券民事损害赔偿。根据证券法律制度的规定，吴某在虚假陈述揭露日之前已经卖出了股票，因此不能推定其损失与虚假陈述之间存在因果关系。

郑某能够获得证券民事损害赔偿。根据证券法律制度的规定，郑某在虚假陈述实施日之后买入甲公司股票，并在虚假陈述揭露日之后卖出该股票而发生亏损，可以推断其损失与虚假陈述之间存在因果关系。

【案例6】的讨论：

本案例涉及账外回扣行为的认定及其处理问题。第一，该经销公司的"奖励"行为实际是一种账外回扣，构成了不正当竞争。所谓回扣是指经营者销售商品时在账外暗中以现金、实物或者其他方式退给对方单位或者个人的一定比例的商品价款。并不是所有的回扣都构成不正当竞争行为。《中华人民共和国反不正当竞争法》第8条规定："在账外暗中给予对方单位或者个人回扣的，以行贿论处；对方单位或者个人在账外暗中收受回扣的，以受贿论处。"可见，只有在账外暗中回扣的行为，才是不正当竞争行为。而本案例中某经销公司给购买凉席者的"奖励"，采用的是暗中商议，所得"奖励"并不入账，实际上是一种账外回扣，是《反不正当竞争法》所禁止的不正当竞争行为。第二，该经销公司所应承担的法律责任。根据《反不正当竞争法》第22条的规定，对于该经销公司违法行为，监督检查部门可以根据情节处以一万元以上二十万元以下的罚款，有违法所得的，予以没收；如果构成犯罪的，依法追究刑事责任。

（4）总结阶段：在小组和集中讨论完成之后，教师应该留出一定的时间让学生自己进行思考和总结。这种总结可以是总结规律和经验，也可以是获取这种知识和经验的方式。教师还可让学生以书面的形式作出总结，这样学生的体会可能更深，对案例以及案例所反映出来各种问题有一个更加深刻的认识。

（五）教学评价

案例教学法教学效果评价见表 6-3。

三、角色扮演教学法在会计学基础课程中的实践应用

角色扮演教学法是指在教师的指导下，在设定的具体情境中，由学习者扮演一定的角色，通过一定的训练和练习后，模拟表演各种角色，展示出活动的过程而进行的一种情景模拟教学活动，旨在帮助学习者了解所担任职务的性质和工作要求，使学习者更快地接受课程知识，提高学生的职业能力和职业操守。采用角色扮演教学法，有利于加强学生的职业认知，体会各岗位角色不同的岗位职责；有利于激发学生的学习兴趣，在轻松的环境中获得新知识、掌握新技能；有利于锻炼学生的沟通协调能力，培养学生的团队合作意识。

在使用角色扮演教学法时，要注意把握三个方面的问题：一是教师要让学习者明确学习目标及角色内容，并提供学习流程指引。在模拟企业时，可以选择现实存在的企业作为模拟企业情境，以增强逼真效果；二是将学习者分为几个小组，由小组内部协商确定每个人扮演的不同角色，如财务主管、会计、出纳等角色；三是要求各小组根据学习目标及工作任务流程，通过各种途径，如参考教材、网络、专业书籍等，搜集表演用的参考资料，以确定表演流程和内容。

角色扮演教学法采用小组合作学习的形式，合作学习是建立在个体需求的基础上的，只有学生独立思考，有了交流的需要，合作学习才会有成效。在课堂教学中要放手让学生扮演不同的角色，留给学生一块自我展示的空间，变教室为工作室，变同学为同事。让他们经历知识的发现、问题的思考、规律的寻找、结论的概括的全过程。在丰富多彩的角色扮演学习中，学生的潜能和思维能力会获得充分的释放。

以下列举几个适合在会计学基础课程中采用的角色扮演教学法的教学案例。

【应用1】供应过程流程

光明公司是一家商品流通企业，现模拟光明公司岗位设置的情况，将学生分组。每个小组 4 人，设置出纳、会计、采购员和仓库管理员岗位，确定各岗位的角色及职责。模拟的业务内容为购入机床：首先，采购员持发票及购货合同等，到财务部门要求开出支票（发票及购货合同为已提供单据）；出纳审核无误后，开出支票；机床入库，由仓库管理员验收入库；最后由会计审核所收到的支票存根、发票及其他单据，进行会计账务处理。

在本例中，各小组成员分别收集出纳、会计、采购员和仓库管理员的主要职责，查找发票及支票的填写方法，确定现销会计账务处理过程。可以采用小组合作的方式进行，小组成员之间互相协助，设计表演方案和细节。各小组在表演之前，需要对教师给定的教学目标进行进一步的讨论分析，结合小组成员搜集的参考资料，讨论各种角色的职责，在各小组确定了表演方案之后，需要进行模拟表演，对表演中

出现的问题，再进行讨论，继续查阅资料，解决表演中出现的问题。例如，出纳员在开出支票的时候出现了日期填写错误、项目填写不全等问题，可以继续小组讨论，查阅资料，找到解决方法。

小组在合作表演时，首先由采购员（角色）说明已经到大华机床厂购买了一台机床并已取得了发票，然后拿着发票到财务部找出纳（角色）要求开支票，出纳（角色）开出支票给采购员（角色），再由仓库保管员（角色）表演将机床验收入库，填写入库单。最后由会计（角色）表演根据支票存根、发票和入库单等单据编制记账凭证。

对于每个小组的表演，教师都要进行引导性的点评，并且要再次强调学习目标和每个角色的职责，在业务处理时要注意的问题：如支票的出票日期要大写、入库单的项目要填写完整、记账凭证的明细科目要填写齐全等等。教师在进行总结和指导时，要总结出角色扮演法中表演的成功之处，以及存在的问题。关键是要结合本节课的教学目标，再一次梳理角色扮演中各岗位的职责，以及财务上如何进行账务处理。

【应用2】 预借差旅费的处理

（1）创设情景：某公司业务员出差预借差旅费，分析有几个岗位参与？会计岗位有哪些？各个岗位的职责？各个岗位之间的工作流程？

（2）课前准备：将全班同学五人分为一组，分别模拟出差人员、部门负责人、会计主管、出纳、记账人员等岗位，准备好借款单、凭证、账簿等。

（3）角色实训：第一轮实训可各组派出代表，分别模拟不同的岗位，完成相关流程，如出差人员填写借款单、部门负责人审核签字、会计主管审核签字、出纳审核后签字付款编制付款凭证并登记现金日记账、记账人员登记相关账簿。各组同学可以互相讨论配合完成本岗位的工作任务。教师进行点评总结。

第二轮实训可在各小组之间进行，五名同学分别模拟不同的角色，负责各自的岗位工作，就各自完成情况互相进行点评和总结，甚至可以再次互换角色，就会使学生熟悉整个业务流程，掌握各岗位在实际工作中的分工和衔接，使实训内容由平面走向立体，由单一走向多样。

（4）分析总结：小组成员分析总结实训过程中的得失，其他同学也可以补充，老师也可就具体情况进行点评，肯定成绩的同时，指出存在的问题，同时还可以将实训的内容进行拓展，如在此基础上，教师可进一步提出问题：如果借款数额比较大怎么办？引导学生推出需要出纳填写现金支票提取现金，进而调整实训内容，出纳的工作量增加现金支票的填写以及到银行办理业务的环节，从而将授课内容不仅仅局限于单一的内容，使学生将相关知识融会贯通。

【应用3】 供应过程的核算

（1）创设情景：某公司采购材料，分析有几个岗位参与？会计岗位有哪些？各个岗位的职责？各个岗位之间的工作流程？

（2）课前准备：将全班同学六人分为一组，分别模拟计划部门、采购部门、供应商、物流公司、仓库、财务部门等岗位，准备好相关单据。

（3）角色实训：各小组之间按照岗位分工，模拟操作流程，如图6-2所示。

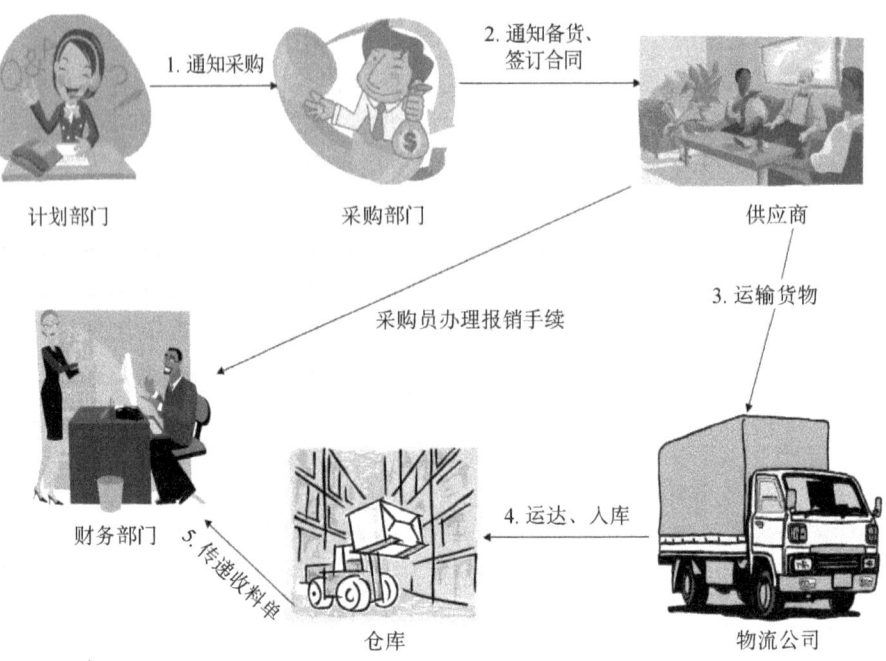

图6-2　企业供应过程流程图

（4）分析总结：老师和同学一起就小组的表演进行点评，表扬做的好的方面，同时指出不足之处：表演不到位的地方，单据填写不规范之处等等，在此基础上再次进行角色扮演，给枯燥的会计课堂增添了几分色彩和活力，不仅激发了学生的学习兴趣，而且调动了学生主动探究学习的积极性，顺利完成本节课的教学目标。

随着教学过程的进行，角色扮演的内容也可以适当进行调整、穿插，如供应过程与销售过程结合，分设买卖双方来进行实训，学生通过参与不同的角色，自己去发现购买原材料的结算关系是企业之间的往来结算，明白它的实质是对于买家而言是购买原材料，而对于卖家而言则是销售产品。通过角色实训，让学生自己明白知识并不是一个个孤立的点，而是可以串联起来，形成一条条线，进而强化知识的系统性和完整性。

四、角色扮演教学法在经济法原理课程中的实践应用

角色扮演教学法在经济法原理课程中运用的基本流程与在其他课程中类似：首先由教师创设体验情景的主题，对学生的情景模拟学习进行引导；然后学生在老师的要求下选择模拟角色对体验内容进行扮演；最后，从学生到老师分别对角色扮演的过程、效果给予点评，进一步延伸学生对情景的有效体验。

【应用1】模拟组建一家有限责任公司

（1）创设情景：模拟组建一家有限责任公司，具体要求：①制定有限责任公司的章程；②设立有限责任公司的步骤；③设置有限责任公司的组织机构。

（2）课前准备：学生按照要求分好组，分别扮演股东、会计师事务所、工商、税务等部门，准备好登记一家有限责任公司所需要的材料，了解注册流程。

（3）角色实训：首先可以小组内部进行角色扮演，股东携带相关资料分别到相关部门办理营业执照、税务登记证等证件，相关部门审核后给予办理。然后也可以各小组之间互相进行角色扮演。

（4）分析总结：学生可以对自己的表现进行总结，教师也要适时进行总结和评价，包括活动涉及的知识点和技能要求、学生课堂上的表现等，并且可以就相关知识点提出一些更深层次的问题，引导学生把学习引向深入。

通过以上的教学方法，学生都能参与进来，设立公司有哪些基本流程、公司需具备哪些法定条件、需制作那些相应文案……这些会迫使学生在课前准备中认真理解记忆法律规定并查阅大量资料、请教老师、与同学探讨，在这样一个逼真而没有实际风险的环境中既可以使学生获得初步的实践经验，又能在实训中掌握企业登记注册流程、公司章程制定、银行账户开立、公司股票发行条件程序等法律知识；既提升了学生对该课程的学习兴趣培养其运用理论知识解决实际问题的能力，更能增强学生对于我国目前大力进行的商事登记制度改革深层社会意义的理解，同时也为学生后续相关课程学习、日后实际工作奠定了基础。

【应用2】合同法违约责任

（1）创设情景：一个真实的合同纠纷案：卖方为杭州某公司济南分公司，买方为山东某公司，合同由于买方的原因没有及时履行，产品在使用过程中又发生了质量问题，买方拒绝支付余款，由此产生了纠纷。有合同书、付款证明、维修保修记录、第三方证明等证据材料。原告卖方公司起诉了被告买方公司，被告为赢得诉讼，在开庭时又提供了虚假的证据材料。

（2）课前准备：学生设立两个模拟公司，分别代替成为合同双方当事人，持有相关证据材料。各组根据材料进行研讨，为角色实训做好准备工作。

（3）角色实训：合同双方当事人各自代表自己的公司，维护公司的合法权益，通过唇枪舌战，辨明存在哪些违约行为，其他同学参与讨论。在此基础上，进而明确什么是违约责任，了解合同法的相关规定，理解违约责任的相对性、补偿性和约定性。然后学生运用所学的法律知识解决实际问题，判定各方应承担哪些违约责任。

（4）分析总结：各组学生自己总结实训过程中的亮点和不足，此案中运用的知识点，教师则对整体情况作出总结点评，要求学生掌握在合同履行过程中哪些行为是不能做的，哪些行为是必须符合合同约定的，达到树立诚信履约意识，防范合同法律风险的目的。通过这样的形式，学生在表演过程中轻松地掌握知识之余，又培养了学生表达能力和思维能力，增强了团队意识和合作能力。

【应用3】劳动保障法应用

（1）创设情景：教师可设置多个问题情景：如"与应聘者签订劳动合同"、"试用期满即被解雇"、"发生工伤要求赔偿"、"女职工怀孕被调岗"等。

（2）课前准备：学生分好组，查阅相关知识，为角色实训做好知识准备。

（3）角色实训：部分学生可以分别扮演情景中的应聘者、试用期员工、正式职员、怀孕女职工等，另一部分学生分别扮演总经理、人事部经理以及部门经理等角色，并提出各人按各自岗位职责处理有关问题。各角色间有利益冲突、有协作，学生依据所学理论知识，在表演过程中阐述自己的观点，展示自己的解决问题方案。

（4）分析总结：首先各小组进行组内的讨论、分析、总结，由组长代表本组进行全班的交流总结。最后教师进行总评，肯定学生在实训过程中的闪光点和创新之处，予以鼓励和表扬，同时指出学生存在的问题，分析原因，提出解决措施，从而提升学生的专业实践能力。

【应用4】合同法应用

（1）创设情景：模拟一次小型交易会的全过程

（2）课前准备：学生以小组为单位，按照有限责任公司设立的程序组建多个从事商品经营与销售的模拟公司，学生分别扮演各个模拟公司里的总经理、采购经理、推广部经理、财务经理、采购员、推销员等岗位角色，并且各成员需要合作开发新产品，并设计一套新产品推广方案在交易会开幕时展示。

（3）角色实训：每个模拟公司都要在规定时间内与其他模拟公司开展业务洽谈，强调要按合同订立的程序（要约与承诺）进行；洽谈的重点是讨论合同的主要条款，共同拟定合同；洽谈成功的双方，以恰当的形式订立合同，签署合同。

（4）分析总结：各小组展示签署的合同，师生共同分析合同是否规范，是否存在问题，并对合同签署的过程进行点评。

学生在情景模拟过程中充分地发挥主体作用，他们用心思考、努力探索，教师要做的就是准备好劳动合同交给学生，然后在课堂中对学生的情景剧随时出现的问题予以引导，充当好"导演"角色。在角色扮演完成的过程中，涵盖了如何解决问题的能力、与人协作的能力和接纳新知识的能力等方面，学生通过亲自实践，运用所学知识与其他成员协作，体验和掌握不同岗位应具备的工作技能和工作经验，培养了职业情感、动手能力、创新思维和团队协作等关键能力，由此获得的教学成果与质量显然是传统教学方法所不能及的。

角色扮演教学法教学效果评价如表 6-4 所示。

表 6-4　　　　　　　角色扮演教学法教学效果评价表

	评价项目	分值	A 1	B 0.8	C 0.6	D 0.4	E 0.2
1	教学内容符合培养方案和教学目标	10 分					
2	表演内容符合教学目标和教学内容	10 分					

续表

	评价项目	分值	A 1	B 0.8	C 0.6	D 0.4	E 0.2
3	能加深学生对所扮演的角色的价值观的了解	10分					
4	表演情节清晰、内容充实、信息量大	10分					
5	教师准备充分,对学生遇到的问题能及时、合理解决	10分					
6	教学气氛愉快,学生表现活跃,课堂氛围好	10分					
7	促进学生理性思考,做到学有所用	10分					
8	引发学生联想、创新,激发学习兴趣与热情	10分					
9	学生当堂掌握情况好	10分					
10	充分利用电脑等多种媒体教学手段	10分					
11	教学效果总评	100分					

对本节课教学内容、方法、手段等的具体指导意见或建议:

签字:
年 月 日

思 考 题

1. 请思考研讨教学法在财务管理专业基础类课程教学中应用的适应性。
2. 请设计一个适合于财务管理基础概念:货币资金的时间价值部分内容的教学过程,充分运用讲授教学法、案例教学法和角色扮演教学法等。
3. 请搜集合适案例编写"利息和利息率的决定"的讲授案例。

第七章

专业核心类课程教学法

第一节 专业核心类课程内容及教材分析

一、专业核心类课程内容选择原则

唐代杰出的文学家、思想家、哲学家韩愈有句名言:"古之学者必有师,师者,所以传道授业解惑也。"可见,作为一名教师,授业是其最基本的职责,学生业务素养如何则主要取决于教学内容。财务管理专业核心类课程教学内容的选择应遵循以下原则:

(1) 教学目标导向原则

一般而言,教学内容是指为实现教学目标,要求学习者系统学习的专业知识、技能和行为经验的总和。因而,教学内容的设定与教学目标密切相关。财务管理专业是指人类社会科学技术进步、生活生产实践中,以财务管理为职业或作为财务管理工作者谋生和长期从事财务管理工作的具体业务作业规范。因而其教学目标至少应确保学生毕业后能够适应财务管理的工作岗位。

(2) 职业能力导向原则

中职教育不同于本科大学教育,其专业培养目标更倾向于职业技能而非理论知识,更为强调学生毕业后的动手操作能力。因而,作为财务管理专业的中职教师在为学生选择课程教学内容时要充分考虑到这一点,将主要精力放在专业核心技能上,对于学生未来工作中较少遇到的高深的理论知识的讲授可以适当弱化。同时,教师应根据实际情况将这些新知识、新技术和新方法补充到相应的教学内容中,以保证教学内容的社会适应性,更好地帮助学生提升其核心技能从而适应时代发展需要。

(3) 关注特色原则

教师在教学过程中除了要注重知识体系的系统性和完整性之外,还应该重点关注学校及地区的特色。例如,学校的某个专业是当地广泛认可的特色专业,如农业专业、旅游专业、酒店管理专业等,则学校可能与农业类企业、旅游类企业、酒店等建立了较为稳定的校企合作关系或人才供应关系，这意味着财务管理专业学生有更大的可能性进入该类企业工作，那么教师在选择财务管理专业核心教学内容时就可以将农业类企业财务管理、旅游企业财务管理或酒店财务管理的管理技巧和管理方法作为教学的重点内容；再比如某地区拥有特色经济，则教师在教学过程中也可以将该特色经济所需要的财务管理工作作为教学重点内容。这样一方面可以方便学生对口就业，另一方面也便于形成本专业的专业特色，巩固学校特色，提升学校知名度，促进学生就业。

二、专业核心类课程的教学内容选择

根据选择原则，专业核心类课程内容的选择更多依赖于财务管理的工作岗位。理论上，财务管理专业工作岗位应该有别于会计专业工作岗位，主要包括：投资管理岗位、筹资管理岗位、营运资金管理岗位、预算管理岗位、财务分析与风险管理岗位、成本管理岗位、业绩管理岗位等。一些大型企业还可能专门设定资本运营岗位、税收筹划岗位、货币中心、决算中心等。但限于目前我国经济社会中中型和小微型企业的数量较为庞大，大型企业相对较少。极少的中小微型企业将财务管理部门与会计核算部门分开设置，绝大部分企业都是将财务管理工作和会计工作设置在同一个职能部门。因而财务管理专业学生就业后极有可能进入会计部门先从事一段时间的会计工作，因而现阶段财务管理专业工作岗位还应该包括出纳岗位、会计核算岗位等。

财务管理专业核心类课程的教学目标就是确保学生掌握财务管理核心工作岗位所必备的知识和技能。通常，为了满足财务管理工作岗位需求，财务管理专业核心类课程设置以下几门课程：财务管理概览与基础、财务会计、公司财务与案例、营运资金管理、财务分析、财务信息化、高级财务管理、审计原理与实务、投资学。以下重点介绍财务会计、财务分析、公司财务与案例、营运资金管理、高级财务管理课程的教学内容。

1. 财务会计

本处所称财务会计课程是指区别于会计学基础和极少企业会涉及的非货币性交易等高级会计专题的，更倾向于企业日常会计核算实务的财务会计课程，是运用簿记系统的专门方法，以通用的会计原则为指导，对企业资金运动进行反映和控制，旨在为所有者、债权人等利益相关者提供会计信息的对外报告会计。学习财务会计课程可以帮助财务管理专业学生胜任出纳、会计核算等工作岗位。对于该门课程，不同的学校确定的课程名称可能有所不同，如中级财务会计、中级会计实务、财务会计学等，但其教学内容应该具有较大的共性，具体教学章节或模块详见表7-1。

表 7-1　　　　　　　　　　　财务会计课程教学主要内容

单元名称	章节	教学内容简要描述
资产	货币资金的核算	主要讲授企业日常运营所涉及的现金、银行存款以及其他货币资金的具体确认和计量。
	应收和预付款项的核算	主要讲授企业日常运营中与上下游企业进行交易采用商业信用式的结算方式所形成的应收账款、应收票据、预付账款、其他应收款、长期应收款以及其他应收债权的出售和融资的确认和计量。
	存货的核算	主要讲授企业日常运营中持有的原材料、在产品、产成品等存货的确认和计量。
	投资的核算	主要讲授企业资本运营过程中所形成的资产,包括交易性金融资产、持有至到期投资、可供出售金融资产以及长期股权投资的确认和计量。
	固定资产的核算	主要讲授企业用于生产、提供商品或劳务、出租或为了行政管理目的而持有的长期有形资产的确认和计量。
	无形资产的核算	主要讲授企业所拥有的土地、商标等无形资产的具体确认和计量。
	其他长期资产的核算	主要讲授企业日常运营中除投资、固定资产和无形资产外的包括长期待摊费用在内的其他长期资产的具体确认和计量。
负债	流动负债的核算	主要讲授企业日常运营中形成的以及对外借入的短期性负债的确认和计量,包括短期借款、应付账款、应付票据、预收账款、应交税费、应付职工薪酬、预计负债和或有负债、应付利息、应付股利和其他应付款等的确认和计量。
	长期负债的核算	主要讲授企业日常运营中形成的长期负债的确认和计量,包括长期借款、应付债券、长期应付款、递延所得税负债等的确认和计量。
	债务重组的核算	主要讲授债务重组情况下的债权、债务的确认和计量。
所有者权益	投入资本的核算	主要讲授企业吸收投资人投入资本的确认和计量,包括实收资本(或股本)、资本公积的确认和计量。
	留存收益的核算	主要讲授盈余公积、未分配利润、弥补亏损的确认和计量。
成本费用	生产成本的核算	主要讲授生产过程中发生的成本和费用的确认和计量。
	期间费用的核算	主要讲授营业费用、管理费用和财务费用等非生产过程中发生的费用的确认和计量。
收入和利润	收入的核算	主要讲授对销售商品、提供劳务、让渡资产使用权、建造合同等形成的收入的确认和计量。
	利润的核算	主要讲授对营业外收入、营业外支出、所得税费用等的确认和计量以及利润的结转与分配的核算。

续表

单元名称	章节	教学内容简要描述
财务报告	资产负债表	主要讲授资产负债表的编制。
	利润表	主要讲授利润表的编制。
	现金流量表	主要讲授现金流量表的编制。
	所有者权益变动表	主要讲授所有者权益变动表的编制。
	财务报表附注	主要讲授财务报表附注的编制。
会计调整	会计政策及其变更	主要讲授会计政策变更的会计处理。
	会计估计变更	主要讲授会计估计变更的会计处理。
	会计差错更正	主要讲授会计差错更正的会计处理。
	资产负债表日后事项	主要讲授资产负债表日后发生调整及非调整事项的会计处理。

2. 财务分析

财务分析是讲授企业的利益相关者依据财务报表资料以及其他有关资料，采用一系列专门的财务分析技术和方法，对企业财务状况、经营成果和现金流量进行研究、分析和评价，找出存在的问题及改进建议的活动过程的一门课程。因而，财务分析课程可以提供必要的财务风险评估、诊断的技术和方法，有助于学生胜任财务分析岗位、企业风险评估或管理岗位等。不同的学校课程名称设置可能有所不同，如财务报表分析、财务分析等，但讲授内容应该是大致一致的，详见表7-2。

表7-2　　　　　　　　　财务分析课程教学主要内容

单元名称	章节	教学内容简要描述
财务分析概论	财务分析理论	主要介绍财务分析的产生和发展历程、财务分析的内涵与目的、财务分析的理论体系等。
	财务分析信息基础	主要介绍财务分析的信息种类以及信息载体，如年度报告、会计报表及报表附注、审计报告及内部控制信息以及其他相关的政策、法规等。
	财务分析程序与方法	主要讲授财务分析的主要程序和基本方法，包括战略分析和会计分析、比率分析法、比较分析法、因素分析法、图解分析法、财务综合分析评价技术等。
财务报告分析	资产负债表分析	主要讲授根据资产负债表所进行的水平分析、垂直分析和项目分析等。
	所有者权益变动表分析	主要讲授根据所有者权益变动表所进行的一般分析和股利决策对所有者权益变动影响的分析等。
	利润表分析	主要讲授根据利润表所进行的综合分析、分项分析、分部分析等。
	现金流量表分析	主要讲授根据现金流量表所进行的分项分析和综合分析等。

续表

单元名称	章节	教学内容简要描述
财务效率分析	企业盈利能力分析	主要讲授从不同角度对企业盈利能力所进行的分析，包括资本经营盈利能力分析、资产经营盈利能力分析、产品经营盈利能力分析等。
	企业营运能力分析	主要讲授对企业各类资产的运营效率所进行的分析，包括总资产营运能力分析、流动资产周转分析、固定资产利用效果分析等。
	企业偿债能力分析	主要讲授对企业偿还债务的能力所进行的分析，包括短期偿债能力分析和长期偿债能力分析。
	企业发展能力分析	主要讲授对企业未来发展潜力所进行的分析，包括单项发展能力分析和整体发展能力分析。
财务综合分析与评价	综合分析与业绩评价	主要讲授依据历史数据对企业过去的经营业绩进行综合分析和评价的方法体系。
	趋势分析与预测分析	主要讲授依据历史数据对企业未来的经营业绩进行判断和预测的方法体系。
	企业价值评估	主要讲授对企业当前价值进行评估的方法体系。

3. 公司财务与案例

公司财务与案例是讲授财务人员对公司财务活动实施决策和控制，并对其所体现的价值属性及财务关系所进行管理的一门课程。该门课程有别于仅阐述财务管理的基本理论和方法的财务管理概览与基础，也不同于以专题方式讲授的高级财务管理，通常是阐述符合财务管理假设的财务管理的常规业务，包括筹资管理、投资管理、营运资金管理和利润分配的管理等具体内容。因而，该门课程的学习有助于学生较好地胜任筹资管理、投资管理、营运资金管理和利润管理等工作岗位。该门课程可能的名称包括：中级财务管理、财务管理（学）、企业财务管理、公司理财（学）等。其教学内容详见表7-3。

表7-3 公司财务与案例课程教学主要内容

单元名称	章节	教学内容简要描述
财务管理概述	总论	讲授财务管理的概念、目标、原则、方法、环境和财务组织等。
	财务管理的价值观念	讲授资金时间价值观念、风险收益均衡观念、成本效益观念等。
筹资管理	筹资规模	讲授筹资规模确定的依据、筹资规模的特征以及筹资规模确定的方法。
	筹资方式	讲授股权性筹资、债权性筹资和混合筹资方式。
	筹资决策	讲授资本成本、筹资风险的衡量、资本结构及其决策。

续表

单元名称	章节	教学内容简要描述
投资管理	固定资产投资管理	讲授固定资产投资决策要素、固定资产投资决策的基本指标及指标的应用、固定资产实物的管理等。
	证券投资管理	讲授证券投资的种类、证券投资风险和收益的衡量、证券投资策略以及具体的证券投资决策方法,包括股票投资决策、债券投资决策、证券投资组合决策等。
	营运资金管理	讲授现金、应收款项、存货、流动负债以及营运资本的管理。
利润及利润分配的管理	利润的预测与计划管理	讲授目标利润的规划程序、规划方法以及利润预测方法。
	利润分配管理	讲授股利分配的原则、程序及政策选择。

注:* 所标示章节可能会因设置财务管理概览与基础或财务管理原理等课程而放置相应课程内容中。

4. 高级财务管理

高级财务管理是对突破财务管理假设的、企业在财务管理过程中可能会遇到的一些专门性问题以专题形式讲授的一门课程。该门课程通常是针对财务管理高级岗位,如 CFO、财务主管等岗位的需要而设置的。该门课程尚无系统的理论体系,教学内容也是仁者见仁、智者见智,不同的作者观点不尽相同,因而大多以专题的形式讲授。高级财务管理课程教学内容示例见表 7-4。

表 7-4　　　　　　　　高级财务管理课程主要教学内容

单元名称	章节	教学内容简要描述
企业并购财务管理	企业并购财务管理的基本理论	讲授企业并购的概念、历史演进、并购动因和效应以及并购涉及的财务问题。
	企业并购估价	讲授并购目标公司的选择以及目标公司价值评估的方法。
	企业并购运作	讲授企业并购筹资、并购防御及并购整合。
企业集团财务管理	企业集团治理机制与财务管理体制	讲授企业集团治理机制以及企业集团财务管理体制及管理方式。
	企业集团财务战略	讲授企业集团财务战略的特征、类型、规划、实施、评价和各种战略(投资战略、筹资战略、利润分配战略等)的管理。
	企业集团预算管理	讲授企业集团全面预算管理的特征、本质、制度、组织体系、管理模式、预算控制方法等。
	企业集团税收筹划	讲授企业集团税收筹划的策略。
	企业集团业绩评价	讲授企业集团业绩评价方法、薪酬与激励制度。

续表

单元名称	章节	教学内容简要描述
国际财务管理	国际企业筹资管理	讲授国际企业的筹资渠道、筹资方式及筹资决策等。
	国际企业投资管理	讲授国际企业投资方式、投资风险及投资决策等。
	国际企业营运资金管理	讲授国际企业营运资金的存量管理和流量管理。
	国际企业税收管理	讲授国际企业国际双重征税的免除、国际避税与反避税。
中小企业财务管理	中小企业财务管理	讲授中小企业投融资管理以及政策的利用。
企业破产、重整与清算	企业破产预警管理	讲授企业财务危机的防范、破产危机的征兆以及破产财务预警分析系统。
	企业重整与和解财务管理	讲授重整计划的制定执行以及和解。
	企业破产清算财务管理	讲授破产财产的范围、计价及破产债权的管理。

5. 营运资金管理

营运资金管理课程将业务、财务一体化和跨企业边界解决资金管理难题的创新理念和管理模式引入教学内容，主要介绍"基于渠道管理的营运资金分类"、"基于渠道管理的营运资金管理绩效评价体系"、"基于渠道管理的营运资金管理策略与模式"等创新性的理论和方法，引导学生关注战略性决定营运资金管理绩效的渠道与供应链管理因素，以保持教学内容的科学性和先进性。与之同时，将中国企业营运资金管理研究中心的研究成果、美国 CFO 杂志的 Working Capital Survey 等权威机构的研究报告以及国内外著名企业的典型案例纳入教学内容，使学生能够学习到营运资金管理研究的最新成果、国内外营运资金管理的最新发展动态、先进模式和典型案例。营运资金管理课程突破以往财务管理中营运资金管理内容单薄陈旧、财务与业务割裂的局限，而是将业务与财务一体化的理念贯穿到课程内容之中，在具有学科优势的学校可以将其设置为专业核心课程。其教学内容详见表 7-5。

表 7-5　　　　　　营运资金管理课程主要教学内容

章节	教学内容简要描述
第一章　营运资金管理概述	营运资金概念、分类及其影响因素
第二章　营运资金需求预测	营运资金需求预测方法、营运资金预算的内容及其实施
第三章　营运资金筹集	营运资金筹集动因与策略、筹集渠道及方式选择、营运资金自然性融通和非自然性融通
第四章　营运资金管理绩效评价	营运资金管理分类及绩效评价指标、营运资金管理绩效评价、评价体系的应用
第五章　业务创新及营运资金管理	业务与财务一体化、渠道管理影响营运资金管理的机理、分渠道营运资金管理模式设计
第六章　制度创新与营运资金管理	管理创新与制度创新、利益相关者视角的营运资金管理、优化供应商关系的营运资金管理模式、优化客户关系的营运资金管理模式

续表

章　节	教学内容简要描述
第七章　金融创新与营运资金管理——供应链融资	供应链融资的特点、作用机理、基本模式和基于供应链融资的营运资金管理模式设计

三、专业核心类课程的教材分析

教材即教学材料，有广义和狭义之分。广义上的教材指课堂上和课堂外教师和学生使用的所有教学材料，比如教科书、讲义、讲授提纲、参考书、视听媒体等。而狭义的教材仅指教科书。这里的教材分析主要指狭义的教材。

教师在教学过程中既不能将教材与教学内容混为一谈，也不能完全脱离于教材。教科书是一门课程的核心教学材料，而非唯一教学材料。单纯依赖教科书教学的好处是教师仅需要掌握一本书的内容体系就可以完成授课，而学生学习和复习时也有的放矢，但问题是教师的教学内容可能脱离教学大纲的要求从而无法完成教学目标，同时学生掌握的知识仅依赖作者的知识体系从而可能导致知识掌握的不全面，不能形成一个开放的知识体系，这对于其后续知识的学习可能会形成障碍。因此，几乎所有学校的教学管理过程中都严厉禁止教师授课的"照本宣科"。实际上，任何一本书都无法独自满足教学大纲的全部要求，更不能提供学生所需要掌握的全部相应技能。从而，教师在慎重选择教材的同时，更需要对教材进行分析。教师在教材分析时可遵循如下步骤：

（1）明确教学目标和要求，把握难点和重点

教师在分析教材前应首先明确本门课程的教学目标是什么、教学要求是什么。教学目标是学生需要掌握的知识点，而教学要求则是培养方案要求学生对知识点的掌握程度。

教师需要从一门课程的总体教学目标确定学生应该掌握的技术和方法，再从学生必须掌握的技术和方法倒推到要掌握该技术或方法需要掌握哪些知识点，这些知识点分散在哪些章节从而分解到每堂课应该掌握的知识点。通过对学生所需掌握的所有知识点进行分析，找到所有知识点之间内在的逻辑关系，从而确定教学的主要思路和主线。再结合教学要求找出课程的教学重点和教学难点，切记面面俱到和平分秋色。对于教学重点内容和难点内容应该多花一些时间向学生进行详细讲解和联系，以确保学生能够掌握相应内容，对于非重点内容以及简单甚至已经接触过的内容，教师可以简单讲解甚至一语带过。只有这样，学生才能够理解教师的授课思路，从而准确把握教学内容的重点和难点，提高学习效率的同时也能够获得相应的技能。

（2）分析教材结构及思路

确定学生应该掌握的知识点并厘清知识体系后，教师应该对教材的编写思路和知识结构进行分析，找出作者的行文逻辑，判断其是否涵盖课程所需的所有知识点，对于难点和重点的剖析是否深刻，教材的可理解性如何等。同时，教师也应积极吸

收教材作者在行文逻辑中的高明之处，完善教学内容知识点之间的逻辑联系，使得教学内容的系统性更强，也要充分利用教材提供的便利，如案例库、习题库等，减轻授课过程中的板书工作量。

（3）适当调整章节顺序及教材内容

为了达到较好的教学效果，教师应该寻找最佳的讲解角度、运用最得体的语言和多媒体方式，以最易于理解的思路向学生由浅入深、循序渐进地讲授教学内容，必要时可以对教材内各个章节的前后顺序进行适当的调整和删除，以便使得授课逻辑更加符合学生的"认知过程序列"。

而对章节内的具体内容，本着"突出重点、注重能力"的原则进行增加或删除。在财务管理专业核心课程教学过程中需要删除教材内容的情况有：第一，教学目标没有要求且该内容对于理解其他内容关系不大的；第二，专业基础课程或其他已经学习过的专业核心课程中已经讲授过的重复内容；第三，学生阅读后可自行掌握的简单内容。需要增加内容的情况有：第一，教学大纲有要求而教材中没有的；第二，教材中虽有但内容不系统、不全面的；第三，教学大纲中没做要求，但对于理解必要知识点有很大帮助的；第四，案例、视听材料等有助于学生形成直观印象进而帮助其理解掌握知识点的其他材料；第五，陈旧知识点在当前社会环境下衍生出新意的；第六，实践中发展的新思想、新技术、新方法。

（4）实践性配套教材的融合

职业教育更加注重职业岗位要求和专业技能的培养，对学生动手操作能力要求更高。因而，单纯依靠理论性教科书无法满足需要，还要求授课教师准备实践性配套教材，这种配套教材可以是实验室操作、电脑上模拟、课堂情境案例分析，也可以是操作过程录像、实地观摩等。财务管理专业的很多核心类课程都没有现成的实践性配套教材，因此，需要教师根据学校教学条件、授课进度以及授课内容自行准备，并将其融合在教学内容中。

第二节 专业核心类课程教学法适应性分析

一、财务会计课程适应性教学方法

财务会计课程各章节内容适合的教学方法示例见表7-6。

表7-6　　　　　财务会计课程可选择教学方法汇总表

章节	讲授教学法	案例教学法	研讨教学法	分组角色扮演法	单人业务模拟法	实验教学法	实践教学法
货币资金的核算	√			√	√	√	√
应收和预付款项的核算	√				√		√

续表

章节	讲授教学法	案例教学法	研讨教学法	分组角色扮演法	单人业务模拟法	实验教学法	实践教学法
存货的核算	√				√		√
投资的核算	√				√		√
固定资产的核算	√				√		√
无形资产的核算	√				√		√
其他长期资产核算	√				√		√
流动负债的核算	√				√		√
长期负债的核算	√				√		√
债务重组的核算	√			√	√		√
投入资本的核算	√				√		√
留存收益的核算	√				√		√
生产成本的核算	√				√		√
期间费用的核算	√				√		√
收入的核算	√				√		√
利润的核算	√				√		√
资产负债表	√				√		√
利润表	√				√		√
现金流量表	√				√		√
所有者权益变动表	√				√		√
财务报表附注	√				√		√
会计政策及其变更	√				√		√
会计估计变更	√				√		√
会计差错更正	√				√		√
资产负债表日后事项	√				√		√

二、财务分析课程适应性教学方法汇总

财务分析课程各章节内容适合的教学方法示例见表 7-7。

表 7-7　　　　　　财务分析课程可选择教学方法汇总表

章节	讲授教学法	案例教学法	研讨教学法	分组角色扮演法	单人业务模拟法	实验教学法	实践教学法
财务分析理论	√						√
财务分析信息基础	√						√
财务分析程序与方法	√	√			√		√

续表

章节	讲授教学法	案例教学法	研讨教学法	分组角色扮演法	单人业务模拟法	实验教学法	实践教学法
资产负债表分析	√	√	√	√	√		√
所有者权益变动表分析	√	√	√	√	√		√
利润表分析	√	√	√	√	√		√
现金流量表分析	√	√	√	√	√		√
企业盈利能力分析	√	√	√	√	√	√	√
企业营运能力分析	√	√	√	√	√		√
企业偿债能力分析	√	√	√	√	√		√
企业发展能力分析	√	√	√	√	√		√
综合分析与业绩评价	√	√	√	√	√		√
趋势分析与预测分析	√	√	√	√	√		√
企业价值评估	√	√	√	√	√		√

三、公司财务与案例课程适应性教学方法汇总

公司财务与案例课程各章节内容适合的教学方法示例见表7-8。

表7-8　　公司财务与案例课程可选择教学方法汇总表

章节	讲授教学法	案例教学法	研讨教学法	分组角色扮演法	单人业务模拟法	实验教学法	实践教学法
总论	√	√					√
财务管理的价值观念	√	√	√			√	√
筹资规模	√	√	√		√	√	√
筹资方式	√	√	√	√	√	√	√
筹资决策	√	√	√		√	√	√
固定资产投资管理	√	√	√		√	√	√
证券投资管理	√	√	√		√	√	√
营运资金管理	√	√	√		√	√	√
利润的预测与计划管理	√	√	√		√	√	√
利润分配管理	√	√	√		√	√	√

四、高级财务管理课程适应性教学方法汇总

高级财务管理课程各章节内容适合的教学方法示例见表7-9。

表 7-9　　高级财务管理课程可选择教学方法汇总表

章节	讲授教学法	案例教学法	研讨教学法	分组角色扮演法	单人业务模拟法	实验教学法	实践教学法
企业并购财务管理的基本理论	√	√	√			√	√
企业并购估价	√	√	√		√	√	√
企业并购运作	√	√	√		√	√	√
企业集团治理机制与财务管理体制	√	√	√	√		√	√
企业集团财务战略	√	√	√				√
企业集团预算管理	√	√	√				√
企业集团税收筹划	√	√	√				√
企业集团业绩评价	√	√	√				√
国际企业筹资管理	√	√	√				√
国际企业投资管理	√	√	√				√
国际企业营运资金管理	√	√	√				√
国际企业税收管理	√	√	√				√
中小企业财务管理	√	√	√				√
企业破产预警管理	√	√	√				√
企业重整与和解财务管理	√	√	√				√
企业破产清算财务管理	√	√	√				√

五、营运资金管理课程适应性教学方法汇总

营运资金管理课程各章节内容适合的教学方法示例见表 7-10。

表 7-10　　营运资金管理课程可选择教学方法汇总表

章节	讲授教学法	案例教学法	研讨教学法	分组角色扮演教学法	单人业务模拟教学法	实验教学法	实践教学法
营运资金管理概述	√	√	√				
营运资金需求预测	√	√	√				√
营运资金筹集	√	√	√				√
营运资金管理绩效评价	√	√	√				√
业务创新及营运资金管理	√	√	√				√
制度创新与营运资金管理	√	√	√	√			√
金融创新与营运资金管理——供应链融资	√	√	√	√			√

第三节　专业核心类课程类教学法的实践应用

一、公司财务与案例课程"项目投资决策"的讲授教学法

1. 教学对象分析

本节课的教学对象是中等职业学校财务管理专业××年级××班学生，已经具备了会计学基础、中级财务会计、财务管理原理等知识基础，对货币时间价值观念以及固定资产折旧等知识已经初步掌握，并且与公司财务与案例课程的授课教师经过了一个多月的学习接触，已经慢慢能够跟上授课教师的授课思维和语速。从学风上看，该班学生的学习风气较好，在一小部分同学的带动下能够对课堂上未能顺利掌握的知识进行课后探讨，求知欲较强，从心理上能够接受教师采用讲授法进行授课。

2. 教学内容分析

公司财务与案例课程中的"项目投资决策"或"固定资产投资决策"的教学内容有两大问题：项目或固定资产投资决策的现金流量估算以及项目或固定资产投资决策评价指标。该内容涉及的知识点综合性较强，决策过程中的思维方式与学生在日常生活中的思维方式有较大的区别，因而较难被学生理解和掌握，面对该问题往往显得无从下手，决策思路较为混乱，因而特别需要教师在讲授过程中注意讲授艺术和技巧，帮助学生理解和掌握这部分的知识点。

3. 教学目标分析

该节课的教学目标有三个：第一，掌握项目或固定资产投资决策时现金净流量的估算方法；第二，掌握项目或固定资产投资决策时的评价指标选择；第三，理解项目或固定资产投资决策的基本程序及注意事项。

4. 教学实施过程

教师可以从固定资产形成过程导入项目或固定资产投资现金流量的估算方法，跟学生在黑板上采用现金流量图的方式一起想象一个固定资产从开始建立到完工投入使用再到最终报废的整个过程，该想象过程可以在黑板上形成现金流量图的时间轴，具体绘制示例如下：

图 7-1　固定资产形成过程的时间轴

教师以图 7-1 为依托从 0 点开始跟学生一起分析，从 0 到 m 点这 m 年固定资产建设完成，并投入使用，从 m 点开始到 m+n 点这 n 年是固定资产投入使用的时期，由此引入固定资产寿命期的概念，并讲解前 m 年固定资产建设的时期被称为项

目或固定资产的建设期,后 n 年固定资产投入使用的时期被称为项目或固定资产的运营期,建设期和运营期之和是项目的整个寿命期,并将该讲解表现在黑板的板书上,见图 7-2。

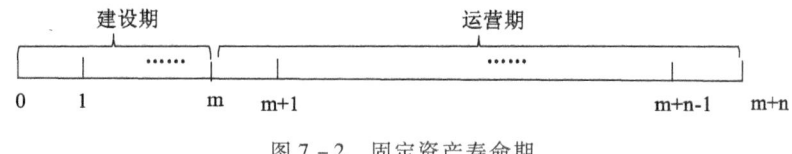

图 7-2 固定资产寿命期

接下来教师可以开始讲第一个问题:项目或固定资产现金流量的估算。

首先,教师依然根据板书从 0 开始跟学生一起想象,如果他们要建造一项固定资产,那么会发生哪些现金流出量,又会发生哪些现金流入量,想象完毕后,将这些现金流出量和现金流入量列示在黑板上。现金流出量主要包括建设期投资、垫支营运资金、付讫经营成本、各项税款、其他现金流出等;现金流入量主要包括营业收入、回收固定资产残值、回收流动资金、其他现金流入等。然后引入固定资产投资决策中现金流量的概念,强调其是项目所引起的现金流量的增量。

在学生理解现金流量概念的基础上开始介绍现金净流量的概念,强调其是某个时点现金流入量和现金流出量之差,并根据现金净流量时点的不同介绍三种现金净流量:初始现金净流量、营业现金净流量和终结现金净流量,同时跟学生一起推导营业现金净流量的三个计算公式。此时,教师可以结合教科书中的例题跟学生一起计算现金净流量,并将该现金净流量画在黑板的时间轴上,形成固定资产投资的现金流量图,详见图 7-3。

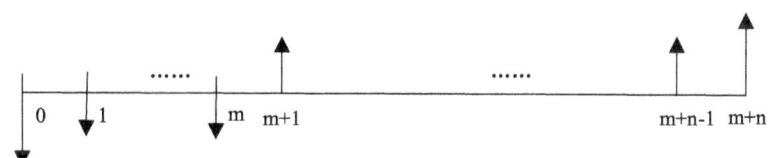

图 7-3 固定资产投资现金流量图

其次,在介绍完现金流量的估算后,要跟学生强调估算现金流量应该注意的问题:第一,为什么用现金净流量而不用利润;第二,估算现金净流量要考虑货币时间价值;第三,引入机会成本的概念等。

讲授完固定资产现金流量的估算后,教师可以指着图 7-3,让学生看该项固定资产是否应该投资,从而引出固定资产投资决策还需要评价指标的帮助,接着讲授固定资产投资决策评价的静态指标和动态指标,并结合例题讲授各个指标的计算方法以及评价规则。

最后,根据课堂讲授情况,教师可以给学生布置课后思考题或作业题,让学生尽快掌握该部分知识点。

5. 教学效果评价

讲授教学法的教学效果评价表见表 7-11。

表 7-11　　　　　　　　讲授教学法教学效果评价表

	评价项目	分值	A 1	B 0.8	C 0.6	D 0.4	E 0.2
1	教学内容符合教学目标	10 分					
2	教学目标定位准确,符合培养方案	10 分					
3	教学过程设计科学合理,教学难点和重点处理得当	9 分					
4	教学步骤设计符合逻辑,知识脉络讲授清晰	9 分					
5	教师准备充分,语言流畅,叙述条理清晰	9 分					
6	教学气氛活跃、师生互动热烈	9 分					
7	教学内容能反映或联系专业发展的新思路、新概念、新成果	8 分					
8	教材选择合适,利用度高	8 分					
9	板书工整清晰,能有效利用各种教学媒体	8 分					
10	教学方法对学生知识技能的提高具有启发性	10 分					
11	学生当堂掌握情况好	10 分					
12	教学效果总评	100 分					

对本节课教学内容、方法、手段等的具体指导意见或建议:

签字:
年 月 日

二、高级财务管理课程并购专题中"并购目标公司选择"的案例教学法

1. 教学对象分析

本节课的教学对象是中等职业学校财务管理专业××年级××班级的学生。该学生已经是大学三年级的下学期（即第 6 学期），已经完成了所有财务管理专业基础课程和绝大部分财务管理专业核心课程的学习,具备了财务管理原理、公司财务

与案例等知识,具有较强的理解力,拥有对简单案例进行分析的知识储备和意愿,因即将毕业,对与实践联系更加紧密的案例分析有足够的热情。

2. 教学内容分析

本节课是高级财务管理课程并购专题中的一节内容——并购目标公司的选择。具体内容包括四个:一是并购目标公司选择的程序、二是并购目标公司的发现、三是并购目标公司的审查、四是并购目标公司的评价。本节课的教学重点是让学生理解并购目标公司选择的基本程序,并引出并购目标公司审查和评价的重要性,教学难点在于并购目标公司的发现。该节课的内容与学生能够理解的实践较远,如果单纯采用讲授法会显得非常枯燥,不利于在学生头脑中形成直观且深刻的印象,因而可以选择案例法来讲授。

3. 教学目标分析

本节课的具体教学目标有三个:第一,理解并购目标公司选择的重要性及基本程序;第二,掌握并购目标公司发现的基本手段;第三,掌握并购目标公司审查的主要内容。

4. 教学过程分析

为了让学生更好地理解并购目标公司选择的重要性并初步了解并购目标公司选择过程中的错误做法,教师可以在该节内容讲授之前用一个案例来引导学生将思路集中在并购目标公司的选择上,本节课选取的案例是一个并购者因没有遵循并购目标公司选择的基本程序而导致投资失败的一个案例,具体内容如下:

一个现金充裕的文件柜制造企业的首席执行官在一次商务旅行的飞机上碰巧挨着一个并购经纪人。他提到他的企业正在寻找一项可带来发展前景的兼并。这位经纪人高兴地说:"渔场,这可是一个好买卖,正火着呢!鲶鱼、小龙虾、虾米,甚至还有水箱里生长的大龙虾!为什么不买进一个渔场呢?我正好知道有个渔场要出售!"然后,这位生产了30年文件柜的老板马上迷上了捕鱼业,并且忘记了应购买一家能利用他们工厂专业技能和销售网络的企业,反而开始转向经营管理渔场。他们在鲶鱼捕捞的淡季斥巨资买下了这个严重亏损的渔场。麻烦来了,他们并不熟悉捕鱼业的行业技能。在他们学习这些技能时,原有的文件柜生意一落千丈!

阅读完该案例后,教师可以引导学生进行思考:

(1)你认为该文件柜制造企业的CEO此次并购是否成功,若不成功,其最主要的问题是什么?

(2)你认为其在并购目标公司选择过程中犯了哪些错误?

案例的第一个问题无疑帮助学生清楚地认识到并购目标公司选择的重要性,而第二个问题的回答则启发学生运用已有的知识进行思考,从反面认识到怎样做是错误的。教师在授课过程中可以根据学生的回答将学生指出的不当之处划出来以便大家一起分析。教师可帮助学生分析这个案例中发现的主要问题:

第一,目标公司发现的随意性,未搜集信息!原因是"在一次商务旅行的飞机上碰巧挨着一个并购经纪人";

第二，目标公司的选择偏离了发展战略，未根据战略制定选择标准！原因是"忘记了应购买一家能利用他们工厂专业技能和销售网络的企业，反而开始转向经营管理渔场"；

第三，对目标公司进行审查！原因是"在鲶鱼捕捞的淡季斥巨资买下了这个严重亏损的渔场"；

第四，未对目标公司价值进行详细评估，价值创造逻辑不清！原因是"……淡季斥巨资……他们并不熟悉捕鱼业的行业技能"。

由此引出本节课的后续授课内容。

在讲授并购目标公司选择的基本程序的时候，结合案例强调在真正开始并购目标公司选择之前，先确定本公司价值创造逻辑的重要性；在讲授并购目标公司的审查时，具体的审查内容的讲授也可以结合案例进行解释。

5. 教学效果评价

案例教学法教学效果评价表见表 7－12。

表 7－12　　　　　　　　　案例教学法教学效果评价表

	评价项目	分值	A 1	B 0.8	C 0.6	D 0.4	E 0.2
1	教学内容符合教学目标	10 分					
2	教学目标定位准确，符合培养方案	10 分					
3	教学过程设计科学合理，教学难点和重点处理得当	9 分					
4	案例符合教学目标和教学内容	9 分					
5	对案例的分析能围绕教学目标和教学内容进行	9 分					
6	教学气氛活跃、师生互动热烈	9 分					
7	教学内容能反映或联系专业发展的新思路、新概念、新成果	8 分					
8	教师准备充分，总结提炼到位	8 分					
9	充分利用电脑等多种媒体进行讲授	8 分					
10	教学方法对学生知识技能的提高具有启发性，促进学生进行深入的以及发散思维的思考	10 分					

续表

	评价项目	分值	A 1	B 0.8	C 0.6	D 0.4	E 0.2
11	学生当堂掌握情况好	10 分					
12	教学效果总评	100 分					

对本节课教学内容、方法、手段等的具体指导意见或建议：

签字：
年 月 日

三、公司财务与案例课程中"应收账款管理"的案例教学法

1. 教学对象分析

本节课的教学对象是中等职业学校财务管理专业××年级××班学生，已经完成了会计学基础、财务会计、财务管理原理等知识的学习，具备一定的财务管理思维，对企业理财环境有了大致的了解，能够运用网络等搜集相关信息服务于核心类课程的学习，偏好案例分析。

2. 教学内容分析

公司财务与案例中的"应收账款管理"是营运资金管理的一部分，其理论形成于 20 世纪 50~60 年代，相对成熟，而实践中又有新的管理观点、管理思想产生。应收账款管理一节包含四个内容：应收账款的功能与成本、应收账款管理的目标、应收账款信用政策的制定以及应收账款的日常管理。本案例涉及的是应收账款信用政策的制定以及应收账款的日常管理两个内容的讲授。

3. 教学目标分析

该节课的教学目标有三个：第一，掌握应收账款信用政策的内涵及相关决策；第二，理解收账款日常管理的主要技巧；第三，了解应收账款管理领域的新观点、新思路和新技术。重点是应收账款信用政策的内涵及相关决策；难点是应收账款信用标准的决策及应收账款管理新动向。

4. 教学实施过程

教师在讲授应收账款信用政策的制定时，可以将所有知识点穿插在案例中进行。因此，教师可以先给大家提供一个案例，将知识点作为案例问题的答案结合案例对知识点进行讲授。例如以四川长虹应收账款管理案例为引导：

四川长虹是 1988 年 6 月 7 日由国营长虹机器厂独家发起并控股成立的股份制试点企业，同年 7 月 29 日经中国人民银行绵阳市分行批准，向社会公开发行人民币普通股股票 3600 万元。1994 年 3 月 11 日，四川长虹在上海 A 股上市，每股发行价 1 元，但上市首日开盘价即达到 16.80 元，首日收盘达到 19.69 元。在 1997 年 5 月一度达到 66.18 元的历史最高位，是上海 A 股市场的龙头。

作为国家"一五"期间的156项重点工程的受益者之一,长虹净资产从3950万元迅猛扩张到133亿元,成为"中国彩电大王",连续四年获"金桥奖","长虹"品牌也成为全国驰名商标。其经营的范围较广,业务发展到彩电、背投、空调、视听、器件、网络、电池、设备、游戏、液晶电视机、安防产品、应用电视等。四川长虹是奉行成本领先战略的典型,20世纪90年代凭借其成本优势通过几次大规模的价格战成功登临中国彩电业的王座,市场份额一度达到27%,彩电销量连年居全国第一。

上市之初,四川长虹的利润连年快速增长。然而好景不长,从1998年开始,彩电价格战愈演愈烈,使得彩电业的利润很快被稀释掉,而且市场上彩电已出现了供大于求的局面,此时四川长虹的经营业绩开始直线下降,1998年、1999年、2000年的净利润分别为20亿、5.3亿、2.7亿。

为遏制经营业绩的下滑以及由此而带来的长虹股价的下跌,2001年2月,倪润峰再度出山,欲力挽狂澜,选择走海外扩张之路,力求成为"全球彩电霸主",为四川长虹寻找一个新的利润来源。

数次赴美考察后,四川长虹与当时在美国有一定影响的APEX公司进行了商谈。从2001年7月,一车车的彩电从长虹发出去,由APEX公司在美国直接提货。然而奇怪的事情发生了,彩电出去了,货款却未到。APEX公司总是以质量或货未收到为借口,拒付或拖欠货款。而按照出口合同,接货后90天内APEX公司就应该付款,否则长虹方面就有权拒绝发货。然而,四川长虹一方面提出对账的要求,另一方面继续发货,直到2004年初,四川长虹又发出了3000多万美元的货给APEX。而且,在四川长虹的海外销售额中,APEX公司,作为四川长虹对美出口最大的经销商,一直占有较高的比例(如表7-13所示)。

表7-13　　　　　四川长虹2001~2004年海外销售情况　　　　　单位:人民币元

期间	主营业务收入	海外销售额	APEX销售额	APEX回款额	APEX应收账款余额	APEX销售额占海外销售额的比例	净利润
2001	95.15		3.47		3.47		0.89
2002	125.85	55.41	50.65	15.75	38.29	91.41%	1.76
2003	141.33	50.38	35.18	29	44.51	69.83%	2.42
2004	115.38	28.71	2.95	9.04	38.37	10.28%	-36.81
2005	150.61	22.54	-1.29	0.15	36.93		2.85

注:资料来自于四川长虹年报数据整理,人民币美元换算比例1:8.289。

由于APEX的长期拖款,使得四川长虹的应收账款连年创出新高。应收账款在主营业务收入中的比例也与年俱增。截至2003年12月31日,仅应收账款一项的期末余额就高达50.84亿元,而在这笔50.84亿元的巨额应收账款中,仅来自国外购货商APEX公司一家的欠款就高达44.51亿元,大量的应收账款集中于一家经销商,其风险不言而喻。而在2002年年报时APEX公司拖欠四川长虹的货款金额为38.29

亿元,当时就已经受到市场很大的质疑,而公司 2003 年年报应收 APEX 公司的欠款不仅比年初时增加了 6.22 亿元,同时还出现了 9.34 亿元账龄在一年以上的欠款,四川长虹虽已经为此计提了 9338 万元的坏账准备。截至 2004 年底,长虹应收 APEX 公司货款 38.37 亿元人民币,按个别认定法计提坏账准备 25.97 亿元,致使长虹巨亏 36.81 亿元人民币,此前公司一直按照账龄分析法对 APEX 公司正常计提坏账准备。2004 年 12 月 14 日,长虹向美国加利福尼亚州洛杉矶高等法院提起诉讼,开始追讨欠款。

案例问题:
(1) 四川长虹的应收账款管理(信用)政策是否成功?
(2) 四川长虹还可以采取哪些措施进行应收账款管理?

介绍完案例,教师可以结合第一个案例问题讲授应收账款信用政策的制定。成功的信用政策应包含三个方面:信用标准、信用条件和收账政策。

首先,结合四川长虹的案例来说明什么是信用标准,信用标准的高低如何影响企业收益,制定信用标准时应该考虑哪些因素等等。在讲授信用标准时可以让学生从案例中找到四川长虹制定了信用标准的依据,如"数次赴美考察后,四川长虹与当时在美国有一定影响的 APEX 公司进行了商谈",表明四川长虹是经过信用调查后才决定给予 APEX 公司提供商业信用。

其次,讲授信用条件。让学生从案例中找到四川长虹给 APEX 公司的信用条件,即信用期是多少天,是否有提供现金折扣等。"按照出口合同,接货后 90 天内 APEX 公司就应该付款",表明信用期是接货后 90 天(3 个月)。紧接着讲授信用条件是如何确定的,即采用增量分析法确定信用标准,并讲授现金折扣的相关知识。

最后,讲授收账政策。让学生分析四川长虹公司的收账政策是何种类型的收账政策,在其应收账款管理中是否存在问题,存在哪些问题等。2001 年底,信用条件被违背,四川长虹仅要求对账,表明公司实行的是消极的收账政策。

这样,通过这一案例,即表明了应收账款管理的重要性,也让大家对信用政策的具体内容有了直观的认识。

接下来,教师可以结合第二个问题讲授应收账款管理的新动向,引出应收账款保险、应收账款保理等新的知识点。

5. 教学效果评价

案例教学法的教学效果评价表见表 7-14。

表 7-14 案例教学法教学效果评价表

	评价项目	分值	A 1	B 0.8	C 0.6	D 0.4	E 0.2
1	教学内容符合教学目标	10 分					
2	教学目标定位准确,符合培养方案	10 分					

续表

评价项目		分值	A 1	B 0.8	C 0.6	D 0.4	E 0.2
3	教学过程设计科学合理，教学难点和重点处理得当	9分					
4	案例符合教学目标和教学内容	9分					
5	对案例的分析能围绕教学目标和教学内容进行	9分					
6	教学气氛活跃、师生互动热烈	9分					
7	教学内容能反映或联系专业发展的新思路、新概念、新成果	8分					
8	教师准备充分，总结提炼到位	8分					
9	充分利用电脑等多种媒体进行讲授	8分					
10	教学方法对学生知识技能的提高具有启发性，促进学生进行深入的以及发散思维的思考	10分					
11	学生当堂掌握情况好	10分					
12	教学效果总评	100分					

对本节课教学内容、方法、手段等的具体指导意见或建议：

签字：
年　月　日

四、财务分析课程"综合分析与业绩评价"的研讨课教学法

1. 教学对象分析

本节课的教学对象是中等职业学校财务管理专业××年级××班学生，已经完成了会计学原理、中级财务会计以及财务分析中的利润分析、现金流量分析等知识的学习，具备一定的财务分析能力。

2. 教学内容分析

财务分析课程中的"综合分析与业绩评价"是财务分析课程中的重要内容,综合性较强,虽然目前已经有了一些综合分析理论,但是,对企业的综合判断问题是仁者见仁、智者见智,不同的人从不同的角度去分析可以得出截然不同的结论。教师在讲授"综合分析与业绩评价"内容时,固然需要讲授杜邦分析法、沃尔比重评分法等相对成熟的方法,但尽量不要让学生形成思维定势,只知道将数据套入到这样的方法中,让学生学会带着目的进行分析十分必要。因而,教师可以在这里安排一节课进行研讨,充分解放学生的思维。

3. 教学目标分析

该节课的教学目标有两个:第一,学会运用财务分析的知识对企业发展情况进行诊断和预测;第二,掌握必要的综合分析技能和方法。教学的重点是综合分析技能和方法。

4. 教学实施过程

首先,进行课前准备工作:

第一,为学生提供一个企业的部分素材,包括企业名称、企业的上市代码以及企业所在的行业,要求学生课下搜集该企业的其他信息,结合所学财务分析知识,对其业绩进行评价,并在本节课进行分组展示和研讨。

第二,根据学生的自由选择进行分组,分为股东组、债权人组、员工组、交易伙伴组共四组。分组的目的在于学生带着身份对企业业绩进行评价。

其次,进行课堂教学过程设计:

教师首先跟学生一起回顾一下财务分析可以选择的一些方法后将企业实际情况进行简单介绍,接下来请各组同学代表汇报本组评价结果,并要求学生给出最终的评价结论:该企业的业绩如何?你作为股东/债权人/交易伙伴/员工是否要继续投资该企业或继续与该企业进行交易或继续任职于该企业等。

第二个环节是各组代表汇报本组业绩评价结果,每个小组 8 分钟。在这个环节中,教师要重点关注学生得出结论的适当性,如分析方法的适当性、指标选择的适当性等。

第三个环节是各组全方位大讨论(约 10 分钟),旨在允许学生指出对方小组在汇报中发现的问题,如指标选用是否合适、数据计算是否正确、指标结果的利用是否合适等。教师在这个环节应注意控制学生讨论的氛围,要热烈而不敌对,此外,引导学生不要偏离讨论的主题,并注意揭示本节课教师想要学生收获的知识。

最后是教师对本节课进行总结,点评各组分析效果,提炼本节的收获,引出下节课的学习内容。

5. 教学效果评价

研讨教学法教学效果评价表见表 7-15。

表 7-15　　　　　　　　　　　研讨教学法教学效果评价表

	评价项目	分值	A 1	B 0.8	C 0.6	D 0.4	E 0.2
1	教学内容符合培养方案和教学目标	10 分					
2	教学内容科学合理，教学难点和重点处理得当	10 分					
3	教学环节围绕主题衔接紧密	10 分					
4	知识结构清晰，内容充实，信息量大	10 分					
5	教师准备充分，对学生遇到的问题能及时、合理解决	10 分					
6	研讨气氛热烈、友好，学生发言积极	10 分					
7	促进学生理性思考，做到学有所用	10 分					
8	引发学生联想、创新，激发学习兴趣与热情	10 分					
9	学生当堂掌握情况好	10 分					
10	充分利用电脑等多种媒体教学手段	10 分					
11	教学效果总评	100 分					

对本节课教学内容、方法、手段等的具体指导意见或建议：

签字：
年　月　日

五、公司财务与案例课程"存货采购管理"的角色扮演教学法

1. 教学对象分析

本节课的教学对象是中等职业学校财务管理专业××年级××班级的学生。该学生处于大二下学期，虽然已经完成了绝大多数财务管理专业基础课程的学习，具备了财务管理原理、管理学原理等知识，但由于专业知识掌握得不够深入，对企业实际生产经营了解较少，因而专业理解能力还有所欠缺，对于与企业日常生产经营衔接较为紧密的管理程序和内部控制程序还很模糊，因而有必要采用角色扮演扮演教学法加深学生对具体管理流程的理解。

2. 教学内容分析

本节课是公司财务与案例课程中流动资金管理决策这一章的存货管理部分的内

容。存货是生产性企业不可缺少的物资,应想方设法使学生理解,由于存货管理流程涉及的部门众多,因而可采用角色扮演教学法进行讲授。

3. 教学目标分析

本节课的教学目标是掌握原材料存货管理的主要环节以及不同环节原材料存货管理的重点内容,将存货经济订货批量、原材料资金定额的核定等管理技术融入到原材料存货管理环节中。

4. 教学过程分析

课前准备:课前教师应先进行角色扮演法的角色安排和角色内容布置。通常,原材料管理涉及的部门有生产部、采购部、仓库、财务部,还有供应商等。因而教师首先应选择7名同学来分饰生产部A车间人员、生产部B车间人员、采购员、仓库管理人员、财务会计、供应商A和供应商B等角色。然后要求这些同学课下查询自己的职责或直接为这些同学设定工作内容,请同学提前熟悉自己需要做的主要工作以及复习需要应用到的知识。

课堂上,教师首先用10分钟左右的时间回顾存货管理相关的知识点,并讲解原材料存货管理的主要流程,详见图7-4。然后向不同角色同学发放原材料管理单据,宣布角色扮演(模拟)开始,请7名同学上台根据图7-4进行表演。

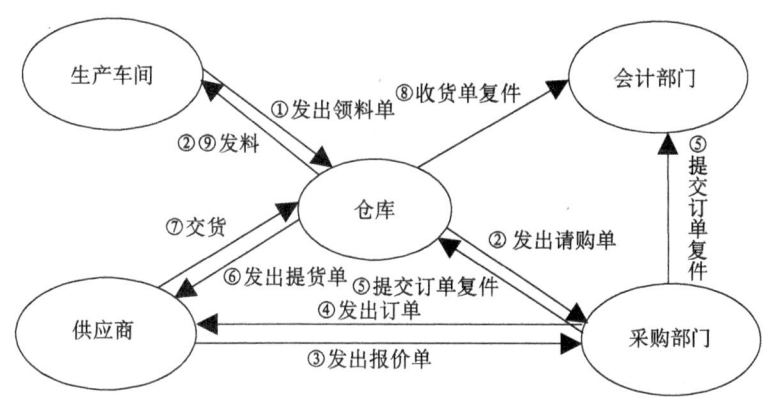

图7-4 原材料存货管理主要环节

第一场景,A生产车间同学和B生产车间同学分别向仓库发出领料单,这两名同学要正确填写领料的种类以及数量;然后,仓库管理人员扮演者分别对两份领料单进行检查,A生产车间所需A原材料尚有存货,可以直接发料,但B生产车间所需B原材料库存不足或发货完毕后库存不足,需要再次采购。此时,仓库管理人员扮演者应根据教师讲授的原材料卡片账管理法等知识点确定采购B原材料的品质、规格型号以及到货日期等。

第二场景,仓库管理人员扮演填写请购单并发给采购部门的同学,采购部门同学一方面获取供应商同学发来的报价单,另一方面根据教师讲授的经济订货批量知识测算本次采购数量,选择好供应商后向供应商发出订单,并与供应商签订订货合同，约定原材料的品质、交货期等，同时约定对方给予的信用条件。订货合同签订好后将订单复件分别发给仓库和财务部门。

第三场景，财务部门的财务会计扮演同学要根据订单复件登记账簿，做出相应的会计分录和付款计划。

第四场景，仓库管理人员扮演的同学向供应商发出提货单，供应商供货后，仓库管理人员要对采购的原材料进行盘点核对，看其与订货合同是否一致。然后填列收货单，并将收货单复件发给财务部门。财务会计扮演同学根据收货单复件做出会计处理，登记账簿，并组织还款。

角色扮演完毕，教师应请同学分分析这7名同学在角色扮演过程中是否存在问题，如何改正，使所有同学都参与进来。最后，教师对角色扮演情况进行点评，要充分肯定同学们的精彩表演，对各环节涉及的知识点进行再次回顾，相信同学们有了直观的认识后，对这些知识点的理解会更充分，记忆更深刻。

教师还可以视课时安排情况将该角色扮演法向前、向后延伸，向前延伸到生产车间的在产品和完工成品，向后延伸到财务部门付款、供应商确定信用政策等，使案例更加充实。此外，为了提高学生参与度，教师也可以将学生分成7人小组，不同小组同时进行表演。

5. 教学效果评价

角色扮演教学法教学效果评价表见表7-16。

表7-16 角色扮演教学法教学效果评价表

	评价项目	分值	A 1	B 0.8	C 0.6	D 0.4	E 0.2
1	教学内容符合培养方案和教学目标	10分					
2	表演内容符合教学目标和教学内容	10分					
3	能加深学生对所扮演的角色的价值观的了解	10分					
4	表演情节清晰、内容充实、信息量大	10分					
5	教师准备充分，对学生遇到的问题能及时、合理解决	10分					
6	教学气氛愉快，学生表现活跃，课堂氛围好	10分					
7	促进学生理性思考，做到学有所用	10分					
8	引发学生联想、创新，激发学习兴趣与热情	10分					
9	学生当堂掌握情况好	10分					

续表

	评价项目	分值	A 1	B 0.8	C 0.6	D 0.4	E 0.2
10	充分利用电脑等多种媒体教学手段	10分					
11	教学效果总评	100分					

对本节课教学内容、方法、手段等的具体指导意见或建议:

签字:
年 月 日

六、公司财务与案例课程"长期筹资决策"的实验教学法

1. 教学对象分析

本节课的教学对象是中等职业学校财务管理专业××年级××班级的学生。该学生已经是大学三年级的下学期（即第6学期），已经完成了所有财务管理专业基础课程和部分财务管理专业核心课程的学习，具备了财务管理原理、统计学原理等知识，具有一定的知识储备和运用一定的统计方法对知识进行检验和判断的能力。

2. 教学内容分析

本节课是公司财务与案例课程中长期筹资决策这一章的其中一节：资本结构决策。资本结构是影响企业价值的重要因素之一，因而其决策的标准和依据均为企业价值最大化。本部分将讲授三个大问题：一是早期的资本结构理论，包含净收益观点、净营业收益观点和传统观点；二是MM资本结构理论，包括MM资本结构理论的基本观点和MM资本结构理论的修正观点；三是新的资本结构理论，包含代理成本理论、信号传递理论和啄食顺序理论。这些理论有些理解起来较为容易，有些理解起来较难，尤其是MM资本结构理论，不仅是难点，也是教学的重点内容，是后续资本结构决策方法学习的基础。在教学条件允许的情况下教师可以采用实验教学法帮助学生深刻理解资本结构决策对企业价值的影响。

3. 教学目标分析

本节课的教学目标是理解有关资本结构的主要理论观点。

4. 教学过程分析

教师可以在介绍完资本结构理论的各种理论观点后，采用实验法跟学生对资本结构和企业价值之间的关系进行检验。即搜集一定时期一定数量企业的资产负债率（资本结构替代变量）和相应企业的托宾Q数据（企业价值替代变量）来进行检验，看两者是否存在相关关系以及存在何种相关关系。

本书在此选择2007~2013年中国A股上市公司的资产负债率和托宾Q值进行检验。对Q值进行分组统计结果见表7-17和图7-5。

表 7-17　　　　依据托宾 Q 分组的资产负债率描述性统计表

托宾 Q 分组	(0, 1]	(1, 2]	(2, 3]	(3, 4]	(4, 5]	(5, 6]
资产负债率均值	0.57	0.56	0.48	0.46	0.43	0.41
样本量	316	4180	2173	1014	464	290
托宾 Q 分组	(6, 7]	(7, 8]	(8, 9]	(9, 10]	(10, 11]	(11, ∞)
资产负债率均值	0.41	0.42	0.47	0.45	0.61	1.05
样本量	152	109	54	40	21	114

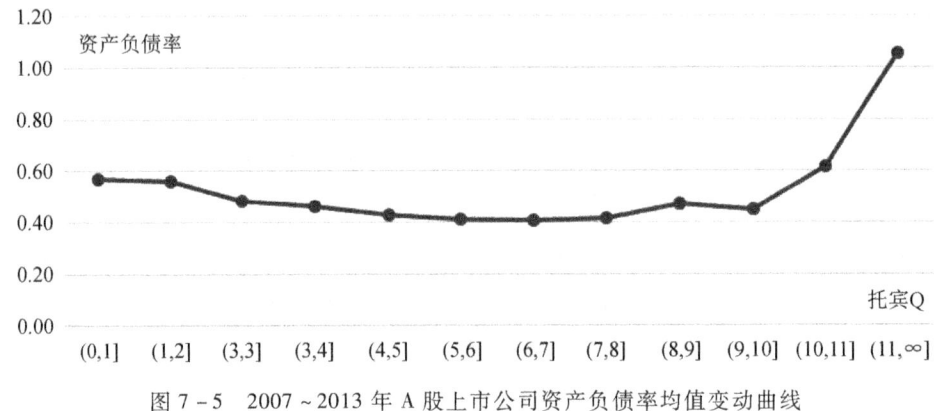

图 7-5　2007～2013 年 A 股上市公司资产负债率均值变动曲线

从图 7-5 可以看出，代表资本结构的资产负债率与企业价值托宾 Q 之间确实存在一定的相关性，但这种相关关系并非简单的线性关系。当企业价值较低时（图中为小于 10），资产负债率基本稳定在 40% 到 60% 之间；当企业价值较高时，企业价值与资产负债率之间呈明显的正相关关系，即企业价值高的同时，资产负债率也较高。反之，随着企业资产负债率的不断上升，企业价值也有继续上升的趋势，详见图 7-6。

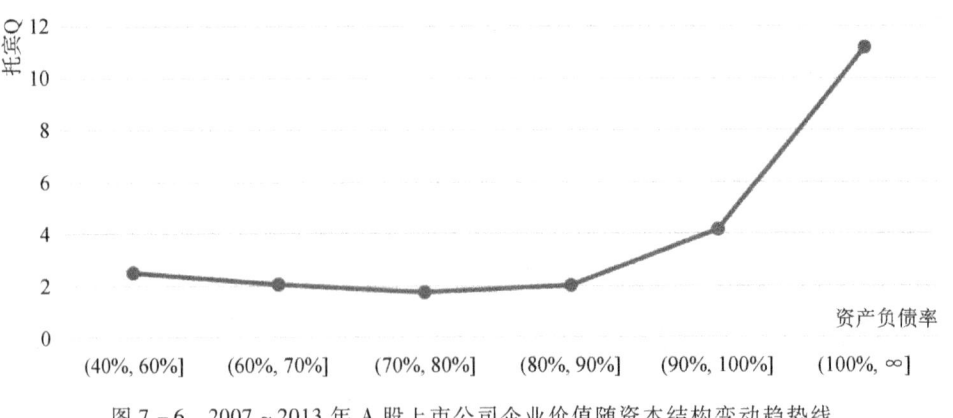

图 7-6　2007～2013 年 A 股上市公司企业价值随资本结构变动趋势线

通过该案例，不仅可以直观地向学生展示资本结构与企业价值之间的关系，还能够让学生了解我国企业当前资本结构的现状,对于中级财务管理筹资部分内容的学习具有较大帮助。

5. 教学效果评价

实验教学法教学效果评价表见表 7 – 18。

表 7 – 18　　　　　　　　　实验教学法教学效果评价表

	评价项目	分值	A 1	B 0.8	C 0.6	D 0.4	E 0.2
1	实验内容符合教学目标和教学内容	10 分					
2	教学目标定位准确,符合培养方案	10 分					
3	教学内容科学合理,教学难点和重点处理得当	10 分					
4	实验过程清晰、内容充实、信息量大	10 分					
5	实验环境良好	10 分					
6	教学气氛活跃、师生互动热烈	10 分					
7	实验内容能反映或联系专业发展的新思路、新概念、新成果	10 分					
8	实验内容能促进学生思考、联想和创新	10 分					
9	充分利用电脑等多种媒体进行讲授	10 分					
10	学生当堂掌握情况好	10 分					
11	教学效果总评	100 分					

对本节课教学内容、方法、手段等的具体指导意见或建议:

签字:

年　月　日

七、营运资金管理课程"多角度认识营运资金"的案例教学法

1. 教学对象分析

本节课的教学对象是职教师资财务管理专业三年级××班学生,已经具备了会计学基础、中级财务会计、初级财务管理、中级财务管理等知识基础,对营运资金的概念有基本的认识,刚开始系统深入学习营运资金管理的专业核心知识,为了从多角度认识营运资金,教师准备采用案例教学法,通过案例引入,启发学生对于营运资金的概念有全面的理解。

2. 教学内容分析

营运资金管理是日常财务管理的重要组成部分,维系企业的生存和发展。本节从营业活动、流动性、业务财务一体化等多个视角认识营运资金,提出本课程对营运资金、营运资本的概念界定,在此基础上,通过对营运资金分类、营运资金影响因素的分析和理解,构建营运资金管理的理念和框架。

3. 教学目标分析

该节课的教学目标有四个:第一,认识经济活动与营运资金;第二,理解营运资金的分类;第三,理解营运资金影响因素;第四,理解营运资金管理的理念和框架。

4. 教学实施过程

(1) 教师将案例内容布置给学生

【案例】风帆股份是一家生产蓄电池的上市公司,该公司2007年年报显示,公司2007年实现营业收入26.27亿元,同比增长40.29%,净利润1.16亿元,同比增长73.72%,业绩较上年大幅度提升,但其经营活动的现金净流量却为-11.11亿元,公司财务承受了巨大的压力。公司资产负债表显示,年初存货为4.48亿元,年末存货为12.11亿元,年初应收款项(含应收账款和应收票据)为2.24亿元,年末应收款项(含应收账款和应收票据)为4.86亿元,年初应付款项(含应付账款和应付票据)为3.24亿元,年末应付款项(含应付账款和应付票据)为2.22亿元。

案例思考:为什么在业绩大幅度提升的情况下公司却面临着巨大的财务压力?

(2) 学生自行准备

学生阅读案例材料,查阅指定的资料和读物以及教材,搜集必要的信息,并积极地思索,初步形成关于案例中的问题的原因分析和解决方案。教师可以在这个阶段给学生列出一些思考题,让学生有针对性地开展准备工作。

(3) 分组讨论

教师根据学生的个体情况,将学生划分为由3~6人组成的几个小组。小组成员个体情况要多样化,这样他们在准备和讨论时,表达不同意见的机会就多些,学生对案例的理解也就更深刻。各个学习小组的讨论地点应该彼此分开,小组应以他们自己有效的方式组织活动,教师不进行干涉。

(4) 集中讨论

各个小组派出自己的代表,发表本小组对于案例的分析和处理意见。发言时间一般应该控制在30分钟以内,发言完毕之后发言人要接受其他小组成员的询问并作出解释,此时本小组的其他成员可以代替发言人回答问题。集中讨论的这一过程为学生发挥的过程,此时教师充当的是组织者和主持人的角色。此时的发言和讨论是用来扩展和深化学生对案例的理解程度的。然后教师可以提出几个意见比较集中的问题和处理方式,组织各个小组对这些问题和处理方式进行重点讨论。这样做就将学生的注意力引导到方案的合理解决上来。

(5) 总结阶段

这种总结可以是总结规律和经验,也可以是获取这种知识和经验的方式。教师还可让学生以书面的形式作出总结,这样学生的体会可能更深,对案例以及案例所反映出来各种问题有一个更加深刻的认识。

对于上述多角度认识营运资金的案例,教师通过汇总学生的讨论,根据本课程的教学内容,总结的营运资金概念的界定如下:

本课程从两个层面界定营运资金:一是从资金使用或营业活动的流动资金需求的层面界定,即营运资金为流动资产减去营业活动流动负债后的差额;二是从资金融通或资金来源的层面来界定营运资金,但为了区分从资金使用或营业活动流动资金需求角度定义的营运资金,将营运资金称之为营运资本,即,营运资本等于流动资产与流动负债后的差额。营运资金与营运资本的关系:营运资金 = 营运资本 + 短期金融性负债。这种对于营运资金概念的界定,有助于加强营运资金需求预测和分析,有助于改进企业偿债能力的分析,有助于创新营运资金融资结构和财务风险的分析。

5. 教学效果评价

案例教学法教学效果评价表见表 7 – 19。

表 7 – 19　　　　　　　　案例教学法教学效果评价表

	评价项目	分值	A 1	B 0.8	C 0.6	D 0.4	E 0.2
1	教学内容符合教学目标	10 分					
2	教学目标定位准确,符合培养方案	10 分					
3	教学过程设计科学合理,教学难点和重点处理得当	9 分					
4	案例符合教学目标和教学内容	9 分					
5	对案例的分析能围绕教学目标和教学内容进行	9 分					
6	教学气氛活跃、师生互动热烈	9 分					
7	教学内容能反映或联系专业发展的新思路、新概念、新成果	8 分					
8	教师准备充分,总结提炼到位	8 分					
9	充分利用电脑等多种媒体进行讲授	8 分					
10	教学方法对学生知识技能的提高具有启发性,促进学生进行深入的以及发散思维的思考	10 分					

续表

评价项目		分值	A 1	B 0.8	C 0.6	D 0.4	E 0.2
11	学生当堂掌握情况好	10 分					
12	教学效果总评	100 分					

对本节课教学内容、方法、手段等的具体指导意见或建议：

签字：

年　月　日

八、营运资金管理课程"基于供应链融资的营运资金管理模式设计"研讨教学法

1. 教学对象分析

本节课的教学对象是职教师资财务管理专业三年级××班学生，已经具备了会计学基础、中级财务会计、初级财务管理、中级财务管理等知识基础，本学期学习了营运资金管理课程的大部分内容，对营运资金管理、资金需求预测、营运资金筹集、营运资金管理绩效评价等有系统的掌握，本节是该课程中最后一个关键问题，由于营运资金管理模式的设计没有绝对标准的解决思路和答案，学生可以运用前期的知识积累，针对不同的企业设计最佳的营运资金管理模式，因此，可以采用研讨教学法。

2. 教学内容分析

在整个供应链的运营过程中，资金流并非总是畅通无阻，往往在某些薄弱环节存在着瓶颈或资金缺口，通常这些瓶颈或资金缺口会出现在供应链上的中小企业。供应链融资站在供应链全局的高度，跳出了单个企业的传统局限，通过优势互补，协调供应链资金流，降低供应链整体财务成本。本节在分析供应链融资的产生原因和基本特点的基础上，重点对供应链融资的作用机理和基本模式进行剖析，并对基于供应链融资的营运资金管理模式进行设计。

3. 教学目标分析

该节课的教学目标有四个：第一，了解供应链融资；第二，理解供应链融资的作用机理；第三，掌握供应链融资的基本模式；第四，掌握基于供应链融资的营运资金管理模式设计

4. 教学实施过程

（1）确定研讨的主题

本节确定的研讨主题是基于供应链融资的营运资金管理模式设计，该主题是根据教学内容的要求设计的，不同的小组可以在这个主题的基础上，结合社会实践和实习的内容，确定一个具体的针对某个企业的营运资金管理。

（2）查阅文献资料

学生以个体或小组分工的形式，查阅文献资料或通过实地调研搜集有关资料，然后对搜集的资料进行整理、筛选、分析、形成观点，为课堂讨论和交流做好准备。这一阶段可以训练学生的学术研究能力和团队合作的精神。考虑到目前财务管理专业课程普遍大班人多的现象，在实施过程中应该以小组的形式进行，并且发挥教学助教的作用对学生进行指导。

（3）主题报告宣讲及课堂讨论交流

小组报告人利用多媒体对该主题的研究背景、方法、内容和结论观点等进行陈述之后，课程参与者向报告人提问，要求报告人对某些内容进行解释或表达看法。这一阶段可以训练学生的批判性思维和口头表达的能力。

（4）邀请实务界专家进行专题讲座

营运资金管理与企业目标和企业战略密切相关。与企业性质、组织结构特点和管理体制等密切相关。因此，其内容体系具有较强的复杂性和多变性，这决定了在教学内容上不仅需要密切跟踪管理实践的前沿动态和最新发展趋势，而且需要充分关注实践经验和典型案例，掌握该领域的管理实践最重要的应用技能和成功经验。因此，结合该课程的特点，在采用研讨教学法时，可以聘请名牌企业、金融机构的专家为学生讲授企业营运资金管理实践的前沿理念、先进经验和典型案例，以激发学生的对营运资金管理的学习和研究兴趣。

（5）修改报告论文

报告人或报告小组根据报告过程中教师、学生等所提出的问题和意见，以及专题讲座或社会实践调查等所受到的启发，按照学术论文写作规范的要求，将报告论文进行反复修改后最终提交。这一阶段可以训练学生学术论文的写作能力。

5. 教学效果评价

研讨教学法教学效果评价表见表 7 - 20。

表 7 - 20　　　　　　研讨教学法教学效果评价表

	评价项目	分值	A 1	B 0.8	C 0.6	D 0.4	E 0.2
1	教学内容符合培养方案和教学目标	10 分					
2	教学内容科学合理，教学难点和重点处理得当	10 分					
3	教学环节围绕主题衔接紧密	10 分					
4	知识结构清晰，内容充实，信息量大	10 分					
5	教师准备充分，对学生遇到的问题能及时、合理解决	10 分					
6	研讨气氛热烈、友好，学生发言积极	10 分					

续表

	评价项目	分值	A 1	B 0.8	C 0.6	D 0.4	E 0.2
7	促进学生理性思考，做到学有所用	10分					
8	引发学生联想、创新，激发学习兴趣与热情	10分					
9	学生当堂掌握情况好	10分					
10	充分利用电脑等多种媒体教学手段	10分					
11	教学效果总评	100分					

对本节课教学内容、方法、手段等的具体指导意见或建议：

签字：
年 月 日

思 考 题

1. 请自选财务管理专业核心课程的某一部分内容，尝试设计讲授教学法的授课环节。
2. 比较讲授教学法和案例教学法在财务分析课程中的应用情境。
3. 请搜集合适案例编写"筹资决策内容"的讲授案例。
4. 请自选一门财务管理专业类核心课程的教材，撰写教材分析报告。

第八章

职业教育类课程教学法

第一节 职业教育类课程内容及教材分析

一、职业教育类课程内容

课程是实现教育培养目标的主要载体,在教育教学中始终居于核心地位,统领着整个教育过程。教育所要实现的各个层次的目标及其所包含的知识、经验、技能和态度等要素均融于其中。财务管理职教师资专业的职业教育类课程主要包括职业教育学、职业教育心理学、现代教育技术、财务管理专业教学法和师德教育与班主任工作五门课程。

1. 职业教育学

职业教育学是财务管理职教师资专业学生的教育理论基础课程,主要阐述职业教育学学科的历史、介绍职业教育发展历史、讨论职业教育学的学科性质、研究对象、职业教育的本质、目标、体系等基本问题,辨析、澄清一些理论和实践问题,并对职业教育人才培养过程中的专业设置、教学、德育、职业指导和教师专业成长等基本环节、要素进行介绍和探索,旨在为职业教育人才培养、师资培训等工作给予正确的指导。其课程主要内容见表8-1所示。

表8-1 职业教育学课程教学主要内容

序号	教学内容	内容描述
1	职业教育学概述	介绍职业教育学的学科性质与地位;职业教育学的研究对象;职业教育学的产生与发展;职业教育学的研究任务和内容。
2	职业教育的特性及其发展	介绍职业与职业教育的内涵;职业教育的特性;职业教育的产生与发展;世界职业教育改革与发展趋势。
3	职业教育功能	介绍职业教育促进社会发展的政治、经济功能;职业教育与个体的职业发展;职业教育与人力资源开发。
4	职业教育培养目标	介绍确定职业教育培养目标的依据;我国职业教育培养目标的定位;职业教育培养目标的实现。

续表

序号	教学内容	内容描述
5	职业教育体系	介绍构建我国职业教育体系的依据与原则;我国职业教育体系的基本结构和构建要求;我国职业教育体系发展趋势。
6	职业院校专业设置	介绍专业设置概述;专业设置的原则和要求;职业院校专业设置的程序和方法。
7	职业教育教学	介绍教学的本质和特点;职业教育教学活动;职业教育教学方法;教学的组织形式;职业教育的实践教学。
8	职业院校德育工作	介绍职业院校德育的任务和内容;职业院校德育的原则和模式;职业院校德育的途径和方法。
9	职业院校职业指导	介绍职业院校职业指导的含义及功能;职业院校职业指导的内容;职业院校职业指导的具体实施。
10	职业教育教师的成长与发展	介绍职业教育教师的素质结构和职业教育教师的专业化发展。

2. 职业教育心理学

职业教育心理学,是教师教育各专业的一门核心基础课程,它是研究在职业院校情境中学与教的基本心理规律的一门应用学科。该课程将心理学、教育心理学的基本理论与职业教育理论相结合,介绍职业教育心理学的概念、理论体系及其发展,阐述并分析职业教育中的学生心理发展、学习心理、学习动机等,讨论教师心理发展、教育心理、职业态度的形成与发展,并对职业素质测评的方法和实施程序进行介绍和探索,旨在探讨职业教育过程中学与教的基本规律和方法,培养出具有较高职业教育技能和较高心理素质的职业院校教师。该课程的教学目标包括以下三个方面:(1)让学生在了解心理学和教育心理学基本理论的基础上,掌握职业教育心理学的基础知识和理论,掌握学与教的基本心理规律、方法和技能。(2)学生学会用所学知识和理论分析教学过程中的师生的心理和行为,初步形成职业教育的基本教育教学理念,自觉地运用职业教育心理学原理指导教育教学活动。(3)促进学生的身心发展,提高学生的心理健康水平和作为未来职业院校教师的综合素质。其课程主要内容见表8-2所示。

表8-2　职业教育心理学课程教学主要内容

序号	教学内容	内容概述
1	职业教育心理学概述	介绍教育心理学概述;职业教育心理学的概念与体系;职业教育心理学的发展;职业教育心理学的研究原则与方法;心理学的基础理论。
2	职业院校学生心理	介绍职业院校学生的心理发展;职业院校学生的心理健康教育;职业院校学生的心理辅导。
3	职业教育中的教师心理	介绍职业院校教师应具备的心理素质;职业院校教师的角色与压力;职业院校教师的心理健康及其维护。

续表

序号	教学内容	内容概述
4	职业教育学习心理	介绍职业知识的学习；职业技能的获得；职业学习中的迁移；几种学习理论与职业教育。
5	职业院校学生学习动机	介绍学习动机概述；职业院校学生内部动机的激发与维持；职业院校学生外部动机的调动。
6	职业态度的形成与发展	介绍职业态度概述；职业院校学生职业态度分析；职业态度的有关理论；培养良好的职业态度。
7	职业教育教学心理	介绍职业教育教学的基本问题；职业教育教学对象的分析；职业教育教学策略的选择；职业教育教学的课堂管理。
8	职业素质测评	介绍职业素质及测评概述；职业素质测评的方法；职业素质测评的实施程序。
9	职业心理与职业指导	介绍职业选择与心理测量；人的个性与职业匹配；职业院校学生择业心理与调适；促进职业心理健康的策略；成功度过试用期。

3. 现代教育技术

现代教育技术是教育学科中根据现代学与教的理论，以学习者为主体，借助技术手段和教学资源，运用系统方法鉴定和解决教学问题的一门课程。现代教育技术是教师专业发展必备的职业技能之一。该课程主要阐明现代教育技术的基本原理及其应用于教学的基本方法，课程内容涵盖现代教育媒体、媒体教学课件、现代教育技术与教学模式等现代教育技术的理论基础，以及常规教学课件的制作、多媒体素材的编辑与处理、教学演示文稿的制作、多媒体课件的制作、教学网页的制作、媒体教学评价、网络课程设计与制作、精品课程建设等现代教育技术的实际应用技能。该课程主要实现以下目标：(1) 学生理解和运用现代教育技术理论，具备较强的信息化教学设计能力。(2) 学生有效利用教育技术，具备较强的教学课件、网页等的应用操作能力。(3) 学生将现代教育技术运用到课程建设中，具备较好的网络课程建设和精品课程建设的探索创新能力。其课程主要内容见表8-3所示。

表8-3　　　　　　　　现代教育技术课程教学主要内容

序号	教学内容大类	教学内容	内容概述
1	现代教育技术的理论基础	现代教育技术概述	介绍现代职业教育技术的内涵。理解教师专业发展的内涵和信息化的教师专业发展的特点。
2		现代教育媒体	现代教育媒体的内涵、特性和分类。主要介绍幻灯机、投影仪视频展示台、传声器、扬声器、摄像机多媒体CAI系统的基本组成以及功能，介绍多媒体课件在教学中的地位和作用。

续表

序号	教学内容大类	教学内容	内容概述
3	现代教育技术的理论基础	媒体教学课件设计	阐述教学设计的基本原理和教学设计的内容；重要的教学设计理论、教学策略、媒体选择、课件开发的模式，介绍课堂教学开发模式；阐述课件结构及其设计原则以及设计方法，介绍文字脚本和制作脚本的构成以及编写方法。
4		现代教育技术与教学模式	介绍教学模式的含义构成和特点；现代教育技术支持的几种典型教学模式，介绍如何在实际教学中选择教学模式。
5	现代教育技术应用操作	常规多媒体教学课件的制作	介绍视觉媒体（幻灯、投影）教学课件的种类及制作方法；音频教学课件的编制原则和编制方法；视、听觉媒体（电视）教学课件的分类、制作步骤和制作方法。
6		多媒体素材的编辑与处理	介绍如何利用 Creative Wave Studio 编辑数字化声音；如何利用 Photoshop 软件制作和处理图像；如何利用 Premiere 软件编辑数字视频；如何要利用 Flash 软件制作动画。
7		教学演示文稿的制作	介绍 PowerPoint 的基本操作方法并介绍如何利用 PowerPoint 制作教学演示文稿。
8		多媒体课件制作	介绍多媒体集成软件 Author ware 的基本使用方法，阐述如何利用 Author ware 制作多媒体课件。
9		教学网页制作	介绍网页制作软件 Frontpage 的基本使用方法，阐述如何利用 Frontpage 制作简单的教学网页。
10		媒体教学评价	依据教学目标要求对教学的媒体以及应用这些媒体的教学过程进行价值判断。介绍教学媒体评价的基本类型，评价的内容以及评价的标准。
11		网络课程设计与制作	介绍信息浏览与检索；网络信息交流常用方式；网络教学的特点和模式；计算机网络的基本概念及对教育的意义；各种基于网络交流模式的特点及其适用环境；网络环境下教学与协作学习的模式与特点；虚拟现实的特性及教育应用。
12		精品课程建设	介绍精品课程建设中所需要的媒体网络支撑材料的编写方法以及技巧。

4. 财务管理教学法

财务管理专业教学法是一门兼具理论性和应用性的课程，在财务管理职教师资专业的教学体系中起着重要作用，是在基本上熟悉财务管理相关专业知识的基础上，又进一步培养学生根据该专业的要求具备职业教育教学能力的一门课程。该课程主要介绍财务管理专业教学法基本原理及其在教学实践中的运用，并按照财务管理职教师资课程体系，分专业基础类课程、专业核心类课程、职业教育类课程、集中实践类课程四个板块，分别介绍各类课程适应的教学法及其实践应用。根据财务管理专业的特点，在众多的教学方法中主要介绍讲授教学法、案例教学法、研讨教学法、角色扮演教学法和实验实践教学法的基本原理及其在不同类型课程中的运用。其课程主要内容见表8-4所示。

表8-4　　　　　财务管理专业教学法课程教学主要内容

序号	教学内容	内容概述
1	财务管理专业教学法概述	介绍一般教学法的含义、教学法的分类和教学法的选择。
2	财务管理专业现状和发展前景	阐述财务管理专业的招生与就业现状；财务管理专业的教学与实践现状；财务管理与相关专业的联系及其发展；财务管理机构及其岗位设置；财务管理人才的职业发展与能力要求。
3	财务管理专业教学特点	分析财务管理专业学生的特点；财务管理专业职业学生的特点；财务管理专业职业学生的要求；财务管理专业的教学内容、教学目标；财务管理专业的课程内容与教材分析；财务管理专业教学内容的组织等。
4	财务管理专业教学环境与师资条件	介绍财务管理专业教学媒体的特点和种类；财务管理专业教学的软件环境和硬件环境；教学环境设计与教学媒体选择；财务管理专业职教师资培养方案。
5	财务管理专业教学法原理	阐述讲授教学法、案例教学法、研讨教学法、角色扮演教学法、实验实践教学法的原理。
6	专业基础类课程教学法	从专业基础类课程内容及教材分析专业基础类课程教学法适应性并结合实际的教学过程介绍典型的专业基础类课程类教学法在实践中的应用。
7	专业核心类课程教学法	从专业核心类课程内容及教材分析专业核心类课程教学法适应性并结合实际的教学过程介绍典型的专业核心类课程类教学法在实践中的应用。
8	职业教育类课程教学法	从职业教育类课程内容及教材分析职业教育类课程教学法适应性并结合实际的教学过程介绍典型的职业教育类课程类教学法在实践中的应用。
9	集中实践类课程教学法	从集中实践类课程内容及教材分析集中实践类课程教学法适应性并结合实际的教学过程介绍典型的集中实践类课程类教学法在实践中的应用。

5. 师德教育与班主任工作

师德教育与班主任工作这门课程提出了对教师的道德素质和教育能力的基本要求。该课程主要介绍师德、职业道德规范、教师职业道德范畴的基本内涵和内容，剖析教师的教学道德、交往道德、评价道德、教师礼仪的基本要求，阐述班主任工作及地位、班主任日常工作及策略等，旨在培养学生具备从事未来职业教育的职业道德规范和引路人素质的教育能力。其课程主要内容见表8-5所示。

表8-5 师德教育与班主任工作课程教学主要内容

序号	教学内容	内容概述
1	师德概述	介绍教师职业的产生以及特点；阐述教师职业道德、职业礼仪的内涵和要求和意义。
2	职业道德规范	阐述职业道德的规范的产生历史、职业道德规范的道德依据以及职业道德规范的内容。
3	教师的职业道德范畴	阐述教师职业道德范畴的概念及其特点；介绍教师职业道德范畴在教育教学活动中的作用；如何树立正确的义务观、良心观、公正观、荣誉观、幸福观。
4	教师的教学道德、交往道德和评价道德	介绍教师在教学、交往和评价中的道德内涵明确教师在教学、交往和评价过程中的道德。
5	教师的礼仪	展示教师的内、外在形象礼仪、工作环境礼仪和社交环境礼仪的内涵以及对教师的基本要求。
6	班主任的工作及地位	班主任工作的内容及其重要性的阐述。
7	班主任工作与学生心理健康教育	分析学生在心理、生理等方面的特点。促进大学生健康成长。
8	班主任的威信及形成	介绍班主任威信的产生及其作用、影响威信的因素、威信的形成规律。
9	班主任日常工作及策略	介绍班主任如何开展日常工作。主要有如何制定计划、总结；班干部的培养、班会、课外活动和家访等。
10	班主任评价艺术	介绍班主任的评价策略，操行评定艺术，表扬与批评艺术。
11	班主任教育科研	讲述班主任教育科研的内容、意义；班主任教育科研的步骤等。

二、职业教育类课程教材分析

教材、教师、学生是课堂教学活动的三种基本要求，也是影响教学质量的三种基本要素，它们从不同角度，不同层面对教学活动和教学质量产生决定性、根本性、实质性的影响。教材分析是一项重要的工作内容，对教材的分析状况直接影响着其课程的设计、教学方法的选择以及课程的组织与实施，从而间接影响着教学质量的好坏。因此，教材分析有着十分重大的意义。教材分析如果透彻到位，将有助于把书本储存状态的知识转化为传输状态的知识，然后通过学生的学习再把传输状态的知识转化为学生头脑中的储存形式的知识。

教学活动的开展要围绕着教学目标进行。讲课只照本宣科，书本上怎么写的，就原原本本地怎么讲，对教材缺乏分析，因而把握不住概念、规律的本质以及它们之间的联系，抓不住教材的重点，这是造成教学效果不好的重要原因。教材中所讲的知识，要放在知识整体中去认识，进行全方位、多角度地分析研究，以真正掌握它的内容，认识它在整个教材结构中的地位，认识与其他知识之间的联系，深入透彻的教材分析对提高教学质量十分重要。在教学过程中如何促进学生的发展、培养学生的能力，是现代教学思路的一个基本着眼点。教学过程不仅是知识的传授过程，而且是能力的培养过程。而知识的能力价值需要通过对教材内容的深入分析，才可能挖掘出来。

课堂教学的重要环节是设计教学过程，选择教学方法。教学过程的设计与教学方法的确定不是随意的，它既受教学思想的指导，又受教学内容的制约。进行教材分析的过程，同时也是酝酿设计教学过程和选择教学方法的过程。因而教材分析的深度和广程度将直接影响课堂教学的质量。

教材分析是进行教学工作的一项最基础、最重要的工作，每个教师都应该重视这一环节，并要具有分析教材的能力，掌握分析教材的一般步骤。

1. 深入透彻地分析课程教学目标

认真研读课程教学目标是正确进行教材分析的前提。课程教学目标是学科教学的指导性文件，是编写教材和进行教学的依据。

2. 全面透彻地分析教材

（1）理解教材编写的思路与内容的逻辑关系

分析教材对基础知识和基本技能的表达方式和程序，研究素材、例证、练习与知识、技能穿插编排的意图，从中领悟出教材提供的教与学的过程和方法，明确教材的思路及其内在的逻辑关系，以此作为理解教材的一个重要方面和设计教学过程的重要依据。

（2）明确教材在知识体系中的地位和作用

掌握新旧知识、技能的联系，是搞好新知识、技能教学和实现知识系统化的重要环节。教师应该认真研究教材内容中的新知识和前后教材中知识的关系，发掘新知识、技能的"生长点"，以实现知识、技能的正迁移。还要分析教材中新内容与相关知识的联系与区别，不断将新知识归纳到学生已有的认知结构中去，努力构建各类知识、技能的网络，从全局上更好地把握和使用教材。

3. 分析教材内容

在认识和理解教材的基础上，教师要依据教学大纲和教材内容，并结合学生实际，经过提炼加工，科学准确地制定教学目标，确定教学重点和难点。这项工作既是教师制订课时计划的重要组成部分，也是设计教学方案和实施教学过程的基本依据。因此，确定教学目标、教学重点与难点，是分析研究教材的关键步骤。

职业教育类课程的教材分析需要遵循以下的要求和步骤进行：首先，要明确该门课程的教学目标，可将课程的教学目标细分为章节的教学目标；其次，分析课程的教学内容所包含的知识点，每一知识点在整个知识体系中的地位和联系，每一知识点所连接的能力指标；最后，根据知识点和能力指标，设计教学过程并确定适用的教学方法。

第二节　职业教育类课程教学法适应性分析

教学方法的选择是决定课堂教学效果和效率高低的一个重要因素。在进行课堂教学方法的优化设计时要考虑以下几种选择依据：教学方法本身的因素；学科特点和教学内容；学生的实际情况；教师本身的素养和个性特征；教学时间和现有的实验设备。同时，还应遵循以下原则：以学生现有的知识经验为基础；把智力因素和非智力因素相结合；着重培养学生的自学能力；综合使用多种教学方法。

职业教育类课程的设置，目的是培养学生具备较高的职业素质和职业能力，成为合格的职教教师。但是由于每门课程各自的特点不同，并且在培养学生的素质和能力方面各有侧重，因此，职业教育类课程的教学方法不能一刀切，要选择适合不同课程的教学方法。

1. 职业教育学课程教学法适应性分析

职业教育学是一门职业教育理论课程，其课程内容中理论的部分较多，这些强调理论完整性的内容，适宜采用讲授教学法、研讨教学法。而职业院校的培养目标、专业设置、德育工作、职业指导等教学内容，则需要结合职业院校的现实状况进行分析，除了可以采用讲授教学法介绍职业院校在这些方面的发展进程、基本要求和具体做法之外，还需要结合研讨教学法、案例教学法、实践教学法等对某些典型职业院校进行研究、分析、讨论、总结等。具体见表8-6所示。

表8-6　　　　　　　　　职业教育学课程适合的教学方法

教学内容	讲授教学法	案例教学法	研讨教学法	分组角色扮演法	单人业务模拟法	实验教学法	实践教学法
职业教育学概述	√						
职业教育的特性及其发展	√						
职业教育功能	√	√					
职业教育培养目标	√	√					
职业教育体系	√		√				
职业院校专业设置	√		√				

续表

教学内容	讲授教学法	案例教学法	研讨教学法	分组角色扮演法	单人业务模拟法	实验教学法	实践教学法
职业教育教学	√			√	√		
职业院校德育工作	√	√	√				
职业院校职业指导	√	√	√				
职业教育教师的成长与发展				√	√	√	√

2. 职业教育心理学课程教学法适应性分析

职业教育心理学课程的主要内容是关于职业教育情境中的学与教的心理、动机、态度等的基本规律，角色扮演教学法更适用在这门课的教学过程中，让学生在角色扮演中去体验不同角色的心理、动机、态度等的变化过程，从而达到理论掌握的目的。当然，每一门课程不能只依靠单一的教学方法，需要各种教学方法的配合使用。除了角色扮演教学法外，适合职业教育心理学的教学方法还有讲授教学法、案例教学法、研讨教学法等。具体见表8-7所示。

表8-7　　　　　　　　职业教育心理学课程适合的教学方法

教学内容	讲授教学法	案例教学法	研讨教学法	分组角色扮演法	单人业务模拟法	实验教学法	实践教学法
职业教育心理学概述	√						
职业院校学生心理	√	√	√	√			
职业教育中的教师心理	√	√	√	√	√		
职业教育学习心理	√	√	√	√			
职业院校学生学习动机	√						
职业态度的形成与发展	√						√
职业教育教学心理	√						
职业素质测评	√	√					
职业心理与职业指导	√	√	√	√	√	√	√

3. 现代教育技术课程教学法适应性分析

现代教育技术是一门以操作为主的课程，该课程主要阐明现代教育技术的基本原理及其应用于教学的基本方法，介绍各种教育媒体的功能和特点，培养教师利用媒体教学设计和正确开发与使用教学媒体的能力。因此除了部分理论基础采用讲授教学法外，大部分内容可以采用实验教学法和实践教学法。具体见表8-8所示：

表 8-8　　　　　　　　　现代教育技术课程适合的教学方法

教学内容	讲授教学法	案例教学法	研讨教学法	分组角色扮演法	单人业务模拟法	实验教学法	实践教学法
现代教育技术概述	√						
现代教育媒体	√	√	√			√	
媒体教学课件设计	√	√	√			√	√
现代教育技术与教学模式	√	√	√			√	√
常规多媒体教学课件的制作	√	√	√			√	√
多媒体素材的编辑与处理	√	√	√			√	√
教学演示文稿的制作	√	√	√			√	√
多媒体课件制作	√	√	√			√	√
教学网页制作	√	√	√			√	√
媒体教学评价	√	√	√		√	√	√
网络课程设计与制作	√	√	√		√	√	√
精品课程建设	√	√	√		√	√	√

4. 财务管理专业教学法课程教学法适应性分析

财务管理专业教学法课程内容涉及教学原理与教学方法，教学目标强调的是学生通过教学活动具备从事财务管理专业职业教育教学能力。该门课程总结出的财务管理专业教学常用的教学法主要有讲授教学法、案例教学法、研讨教学法、角色扮演教学法、实验教学法和实践教学法，但是财务管理专业教学法课程教学应以案例教学法和角色扮演教学法作为贯彻始终的教学法，通过对不同教学法的案例教学，可以为本课程的教学内容提供丰富的教学背景、注入更多的教学因素，使教学内容与教学实践紧密结合，达到促进学生职业能力发展的目的；根据财会岗位设置和教学角色扮演，并辅以录像资料，使学生在情景交融的练习操练中掌握教学技能和方法。此外，还可以根据该课程的特点创新教学方法，比如可邀请财会专业课教师、教学名师参与课堂交流，与学生分享其教学实践经历和教学智慧；还可以开展主题研讨活动，为学生搭建展现思想和才华的舞台，增强其教师职业理想和职业生涯的追求。具体见表 8-9 所示。

表 8-9　　　　　　　　　财务管理专业教学法课程适合的教学方法

教学内容	讲授教学法	案例教学法	研讨教学法	分组角色扮演法	单人业务模拟法	实验教学法	实践教学法
财务管理专业教学法概述	√	√					
财务管理专业现状和发展前景	√	√					

续表

教学内容	讲授教学法	案例教学法	研讨教学法	分组角色扮演法	单人业务模拟法	实验教学法	实践教学法
财务管理专业教学特点	√	√	√				
财务管理专业教学环境与师资条件	√	√		√			
财务管理专业教学法原理	√	√	√				
专业基础类课程教学法	√	√		√	√		√
专业核心类课程教学法	√	√	√	√	√		√
职业教育类课程教学法	√	√		√	√		√
集中实践类课程教学法	√	√		√		√	√

5. 师德教育与班主任工作课程教学法适应性分析

师德教育与班主任工作是一门实践性较强的课程。该课程以提高教师教育专业意识和职业情感为主导，教学过程充分体现了对学生教育教学生活的感知体验，可以根据教学内容分别采用案例教学法、讲授教学法、研讨教学法、角色扮演教学法等教学方法。具体见表8-10所示。

表8-10　　　师德教育与班主任工作课程适合的教学方法

教学内容	讲授教学法	案例教学法	研讨教学法	分组角色扮演法	单人业务模拟法	实验教学法	实践教学法
师德概述	√	√					
职业道德规范	√		√				
教师的职业道德范畴	√	√					
教师的教学道德、交往道德和评价道德	√	√		√			
教师的礼仪	√						
班主任的工作及地位	√	√	√	√			
班主任工作与学生心理健康教育	√	√	√	√			
班主任的威信及形成	√	√					
班主任日常工作及策略	√	√		√			

续表

教学内容	讲授教学法	案例教学法	研讨教学法	分组角色扮演法	单人业务模拟法	实验教学法	实践教学法
班主任评价艺术	√		√				
班主任教育科研	√		√				

第三节 职业教育类课程类教学法的实践应用

一、职业教育学课程的"职业教育的功能"讲授教学法应用

讲授教学法是一个古老而传统的教学方法，在当前提倡自主、合作、探究这三种学习方式的同时，讲授教学法受到许多批评，被人们贴上了"灌输"的标签。但在一些课程中讲授教学法的优点还是比较突出的。它有利于大幅度提高课堂教学的效果和效率。讲授教学法有两个特殊的优点，即通俗化和直接性。教师的讲授能使深奥、抽象的课本知识变成具体形象、浅显通俗的东西，从而排除学生对知识的神秘感和畏难情绪，使学习真正成为可能和轻松的事情；讲授教学法采取定论的形式直接向学生传递知识，避免了认识过程中的许多不必要的曲折和困难，这比学生自己去摸索知识可少走不少弯路。所以，讲授教学法在传授知识方面具有无法取代的简捷和高效两大优点，这也就是讲授教学法长盛不衰的根本原因。

同时，我们也要看到讲授教学法是其他教学方法的基础。从教的角度来看，任何方法都离不开教师的"讲"，其他各种方法在运用时都必须与讲授相结合，只有这样，其他各种方法才能充分发挥其价值。所以，可以认为，讲授是其他方法的基础，教师只有讲得好，其他各种方法的有效运用才有了前提。从学的角度来看，讲授教学法也是学生学习的一种最基本的方法，其他各种学习方法的掌握大多是建立在讲授教学法的基础上。学生只有学会了"听讲"，才有可能潜移默化地或自觉系统地把教师的教法内化为自己的学法，从而真正地学会学习，掌握各种方法。

讲授教学法在施行过程中要注意讲授内容要合适，讲授的方法不能拘泥于读课本教材，讲授过程中要富有启发性。古人云：学起于思，思源于疑。因此，在课堂教学中教师要有意识地设置一些与本节教学内容相关的问题，使学生产生疑问，激发探求问题奥妙的积极性。此外，也要注重讲授的趣味性。教学情境以实际问题为切入点，尽可能地使讲授的内容贴近学生的生活实际，或辅助以画图、通过学生手工操作，增强学生的感性认识，将抽象的、甚至枯燥的数学原理寓于生活事例中。下面展示职业教育学课程中的"职业教育的功能"的讲授教学法的实践应用。

1. 教学目标分析

职业教育功能的教学目标主要有四个：理解职业教育与社会政治的基本关系；

理解和掌握职业教育对经济发展的重要作用；了解职业教育与企业文化的辩证关系；掌握职业教育对个体社会化及人力资源开发的意义。

2. 教学对象分析

《职业教育学》是财务管理职教师资专业的一门职业教育类课程，本课程的教学对象是财务管理专业二年级的学生，他们已经接触了财务管理专业一部分专业基础课程，对财务管理专业和未来的就业取向已经有了比较清晰的认识。他们毕业后将走向教师工作岗位，他们面对的将是职业院校的学生。全面透彻地了解职业教育的功能为今后他们的教学工作指明方向。

3. 教学内容分析

《职业教育学》中"职业教育的功能"这一内容比较简单明了，职业教育的功能主要有政治功能、经济功能和文化功能。适合的教学方法也往往采用传统的讲授教学法，但是灵活运用讲授教学法，让学生真正理解职业教育的功能，将职业教育的功能渗透在今后的教育教学过程中并不是一件容易的事情。

4. 教学实施过程

"职业教育的功能"教学过程可以按照以下步骤实施：

第一步，提出职业教育的两个基本问题："职业教育是什么？""职业教育的功能是什么"，让学生简单进行思考。

第二步，回答上面提出的两个问题，讲解职业教育的功能。

（1）《教育大辞典》对职业教育功能的解释：职业教育是对整个社会系统的维持和发展所产生的作用和影响，涵盖人的发展和社会的发展两个方面。

（2）职业教育的期望功能："职业教育应该干什么"，它是主观意识对职业教育功能的不懈追求。

（3）职业教育的现实功能："职业教育实际做了什么"，它是职业教育在现有条件下实际发挥的作用。

（4）我国职业教育功能的演变：从职业教育制度的确立开始，我国职业教育功能演变经历了以政治功能、经济功能、人的发展功能为重点的三个阶段。

5. 教学效果评价

上述"职业教育的功能"教学内容采用了讲授教学法后，可以采用表 8-11 进行评价。

表 8-11　　　　　　　　讲授教学法教学效果评价表

评价项目	分值	A 1	B 0.8	C 0.6	D 0.4	E 0.2
教学内容符合教学目标	10 分					
教学目标定位准确，符合培养方案	10 分					
教学过程设计科学合理，教学难点和重点处理得当	9 分					

续表

评价项目	分值	A 1	B 0.8	C 0.6	D 0.4	E 0.2
教学步骤设计符合逻辑，知识脉络讲授清晰	9分					
教师准备充分，语言流畅，叙述条理清晰	9分					
教学气氛活跃、师生互动热烈	9分					
教学内容能反映或联系专业发展的新思路、新概念、新成果	8分					
教材选择合适，利用度高	8分					
板书工整清晰，能有效利用各种教学媒体	8分					
教学方法对学生知识技能的提高具有启发性	10分					
学生当堂掌握情况好	10分					
教学效果总评	100分					

对本节课教学内容、方法、手段等的具体指导意见或建议：

签字：
年 月 日

二、现代教育技术课程中的"网络课程设计"实验教学法应用

1. 教学目标

通过本章节的学习，达到以下目标：了解网络开发的工具与环境；掌握网络课件设计与开发步骤。

2. 教学内容

网络课程设计是教师在网上教学前的准备工作，教师需要把课程编写成网页的形式并进行一系列的备课。在网络教学中，所有教学活动都是以学生为中心，特别强调在学习过程中发挥学生的主动性、积极性，因此，教师也由原来的知识的传授者、灌输者变成了学生主动构建意义的帮助者、促进者，因此设计合理科学严谨的网络课程尤为重要。要做到这一点，全凭理论是不够的，必须要有一定的实验实训过程，因此，本章节内容适合实验教学法。

3. 教学实施过程

第一步，给出网络课件设计与开发的步骤。

第二步，给出实验课题：为《高级财务管理》课程进行网络课程设计。

第三步，汇报总结。

4. 教学评价

"网络课程设计"的教学内容采用了实验教学法后,可以采用表 8-12 进行评价。

表 8-12　　　　　　　　　实验教学法教学效果评价表

评价项目	分值	A 1	B 0.8	C 0.6	D 0.4	E 0.2
实验内容符合教学目标和教学内容	10 分					
教学目标定位准确,符合培养方案	10 分					
教学内容科学合理,教学难点和重点处理得当	10 分					
实验过程清晰、内容充实、信息量大	10 分					
实验环境良好	10 分					
教学气氛活跃、师生互动热烈	10 分					
实验内容能反映或联系专业发展的新思路、新概念、新成果	10 分					
实验内容能促进学生思考、联想和创新	10 分					
充分利用电脑等多种媒体进行讲授	10 分					
学生当堂掌握情况好	10 分					
教学效果总评	100 分					

对本节课教学内容、方法、手段等的具体指导意见或建议:

签字:
年　月　日

三、《财务管理专业教学法》中实践教学法的应用

《财务管理专业教学法》课程研究财务管理专业教学法问题,是一门兼具理论性和应用性的课程,在财务管理职教师资专业的教学体系中起着重要作用,是在基本上熟悉财务管理相关专业知识的基础上,又进一步培养学生根据该专业的要求具备职业教育教学能力的一门课程。本课程提供从事财务管理专业中职教育工作必备的知识和技能,是财务管理职教师资本科专业学生必修的核心专业课程之一。

《财务管理专业教学法》课程不仅强调学生掌握主要教学法的基本原理,而且要求学生能够学以致用。因此,该课程除了根据不同的教学内容采用多种教学方法外,更重要的是注重学生将各种教学方法在实践中进行运用,即进行教学实践活动,因此,实践教学法在该课程中显得尤为重要。

1. 教学对象分析

本课程的教学对象是财务管理专业三年级下学期的学生，这些学生已经完成了所有财务管理专业基础课程和绝大部分财务管理专业核心课程的学习，具备了财务管理原理、公司财务与案例等知识，具有较强的理解力，拥有对简单案例进行分析的知识储备和意愿，毕业后有志于从事职业教育，因此对与财务管理专业课程的教学实践活动有足够的热情。

2. 教学内容分析

该课程的主要教学内容包括财务管理专业教学法原理及其在各类课程中的具体运用。具体内容包括：财务管理专业教学法概述、财务管理专业教学现状、教学特点、教学法原理、专业基础类课程教学法、专业核心类课程教学法、职业教育类课程教学法、集中实践类课程教学法。该课程的教学重点是让学生理解并掌握财务管理专业课程教学法原理及在实践中的运用，教学难点在于如何让学生在教学实践活动掌握教学法的运用。因此，采用实践教学法对于学生掌握具体教学法的运用非常重要。

3. 教学目标分析

通过教学实践活动，要求学生掌握财务管理专业教学法的含义、类型及特点，运用教学法选择的原则，熟练掌握讲授法、案例法、研讨法、角色扮演、实验法、实践法等教学法的基本原理和具体运用，从而具备能够根据教学目标、教学内容、教学阶段等选择具体的教学法的专业能力。

4. 教学实施过程分析

实践教学法在财务管理专业教学法课程中的运用，可以采用以下两种做法：一是可以在该课程进行过程中，学生在掌握了教学法的基本原理后，对各种教学法的练习运用时采用，如在学习了讲授教学法的基本原理之后，让学生选择某一专业课程中的章节内容，按照讲授教学法的原理和要求，在课堂上进行实际演练；二是可以在毕业实习阶段安排学生到职业学校进行教学实习，让学生独立讲授某一门课程中的部分内容，或者是作为职业院校专业课程教师的教学助手，辅助专业课程教师进行教学实践活动等。下面，我们以第一种做法为例，说明教学实施过程。

首先进行课前准备工作：

第一，让学生自行选择某一门课程的教学内容适用的教学法，根据所选的教学内容，采用适用的教学法进行教学设计，写出教案并做好教学PPT。

第二，让学生旁听所选专业课教师的课堂，仔细观察教师如何根据教学内容采用适当的教学法进行教学，分析和评价教师的教学效果。并结合自己的教学准备进行借鉴，并完善自己的教学设计。

其次课堂上教学实践过程设计：

第一个环节，《财务管理专业教学法》课程教师安排课堂时间，让学生将自己准备的教学内容在课堂上进行演练，学生扮演教师角色进行某一教学内容下的教学法的教学实践运用活动。

第二个环节是其他同学进行点评，指出优点和不足。

第三个环节是教师进行总结性评价，评价教学方法与教学内容的适应性、教学法运用程度、课堂组织情况、教与学的互动状况等。

5. 教学评价

学生在采用了实践教学法进行了教学实践之后，可以采用表8-13进行教学评价。

表8-13　　　　　　　　　实践教学效果评价表

	评价项目	分值	A 1	B 0.8	C 0.6	D 0.4	E 0.2
1	教学内容与教学法的适应性	10分					
2	教学法运用步骤的合理性	10分					
3	教学环节围绕主题衔接紧密，教学重点和难点突出	10分					
4	知识结构清晰，内容充实，信息量大	10分					
5	准备充分，对教学中遇到的问题能及时、合理解决	10分					
6	教学互动气氛活跃	10分					
7	运用启发性思考	10分					
8	引发联想、创新，激发学习兴趣与热情	10分					
9	教学设计合理	10分					
10	充分利用电脑等多种媒体教学手段	10分					
11	教学效果总评	100分					

对本节课教学内容、方法、手段等的具体指导意见或建议：

签字：
年　月　日

思　考　题

1. 请思考案例教学法和角色扮演教学法在职业教育类课程教学中应用的适应性。
2. 讨论教学目标与教学方法选择之间的相关性。
3. 请对"财务管理专业教学法"进行教材分析，并撰写教材分析报告。

第九章

集中实践类课程教学法

第一节 集中实践类课程内容

一、集中实践类课程内容介绍

财务管理职教师资专业的集中实践类课程主要包括财务管理单项技能实训、财务管理综合技能实训、财务管理专业教学研究、财务管理专业课程建设、财务管理顶岗实习、财务管理专业毕业实习、财务管理专业毕业论文等课程。

财务管理单项技能实训课程的主要内容，包括财务人员应具备的点钞、数码字书写、凭证填制、账簿登记、报表编制、财务预测能力、财务规划能力、财务分析能力、财务决策能力、财务评价能力、财务风险控制等能力的训练。

财务管理综合技能实训课程的主要内容，是培养财务管理职教师资应具备的业绩管理能力和资金管理能力，业绩管理能力主要包括预算管理能力、绩效管理能力、风险管理能力、内部控制能力，资金管理能力主要包括营运资金管控能力、成本管理能力、资本运营能力、投资管理能力。

财务管理专业教学研究课程的主要内容，主要包括教学设计、教学实施、实训实习组织、班级管理与教育活动、教育教学评价、沟通与合作、教学研究与专业发展能力的训练。

财务管理专业课程建设课程的主要内容，包括课程调研、课程标准制定、课程设计、精品课程建设、课程体系和实践教学体系的建设等。

财务管理顶岗实习课程，是通过到对口中职院校和校企合作单位进行顶岗实习，使学生将所学的专业理论知识与教学实践和企业财务管理相结合，熟悉教育教学和企业财务管理相关岗位工作过程，培养学生良好的职业道德、服务观念、合作意识、健康心智，为将来从事教育教学工作奠定基础。

财务管理专业毕业实习课程的主要内容，是财务管理专业综合能力的训练，通过社会实践、社会调查等形式，培养毕业生企业实践、教学和科学研究的能力。

财务管理专业毕业论文课程的主要内容，是根据学生的实习情况和课程爱好确定论文选题，开展毕业论文撰写。

二、集中实践类课程的特点

财务管理专业的学生在经历了四年的大学学习生活后，通过对各个基础课程和核心课程的学习，掌握了财务管理理论内容，但这些还只是纸上谈兵，倘若将这些理论性极强的东西应用于实际，学生在开始时往往无从下手、难以适应。因此，集中实践类课程就是学生毕业后走上实际工作岗位的之前的一个练兵，是理论和实践之间的纽带，"实践是检验真理的唯一标准"，只有把从书本上学到的理论知识应用于实务操作中去，才能真正掌握知识。集中实践类课程共同的特点是重视实践操作能力的训练，同时，对于财务管理职教师资专业的学生来说，集中实践类课程还重视对学生教学实践能力的训练。

集中实践类教学，是一种以培养学生操作技能和综合职业能力为主要目标的教学形式，相对于理论教学独立存在又与之相辅相成，主要通过有计划地组织学生参加各种实验、实训（模拟或真实，校内或校外，单一或综合）项目实践、顶岗实习、毕业教学实践和社会实践实习等教学环节掌握本专业主要职业岗位的技能，培养学生的专业实践能力、创新能力、教学能力和职业素养，同时巩固和深化本专业的基本理论和知识。

集中实践教学以分析解决实际问题为主，并根据理论教学内容的调整及时更新和完善实践项目。结合财务管理专业人才培养的特点，将集中实践训练与其他实践环节相联系。如校内专业实习过程中会涉及市场调查与分析，那么在开展相关理论课程教学的过程中，可引导学生进行从设计调查问卷到完成调查分析报告的全过程训练，这样学生在后续相关实践环节的开展中就会轻车熟路。另外，可指导学生继续修改、加工实践训练中形成的优秀分析报告，形成学术论文发表；或引导学生继续深入展开研究，参加大学生相关科研立项活动和"挑战杯"创业设计大赛等活动，并鼓励部分有兴趣的学生参加调查分析师资格证书考试。

第二节　集中实践类课程教学法适应性分析

财务管理职教师资专业的集中实践类课程主要包括财务管理单项技能实训、财务管理综合技能实训、财务管理专业教学研究、财务管理专业课程建设、财务管理顶岗实习、财务管理专业毕业实习、财务管理专业毕业论文等课程。以上这些课程大致分为两种类型：一种是强调教学过程中学生在教师的指导下，使用一定的设备和材料，通过控制条件的操作过程，引起实验对象的某些变化，从观察这些现象的变化中获取新知识或验证知识的课程，或者强调学生在身临其境的实务过程中进行学习和探索，如财务管理单项技能实训、财务管理综合技能实训、财务管理顶岗实习、财务管理专业毕业实习等课程，这类课程特别适合采用实训教学法、实践教学法、角色扮演教学法；另一种是强调理论与实践相结合，将理论应用于实践，并通过理论的升华，培养学生的思考分析问题、解决问题和写作等综合科学研究的能力，如财务管理专业教学研究、财务管理专业毕业论文等课程，这类课程特别适合采用研讨教学法。本章主要以财务管理综合技能实训和财务管理专业毕业论文两门课程为例，介绍其教学法的适应性和在实践中的应用。

一、财务管理综合技能实训课程适合采用实验实践教学法

财务管理综合技能实训是一门实践性很强的课程。在课程设计理念上，充分体现了职业性、实践性、开放性和挑战性，在课程教学思路设计上，部分内容通过案例分析讨论、现场教学，更多地则是通过在校内的沙盘实训室和校外建立的实训基地的学习强化实践教学，培养学生的职业能力。学生完成实训项目学习和理解完成实训所需的基本理论知识和规律，通过角色化任务的关联性，最终完成综合性实训项目，达到国家职业能力标准和岗位能力的要求。

1. 强调"校企深入合作"

学校与企业开展深入合作，共建专业、共同开发课程、共建共享实训基地、共享人才资源、共同开展应用研究与技术开发。在《财务管理综合技能实训》课程设计中，校企共同确定课程的典型工作任务和职业能力，共同明确本课程的教学目标（理论知识、技能和职业素养），共同确定学习情境，并参与教学内容的选择和排序、教学方法的探讨及考核标准的制定。从而确保课程整体设计更好地体现职业性、实践性、开放性和挑战性。

2. 强调"以职业能力培养为重点"

在课程设计中，首先按照核心职业能力的要求，将理论学习、动手能力培养和分析与解决问题能力相互融合；其次是引导学生树立协调、合作的观念和竞争意识，使学生走上工作岗位后，能够利用在校学得的知识和经验，为提高现代企业管理绩效、降低企业运营成本、增强企业核心竞争力做出贡献；再次是充分考虑学生的身心发展特点，合理运用学习迁移理论、科学选择教学媒介，灵活运用不同教学方法，充分调动学生参与教学活动，做到爱学、会学、会用，全面强化职业能力培养实效。

3. 强调"以就业为导向"

将"为就业服务"的理念融入课程改革和课程建设中，通过与行业企业合作进行基于工作过程的课程开发与设计，突出课程的职业性要求。为让学生尽早地体会到职业环境，学校应投入精力建设校内和校外实训场所，通过企业化实境教学，让学生边做边学，力求实现课程教学与就业培训的"零距离"。与企业开展订单式培养，为企业量身打造所需人才，实现学生、企业和学校三方共赢。

二、财务管理专业毕业论文适合采用研讨教学法

研讨课作为一种教学模式，起源于18世纪德国哥廷根大学，现已在西方发达国家大学文科教学中被广泛采用。近些年来，我国研究型大学开始尝试研讨课教学模

式,开展了许多积极的探索,如开设新生研讨课,帮助学生完成进入社会生活和学术生活的过渡,培养学生的探索精神和专业兴趣;一些专业老师也在自己的课程教学中,将研讨教学方法作为提高教学质量的手段之一。财务管理专业毕业论文适合采用研讨教学法,可以设置为一门专门的研讨课,具体表现在以下几方面:

(1) 两者在教学理念上的契合

研讨教学法是"以学生为主体"的教学理念,关注学生的需求、能力、兴趣和学习风格,强调学生活动的目标、学生的动机取向、学生之间的交流和互动,教师的作用只是学习过程中的促进者和推动者。这种教学理念符合财务管理专业毕业论文的教学要求,财务管理专业毕业论文是学生在教师指导下自主完成的习作性的学术论文,应具有一定的学术性、科学性和创新性,这就要求师生之间需要经常性的互动研究和讨论,教师应当发挥好指导作用,做好选题、文献搜集整理、观点梳理、实地调研考察、论文写作方法等的指导,而这种指导应当是符合规范性和制度化的要求,研讨教学法则具有固定的时间、具体确定的教学环节和要求,它不同于一般松散的学术讨论,更不同于随意性的课下辅导,这些具体而明确的规范,能够真正地体现在财务管理专业毕业论文的教学中"以教师为主导,以学生为主体"的理念。

(2) 两者在教学内容上都具有拓展性的特点

哪门课程适合采用研讨教学法,主要是考虑该课程以专题为教学内容的主要组织载体,不强调知识体系的完整性和系统性。研讨教学法的目的之一在于帮助学生在一般原理的启发下理解具体的事物,是理论与实践相结合的一种方式,是对课程内容的理解、运用和拓展。与其他专业课程不同,财务管理专业毕业论文没有固定的教学内容,它需要指导教师关注实际问题,具有选择和确定恰当问题的能力,即论文的选题。财务管理专业毕业论文的选题来源可以有不同的渠道:指导教师对会计专业或与专业关系密切的跨学科的研究热点、前沿问题有一个基本的把握,或者将自己的在研课题分解成若干问题,或者根据在实务中出现的新问题等,确定为可供学生选择的论题;也可以由学生通过课堂的专业课学习中发现的理论问题,或者是在社会实践中遇到的问题,确定自己感兴趣的专业论题。在选题阶段,一般指导教师不宜直接给学生指定论文题目,而是给学生充分的时间进行准备,发现、归纳、整理自己的研究点,这一过程是学生对前期专业课程知识的延伸和拓展,指导教师将这些论题整理成大致的研究领域或方向写进教学大纲供学生选择,这样一方面学生在选题时有一定的空间,挖掘学生思考问题的积极性,结合学生的专业兴趣确定恰当的论文题目,另一方面也方便指导教师每年可以根据学科理论动态以及实务的新变化,随时地调整论题。

(3) 两者在教学流程上具有一定的相似性

研讨教学法具有完整而规范的教学实施流程,主要包括确定研讨主题、查阅文献资料、主题报告宣讲及课堂讨论交流、修改报告论文等,其灵活性和适应性较强,可以结合不同课程的要求加以运用。它与财务管理专业毕业论文的教学流程相比较,有许多相同的环节，可以尝试将研讨教学法的规范流程科学地运用到财务管理专业毕业论文教学的各个环节中，使两者有机地融合在一起，发挥研讨教学法的研究问题、合作研究、提高创新能力等功能，实现最终提高毕业论文质量的目的。

在将研讨教学法应用到财务管理专业毕业论文教学环节中时，要注意以下两点：(1) 理论与实践相结合。财务管理专业毕业论文实践性要求较高，要求从实践中发现问题，并运用专业理论知识分析解决问题，需要灵活地安排实验、参观、调查等教学活动，或聘请实务界人士进行座谈，让学生不断开拓自己的视野，提高思考分析问题的能力。(2) 课内与课外相结合。以往的财务管理专业毕业论文的指导工作大都是在课下时间完成，使得论文指导工作随意性较强，论文质量难以保证，根据研讨教学法的要求，可以将一部分论文指导工作安排在课堂时间来进行，如把对实习调研、选题、文献查阅搜集整理方法、开题报告和拟定提纲、论文写作规范等方面通过不同的专题讲座形式来集中指导，既可以提高效率节省时间，也可以减少逐个学生指导的随意性，在论文写作过程中遇到的问题也可以在课堂上通过主题报告宣讲、课堂讨论交流方式来进行，这样可以加强师生之间、学生之间的广泛交流合作，不断产生新的灵感，找到解决问题的新途径，真正地实现教学和研究的融合，促进教学相长。

第三节　集中实践类课程教学法的实践应用

一、《财务管理综合技能实训》课程中教学法的应用

1. 教学目的

财务管理综合技能实训是一门综合性极强的实训课程，适合采用实验教学法、角色扮演教学法和实践教学法。本节中针对学生资金管理能力的培养，设计一个模拟生产制造企业，把该模拟企业运营的关键环节：战略规划、资金管理、市场营销、产品研发、生产组织、物资采购、设备投资与改造、财务核算与管理等几个部分设计为这部分教学内容，把企业运营所处的内部环境抽象为一系列规则，由学生组成8个相互竞争的企业，通过模拟企业4到6年的经营，使学生在模拟竞争对抗中达到以下教学目的：

(1) 拓展知识体系，提升管理技能，包括：战略管理、营销管理、生产管理、财务管理、人力资源管理、基于信息管理的思维方式。

(2) 全面提高学生的综合素质，包括：树立共赢理念，全局观念与团队合作、保持诚信，个性与职业定位，感悟人生。

(3) 培养统观全局和系统思考的能力。

(4) 体验"在快乐中学习"，游戏形式的体验本身就是一种价值。

(5) 认识"在参与中学习"的生动和互动优势，学生高度参与，知识体系完

整、与企业实际吻合，真正让学生学有所得。

（6）反思"在错误中学习"，不断发现自身不足，不断调整方向，令效果全面提升从而更好地用于实际工作。

2. 教学要求

在教师的讲解与指导下，各个模拟公司需要在连续16学时内完成4至6个会计年度的经营活动，独立完成每一个会计年度的三大报表编制及财务分析工作。（1）通过预测市场趋势，评估内外部环境，制定中短期经营策略。（2）通过制定产品策略，加强生产管理，包括设备更新与生产线改良，调配市场需求、交货期和数量；（3）通过对竞争环境进行分析，决定市场定位、产品组合和市场开拓规划；（4）通过分析企业资金运作状况，制定投资计划、融资计划，进行回收周期的评估、现金流量的管理与控制、财务报表的编制和分析。学习调动资金、控制成本及效益，认识变现计划与部门成本控制的重要性，对成本进行准确计算及良好管理，学会节约资金使用成本。让学生学习掌握企业最佳采购模式、企业合理库存的管理，配合市场需求与产能从事全盘生产流程规划及策划生产的产能与弹性。

3. 教学整体设计

该课程可以使学生身临职场情景，担任岗位角色亲身体验一个企业经营完整过程，亲自操作资金流、物流、信息流及其协同，理解企业实际运作中各个部门的相互配合，亲自体验团队的力量和自己的作用，通过实训成果评价、财务分析认识自己及团队在经营实践中存在的不足，使学生具备动手操作、动脑设计、分析问题和解决问题能力。围绕这一目的，实践性教学的设计思想是：通过企业CEO（总经理）、CFO（财务总监）、CMO（营销总监）、COO（生产总监）和CPO（采购总监）角色分配，企业生产经营要素模具化推演、通过分析工具对经营业绩分析评价四个步骤来实现。

第一步通过沙盘的盘面划分企业岗位角色，组建竞赛企业，设定初始状态，熟识模拟市场和运营规则，形成实战起点。

第二步是通过模具推演，按照企业内部生产要素、资金余缺、产品销售和企业外部市场环境、长期和短期贷款，进行企业仿真实训，操作资金流、物流和信息流，形成实战训练。

第三步是通过分析工具对企业实战的经营业绩进行分析评价，培养学生在实际操作过程中综合运用知识、熟练掌握企业运营流程与操作方法的能力。

第四步是通过物理沙盘和电子沙盘结合，采用班级竞赛集中答辩的形式来综合考察学生的财务分析及管理能力、团队创新创业能力、敬业、竞争能力、语言表达能力和团队应变能力等。

通过各阶段实战经验的积累和能力的培养，使学生不仅获得必需的理论知识，而且提高了他们的动手实践能力和企业实战本领，从而做到学校与企业的无缝对接。

4. 教学组织

该课程的基础背景设定为一家已经经营3年的生产型企业。课程将把参加训练的学生分成 8 组,每组 4~6 人,每组各代表不同的一个虚拟公司,在这个实训中,每个小组的学生将分别担任公司中的重要职位(总经理、财务总监、市场总监、生产总监、采购总监、信息总监等)。八家公司是同行业中的竞争对手。他们从先前的管理团队中接手企业,在面对来自其它企业(其他学生小组)的激烈竞争中,共同面临如何将企业向前发展壮大的挑战。在这个课程中,学生们必须根据企业的综合实力,在进行分析、预测的基础上,作出众多的决策。每个独立的决策似乎容易作出,然而当它们综合在一起时,许多不同的选择方案自然产生。

(1) 按照角色分工即工作任务安排和组织教学内容

在实际工作中有些工作的完成依赖于其他工作的结果,在教学过程中,如果没有前置工作的基础就会出现后续工作的空中楼阁状态,具体步骤是:在充分进行市场调查的基础上确定企业经营的发展战略,根据市场预测,确定产品销售的数量;依据预计销售的数量,确定生产产品的数量、所需的生产材料、加工费,即确定生产成本,同时确定生产线;依据市场预测、销售目标,确定市场开发战略;分析竞争对手的产品战略,制定相应的广告策略;综合上面各步所需的资金,编制现金预算,根据现金预算,确定筹资的多少。

(2) 按照理论知识与实践技能相融合来安排和组织教学内容

为了让学生熟悉实训的规则,改变了传统的做法,将相关理论教学的内容溶入各个相关工作项目中。具体做法是:简单介绍规则,引导学生进行第一年的经营,在学生实际操作中指出系统中设定的规则的具体应用,学生为了能经营下去,就必须在实战中掌握规则;然后组织学生分组进行对抗演练,最后学生根据团队表现总结经验教训,教师对其结果进行综合点评。

(3) 按照角色任务设计学习性任务,实现课程与工作一体化

在实际教学中,按照角色的不同,分别确定不同的工作任务,这些工作任务将专业课程的内容连接起来,不同角色之间有明确的分工,还要关注团队的协作,将工作内容与专业课程的内容有机结合,并按照一定的岗位流程组织实施,让学生真正体验企业经营过程中所遇到的问题,不仅让学生学以致用,而且实现课程与工作一体化。

5. 考核评价

本课程考核构建了多元立体的考核模式,通过监控任务完成进度和任务完成程度,从不同的侧面考核学生对基础知识、基本方法、基本技能的掌握与运用程度;了解学生的知识综合运用能力、创新实践能力的培养情况。注重过程评价,依据财务沙盘实战对抗的特点构建了多元立体化考核评价体系,通过学生自评(占 10%)、团队互评(占 20%)、教师评委评价(占 70%)等多元评价体系来评价学生的综合学习效果。将日常考核与期末考核相结合,突出岗位职业技能、财务核算能力、团队协作精神、语言表达能力、应变能力等多元能力的评价。表 9-1 主要以教师评委评价体系为例说明本课程的考核评价情况:

表 9-1　　　　　　　　　教师评委评价考核评定表

主要考核指标	权重 %	主要考核标准				
		优秀 (90-100)	良好 (80-89)	中等 (70-79)	及格 (60-69)	不及格 (0-59)
团队精神	15	凝聚力较强，非常好的团队精神。	凝聚力较好，能较好地体现团队精神。	凝聚力一般，团队精神体现不够。	凝聚力不够，团队精神体现不明显。	成员较为懒散，很少体现团队精神。
经营业绩	30	连续经营4年，经营业绩列第1位。	连续经营4年，经营业绩列第2、3位。	连续经营4年，经营业绩列第4、5位。	连续经营4年，经营业绩列第6、7位。	不能完成4年经营任务。
公开答辩	20	企业战略策划方案很好，回答问题思路清晰、语言表达准确。	企业战略策划方案好，回答问题思路清晰语言表达好。	企业战略策划方案一般，能较好回答评委提出的问题。	企业战略策划方案一般，不能较好回答评委提出的问题。	企业战略策划方案不好，不能较好回答评委提出的问题。
实训报告	15	收获体会真实经验教训，有引导意义。	收获体会较真实，经验教训比较有意义。	收获不够真实，经验教训有意义。	收获体会不真实，经验教训意义不大。	收获体会不真实，经验教训没意义。
平时表现	20	课堂表现非常好，无旷课迟到现象。	课堂表现较好，旷课迟到率低于10%。	课堂表现好，旷课迟到率低于15%。	课堂表现一般，旷课迟到率低于20%。	课堂表现差，经常旷课迟到超过35%。

二、《财务管理专业毕业论文》课程中研讨教学法的应用

1. 毕业实习与毕业论文的特点

面对知识的更新和市场经济体制的建立以及学生就业机制的转变，毕业实习与毕业论文已经成为高校培养学生综合素质的重要教学环节。毕业实习与毕业论文具有以下特点：

（1）综合性

毕业实习与毕业论文是专业课程学习的最后一个教学环节，是将四年本科阶段学习的各种理论综合运用于实践的过程。毕业实习中所涉及的实务问题的解决，以及毕业论文中所涉及的学术性问题的研究，不再仅局限于某一门知识，或者相近学科知识，而是多学科的交叉和综合，这就需要学生具有运用多学科交叉综合的知识来分析和解决研究问题的能力，而毕业实习与毕业论文就是培养学生综合能力的过程。

（2）实践性

毕业实习与毕业论文本身就要求理论与实践相结合，培养学生实践能力，掌握具体方法、操作规范、技术技能。毕业实习使学生将理论运用到实践中，加深学生对专业知识的理解，培养学生发现问题、分析问题、解决问题的能力。毕业论文取

材于社会生产实践的各个环节,通过分析、总结专业理论知识和实务操作,发现新问题、研究新现象、探讨解决实际问题的方法和途径,然后再运用到社会生产实践的环节中去。

(3) 学术性

本科毕业论文属于学术论文的范畴,不同于作业性的学年论文和课程考查论文。学术论文是用文字、图形和公式等来表达研究成果,发表学术见解,进行学术交流的文章。它要求学生充分了解选题涉及的专业领域的已有成就,尽可能掌握该领域研究的前沿资料,通过研究形成自己的观点,提出自己的见解,达到本科学术论文所要求的学生具有初步研究的能力,使论文不仅具有实际应用价值,而且体现出系统的严谨的理论体系。

2. 毕业实习与毕业论文的实施步骤

毕业实习与毕业论文这一教学环节通常是安排在本科阶段最后一个学期,毕业实习4周,毕业论文6周。毕业实习是学生从学校走向社会的关键阶段,是对学生本科阶段所学知识和应用能力的综合检验,也是发挥学生实践能力、增强工作适应能力的重要环节。毕业论文是锻炼学生综合运用掌握的专业知识和技能,独立分析,解决现实问题的能力,旨在使学生得到与本专业研究能力的初步训练。二者的关系十分密切,在高等教育体制的人才培养方案中,毕业实习应该成为毕业论文的重要准备阶段,有效的毕业实习是写好毕业论文的前提和保证。同时,这个过程是一个系统工程,时间较长,从实习动员到实习总结、再到论文开题、写作并完成答辩,涉及许多环节,每个环节既独立又相互关联,因此,必须对整个过程进行科学组织、认真实施才能收到好的效果。

(1) 动员部署

尽管毕业实习与毕业论文通常是在最后一个学期,但是其动员部署工作需要提前进行,可在前一个学期期中或期末进行部署。面向全体学生召开动员会,使每位学生认识到毕业实习与毕业论文工作的重要意义,使学生认识到通过参加实习单位的实际工作,能够灵活运用所学的理论知识解决实践中的一些实际问题,学会与人沟通、合作,培养团结协作的团队精神,并通过撰写毕业论文培养自己的研究能力和提升理论水平;并将所有指导教师今年的毕业论文选题、教学等情况汇总后向学生发布,学生可根据自己喜欢的选题、结构类型和具体要求等情况选择指导教师。另外,还需要强调实习期间的安全问题与组织纪律性。

(2) 选择毕业论文选题,确定指导教师

这一阶段,学生根据自己的兴趣初步确定选题方向,院系结合指导教师的专业特长为学生分配指导教师。毕业论文选题是撰写论文的关键,选题是否恰当决定着论文的质量。毕业论文选题途径应当来自以下渠道:指导教师的各级科研项目、与学校签约的校外实习基地以及一些企事业单位提出的亟待解决的问题,以及往届学生在社会实践、认知实习和毕业实习过程中发现的有价值问题的积累。在指导学生选题时,应当坚持做到结合实习单位、结合实际问题、结合所学专业的原则。

(3) 论文前期准备及撰写开题报告

初步确定论文选题后，指导教师指导学生完成论文前期的准备工作，具体包括开题指导、资料搜集归纳整理、讨论交流、撰写并完成开题报告等环节。确定论文题目之后，指导教师首先需要给学生集中做一次开题指导，主要讲解在开题过程需要完成的环节和任务、资料查阅途径及方法、文献归类整理评述的要求、财务管理问题的研究方法、论文写作提纲的拟定等，并对学生提出的疑问进行解答和讨论，使学生熟知在这一过程中需要完成的任务和采用的途径及方法；之后，学生按照要求查阅文献资料，或通过实地调研搜集有关资料，并对搜集的资料整理、筛选、分析、比较，并形成初步的开题报告。接着，学生将初步形成的开题报告与指导教师进行讨论交流，帮助学生理清思路、形成观点；之后，学生根据指导意见修改和完善论文提纲和开题报告。这一环节可以在前一学期末或寒假完成。

(4) 指导学生制定毕业实习实施方案

第八学期开学后，毕业实习与毕业论文教学环节就正式开始，首先需要制定毕业实习实施方案。毕业实习实施方案是组织和安排学生实习和进行成绩考核的依据，校内、外导师要通过协商，根据教学计划设置的实习教学环节的教学目标及具体的教学要求，充分考虑实习单位的实际情况和条件，制订出切实可行的实习计划，包括实习的目的、要求、基本内容、实习进程、实习工作的安排意见等。在制定方案时，需要注意与毕业论文的研究内容相结合，根据开题报告拟定的写作提纲，找出其中涉及的实际问题，比如研究对象的现状及存在的问题，列出需要在实习过程中进行调研的内容，以及需要结合实际找到解决问题的有效途径。

(5) 毕业实习与调研阶段

确定校内外指导教师和实习单位后，学生填写"××学院赴校外单位实习申请书"，盖章后持申请书往实习单位进行实习工作。学生到达实习单位后，实习任务的分配、实习进程等组织管理主要由校外指导教师负责。实习期间，学生应通过电子邮件、电话等方式与校内指导老师进行交流和沟通，认真撰写实习文档，每周填写实习情况表，校内指导教师每周查收学生的实习情况表，每两周与指导学生见面一次，了解学生实习情况并予以指导，每月填写导师实习监控表，充分掌握、了解学生的工作及思想动态，如有必要，可亲赴学生实习地点进行指导。学生实习结束后，取得实习单位的鉴定函（盖公章），同时要对实习过程进行全面总结，写出毕业实习报告，毕业论文答辩前上交学院。

(6) 论文深入研究并写作阶段

毕业实习结束后，学生进入论文的深入研究阶段，开始写作论文初稿。指导教师需要对学生就论文写作规范、研究方法等进行指导，学生在经过一段时间的初稿写作之后，可以安排研讨课模式的课堂展示和讨论，让每个学生将自己研究过程、采用的研究方法以及所获得的成果用文字或图示完整地表达出来，不仅要求有理论、有实践、有数据，而且还要求有学生在此基础上通过对问题的分析而得出的新想法或新观点等,大家通过讨论和交流,从中感受到不同观点的冲突,相互启发,取长补短,找到解决问题的最佳途径。之后,每个学生总结自己各阶段的研究成果,并根据指导教师和同学们讨论交流提出的意见,对自己的论文初稿进一步地修改,形成毕业论文,并等待进入论文答辩阶段。

(7) 论文答辩阶段

论文答辩是监督论文质量最后一个关键环节,通过毕业论文答辩,为学生提供了一个充分展示自己才能和检阅专业能力及综合素质的机会。通常,论文答辩的程序包括:①学生作为答辩人用至少 10 分钟的时间陈述论文的研究内容、研究方法和主要观点;②答辩评委针对论文提出不同的问题;③答辩人根据评委所提出的问题进行解答,并与答辩评委进行讨论或辩论;④答辩评委小组成员根据学生的论文和在答辩中的表现,进行成绩评定和填写论文评语。在这一过程中,学生的答辩表现十分重要,答辩评委需要综合考察学生对论文陈述、解答及辩论中所表现出来的思辨能力、表达能力、创新能力、科研能力等,因此,答辩过程实质上也是某种意义上的一次研讨课,它是对学生在经历了整个毕业论文准备和完成过程中以及整个本科阶段全部课程学习中所培养的综合能力的检阅。

3. 毕业论文的组成部分

毕业论文的写作目的在于总结学生在校期间的学习成果,培养学生综合地创造性地运用所学专业知识和技能解决较为复杂问题的能力,并使学生能受到科学研究的初步训练。通常,一篇完整的毕业论文应当包括以下部分:

(1) 标题

标题是论文的题目,体现作者的写作意图或文章的主旨。毕业论文的标题形式繁多,但通常有总标题、副标题、分标题几种类型。财务管理专业论文标题应当以最恰当、最简明的词语来反映论文中最重要的内容和逻辑组合,尽可能避免使用不常见的省略词、字符、符号和公式等,且论文题目字数恰当,不宜过长。

(2) 论文摘要

论文摘要是正文的附属部分,一般放置在论文的篇首。论文摘要是对论文内容的简要陈述,点出论文的主要观点、见解、论据,采用中英文两种形式。论文摘要可分为报道性摘要和指示性摘要。报道性摘要主要介绍论文研究的主要方法与成果以及成果分析等,内容较为全面。毕业论文摘要通常是指示性摘要,只简要地叙述研究的成果,对研究手段、方法、过程等均不涉及。

(3) 关键词

关键词是从论文中选取出来,用以表示全文主要内容信息款目的词语或术语,以供资料查询之用。一篇论文可选取 3~8 个词作为关键词。

(4) 目录

毕业论文不同于课程论文,一般篇幅较长,内容层级较多,具有完整并符合一定逻辑的理论体系,通常设有目录,放置于论文正文之前,对读者起到导读的作用,一方面使读者能够在阅读该论文之前对全文的内容、结构有一个大致的了解,另一方面以便使读者选择对论文中的重点内容进行阅读。因此，目录必须与全文的纲目相一致，页码必须标注清楚准确，必须完整反映论文的内容。

(5) 引言

引言或前沿、绪论，是论文的开始部分，用来简要说明本文研究的内容、目的、方法和意义，点明本文的观点，借鉴财务领域中前人和他人的研究文献和理论基础，提出本文作者对该研究领域理论和实践的继承与发展的研究设想、研究范围及预期成果等。

(6) 正文

毕业论文属于学术论文，正文是论文的核心部分，也是论文的主体部分。正文部分需要深入分析引言中提出的问题，运用理论与实践相结合进行分析论证，揭示出财务管理领域内部错综复杂的联系及其规律性。论文正文的内容通常包括以下内容：①提出的问题，即通过实际考察所得到客观事物中存在的现象或事例；②前人的研究成果，包括考察方法、考察过程、所得结论等，理论分析中，应将前人的研究成果与本人的观点明确区分；③作者的分析、论述和结论等。正文撰写应当做到实事求是、客观真切、逻辑清晰、层次分明、表达易懂等，使论文各部分内容有机地结合。

(7) 结论

结论是整篇论文的结局和归宿，不是正文中各段小结的简单重复，应当体现出作者更深层的认识，是从论文的整体材料出发，经过推理、判断、归纳等逻辑分析而得到的新的学术观念或见解。结论要求精炼、准确地阐述自己的创造性研究或新的见解，同时还可提出本文研究的不足之处或遗留未予解决的问题，以及对解决这些问题的可能的关键点和建议。结论应该准确、完整、明确、精炼。

(8) 参考文献

参考文献附在论文后面，其目的是为了体现严肃的科学态度，分清是自己的观点或成果还是别人的观点或成果；同时也是为了指明引用资料出处，便于检索。参考文献通常有直接引用和间接引用，直接引用原文，需要在文中加引号；间接引用只是陈述大意，无需加引号。毕业论文的撰写应本着严谨、求实的科学态度，凡有引用他人成果之处，应按论文中所出现的先后次序列于参考文献中，引用的参考文献应为正式出版物以及网站，要标明序号、作者姓名、书名或期刊名称、出版单位、出版时间及页码等。

(9) 附录

对于一些不适宜放入正文中、但作为毕业论文又是不可缺少的部分，或有重要参考价值的内容，可整理到毕业论文附录中，包括问卷调查原件、数据、图表及有关说明等。

4. 毕业实习与毕业论文评价标准

毕业实习与毕业论文是一个复杂的系统过程，包括许多环节，而且每一环节完成的质量好坏会影响下一环节的工作质量。因此，其评价标准必须是一整套的评价标准体系。具体应包括以下方面：

（1）毕业实习评价标准。主要包括实习岗位与所学专业是否相符、实习期间与指导教师沟通情况、实际实习时间长短、实习单位鉴定评价、实习手册填写内容、实习报告撰写质量等。

（2）开题评价标准。主要包括：① 题目评价：毕业论文选题来源于实际项目，能解决实际问题，课题具有理论深度及应用价值。② 论文预计方案评价：系统构思，解决问题的方法与步骤、预期成果（效果）。③ 论文提纲拟定评价：论文结构合理、各部分逻辑顺序恰当。④ 参考文献评价：参考中外文献的数量与质量，数量多、来源广、年代新。

（3）指导教师评阅论文标准。主要包括：① 选题质量：符合专业培养目标，体现综合训练要求；题目难度适当，有一定的理论意义或实际价值。② 工作态度和工作量评价：工作认真主动；作风扎实严谨；工作量饱满；圆满完成了毕业论文任务书所规定的各项任务；毕业论文从准备到完成实际工作量不少于 6 个月。③ 基本理论、知识、技能评价：基础理论和专业基础知识扎实。④ 文献资料利用能力：能利用多种方式查阅中外文献；能正确翻译外文资料；能正确有效地使用各种文献资料。⑤ 调研能力：研究方案设计合理；研究方法科学适用；能独立完成调查、研究任务；能综合运用所学知识发现和解决实际问题。⑥ 论文质量：论点明确，论据充分，论证合理；结构严谨，逻辑性强；语言文字表达准确流畅；格式、图、表规范；有较高理论水平，有重要实际意义。⑦ 创新能力体现较强的创新意识；研究有独到见解，工作有新的突破。

（4）答辩小组答辩评分标准。主要包括：① 论文质量：结构严谨，逻辑性强；文字表达准确流畅；条理清楚，重点突出；格式、图、表规范；具有一定的学术水平或实际价值。② 基本理论、基本知识、基本技能评价：基础理论和专业基础知识扎实，运用得当。③ 论文讲解能力：概念清楚，思路清晰；表达准确，重点突出，详略得当；报告时间符合要求。④ 学生答辩的表达能力、逻辑性及应变思维评价：思维敏捷，语言流畅，回答问题准确，有专业深度；仪态端庄，精神风貌好。⑤ 难度及工作量评价：具备综合运用专业知识解决实际问题的能力。⑥ 创新性：新思路、新方法等创新点。总之，根据以上标准给出各个环节的成绩，毕业实习与论文的最终成绩由学院答辩委员会进行成绩评定，答辩委员会根据上述 4 项成绩进行综合评定。

5. 毕业实习报告与毕业设计研讨教学法应用案例

（1）教学对象分析

本部分的教学对象是财务管理专业××级××班学生，在已经修完专业课程后，在毕业前夕需要进行的教学环节。通过参加毕业实习，使学生了解社会，接触会计、审计和财务管理的实际活动，巩固专业理论知识和提高实际操作技能，达到教育与实践相结合的目的，确立牢固的专业思想。通过撰写毕业论文，对学生知识能力水平进行全面检验，也是学生由在校学习向社会工作过渡的一次专业技术和科学研究的具体实践，要求学生在教师指导下，独立运用已有知识进行学术研究，创造性地分析解决所属专业领域的重要问题，并准确表述自己的研究成果。通常是根据学生选题领域和指导教师研究方向相结合，将选题领域大致相同或相近的学生归为一个小组，由专门的指导教师负责指导。本小组指导教师指导的三名学生，选题领域相同，都是关于"营改增"后对企业财务管理的影响分析。

(2) 教学目标分析

毕业实习是给学生提供到实际工作单位进行调查研究，收集资料，综合运用所学知识研究公司财务方面实际问题的重要教学环节之一，通过这一环节，培养和锻炼学生观察、综合、系统分析、解决实际问题、独立工作的能力，并为毕业论文的写作做好准备。撰写毕业论文能够使学生理论联系实际，了解实际，研究实际，不断地完善自己的知识结构，培养学生的求实精神、求学精神和创新精神。本小组的三名同学，需要在指导教师的安排和指导下，完成关于"营改增"对企业财务管理影响的实习调查和研究，了解"营改增"的试点和实行情况，调查和分析其对企业财务管理的影响，并结合所学理论专业知识进行系统分析，形成符合学士论文要求的毕业论文，并最终提升自己的综合能力。

(3) 毕业实习与毕业论文教学指导设计

毕业实习与毕业论文写作是一个系统工程，时间较长，从实习动员到实习总结、再到论文开题、写作并完成答辩，涉及许多环节，每个环节既独立又相互关联，因此，指导教师必须对整个过程进行科学组织、认真实施并指导学生才能收到好的效果。

经过动员部署之后，三名选择"营改增"财务问题方向的同学经过分配，进入由同一名指导教师的小组。指导教师可以根据该方向的特点，指导学生完成后续的一系列关于这个专题领域的毕业实习与毕业论文教学指导的全部过程。这个指导过程可以根据上述实施步骤，大致按照以下程序进行设计：

第一步，指导学生确定毕业论文的选题。

选题是指选定论题的范围，论题不同于论文题目，论文题目是从论题范围中选择出来的，研究的范围比论题小。毕业论文选题是撰写论文的关键，选题是否恰当决定着论文的质量。毕业论文选题途径应当来自下渠道：指导教师的各级科研项目、与学校签约的校外实习基地以及一些企事业单位提出的亟待解决的问题，以及往届学生在社会实践、认知实习和毕业实习过程中发现的有价值问题的积累。在指导学生选题时，应当坚持做到结合实习单位、结合实际问题、结合所学专业的原则。需要注意的是，选题还要考虑个人的兴趣、时间、资料准备情况和研究能力等因素，盲目选题一般不会完成一篇优秀的论文，要选择自己获取信息、寻找图书资料方便的题目，考虑自己能利用哪些社会关系，到哪些单位调查研究，获取哪些方面的文书档案、统计报表、数据资料比较方便等。如本小组同学依据以上因素，都选择了"营改增"后的企业影响分析作为选题，并分配在同一指导教师指导下完成后续的毕业实习与毕业论文写作任务。

第二步，指导学生进行资料搜集。

毕业论文准备阶段，是写作的初始阶段，这一阶段应当博采信息、搜集资料、阅读并思考分析文献等资料，形成对这一研究领域的认识。这一阶段必须与毕业实习的内容相互联系，通过搜集资料并分析思考，掌握"营改增"相关的热点问题和讨论以及实践中存在的有关问题。这一准备阶段包括以下环节的准备：

首先，资料搜集的范围。

搜集资料时需要明确其范围，即要明确哪些资料是有用的必须的，哪些资料仅需一般了解的。通常，指导教师在布置学生搜集资料时，要让学生明确写作论文时一般应搜集以下几类材料：①核心资料，即研究对象本身的资料。例如本小组的三名同学都是就"营改增"对企业财务影响的有关问题进行研究和调查分析，其核心资料应该是营业税、增值税、财务管理及财务会计的相关知识，如《我国增值税的发展历程》、《我国营业税发展简史》、《论中国经济发展方式的转变》、《企业财务管理》、《会计理论》等书目和期刊文章便是写作论文要搜集的核心资料。②背景资料，即是对核心资料起参照、比较和深化作用的资料，包括已有研究成果以及与论题相关的参照资料。毕业论文属于学术论文，学术研究是一个长期积累的过程，后人的研究通常是建立在前人已有成果的基础上。例如本小组的三名同学的论题，如《试论营改增对企业发展的影响》、《营改增对企业管理的影响》、《营改增对企业会计核算的影响分析》、《税收筹划在企业财务管理中的有效性分析》、《营改增后企业的税收筹划》、《营改增后的影响及需要注意的问题》等书目以及期刊论文便是写作论文的背景资料，可对论题的研究起到参照、比较和深化的作用。③具体方法论的资料，毕业论文不能停留在就事论事的层面上，而是需要用科学的思想方法和研究方法来分析和阐述问题，因此，要注意搜集这方面的资料。

其次，资料搜集的途径。

指导教师需要指导学生按照有效的途径去搜集资料，才能有效地节约时间。通常，搜集资料的途径有：①社会调查，具体包括普遍调查、专题调查、典型调查、抽样调查、重点调查、个案调查等方式，这是通过亲身体验获得第一手资料的有效方式，因为大量的富有价值的第一手资料往往存在于社会实践当中，尚未形成书面的资料，需要研究者去进行实地调查获取。如本小组的同学不仅需要就我国企业营改增试点及实行的整体情况的普遍调查，而且还要结合具体企业实行营改增后情况的个案调查，在这一过程中，有关政府部门出台实施的营改增试点的文件、实施情况分析统计，以及典型企业业务部门的规章制度、经验总结、分析报告、凭证账簿以及报表内容等，都是重要的实际资料，尽管这些资料比较零散，搜集过程中耗费时间，但是它们是论文写作的第一手资料，能给人们深刻的感性认识。因此，指导教师应当指导学生利用毕业实习过程，通过亲身调查和体验，获取与论文写作有关的资料。②文献资料的搜集，文献资料是指与论题研究有关的书面文字材料。本小组的同学都是围绕着"营改增"对企业财务影响分析展开研究，这方面的文献资料有很多，可以查阅有关财务、会计、企业管理类等专业期刊。注意的是，搜集文献资料不要漫无边际，要有重点地查阅与论题有关的内容，根据论题的需要，有的文献资料需要精读，有的仅需要浏览即可。

总之，论文写作资料分为第一手资料与第二手资料两类。前者是指作者亲自参与调查、研究或体察到的东西，如本小组同学在毕业实习中获取的资料；后者是指有关专业或专题文献资料，主要靠平时的学习积累和论文准备过程中搜集积累。在获取足够资料的基础上，还要进行加工处理，使之系统化和条理化，便于应用。对于论文写作来说，这两类资料都是不可缺少的，要恰当地将它们运用到论文写作中去，注意区别主次，特别是对于文献资料要在充分消化吸收的基础上适当引用，不要喧宾夺主。对于第一手资料的运用也要做到真实、准确、无误。

第三步，指导学生撰写开题报告并拟定写作提纲。

首先，撰写开题报告。

本科毕业论文的开题报告通常包括论文题目、选题背景、论文研究目的及意义、文献综述、研究内容及写作思路、论文的写作方法等。各部分的撰写及要求：①论文题目准确、规范、简洁，能够概括论文的研究内容，一般不超过20个字；②选题背景，包括现实背景和理论研究背景，即根据什么、受到什么启发而开始从事这一课题的研究；③研究目的及意义，可以先从课题的实际意义论述，指出现实中存在的问题，需要研究和解决，然后论述其理论与学术价值；④文献综述，整理国内外文献资料，掌握该领域研究的广度、深度、已取得的成果，在此基础上进行评述，找出有待进一步研究的问题，确定本课题研究的起点、特色或突破点；⑤论文研究内容及写作思路，研究内容要具体明确，包括研究对象、研究问题以及采用的研究方法，写作思路要交代清楚写作的逻辑顺序；⑥论文的写作方法，可以从以下方法中选择：观察法、调查法、实验法、经验总结法、个案法、比较研究法、文献资料法等。

其次，拟定论文提纲。

提纲能够体现作者的写作思路，通过拟定提纲，可以起到规划论文内容、构建论文框架、明确自己观点、发现材料不足等作用，是写作初稿之前的必不可少的阶段。论文提纲通常要列出一级题目、二级题目，如有需要，列到三级题目。论文提纲按照详略程度有标题式提纲和句子式提纲。

标题式提纲是用简要的词语概括内容，以标题的形式列出。这种方法简明扼要，一目了然。以本小组张同学的《"营改增"对港口企业的影响——以××港务为例分析》这篇论文为例：

一、绪论
二、文献综述
三、"营改增"及港口企业概述
四、"营改增"对××港务的影响分析
五、"营改增"背景下××港务的对策

句子式提纲是用一个能够表达完整意思的句子来概括内容，这种方法具体明确，能够为论文各段落提供主题句。如《"营改增"对港口企业的影响——以××港务为例分析》这篇论文中的第五部分中就是采用该种形式：

（一）加大抵扣项目的中间投入

（二）合理利用政策优惠

（三）对供应商进行重新梳理

第四步，指导学生毕业实习与调研。

毕业实习与调研是获取第一手资料的途径与方法，必须认真实施，不能流于形式。首先，指导教师需要指导学生制定毕业实习实施方案，充分考虑实习单位的实际情况和条件，制定出切实可行的实习计划，包括实习的目的、要求、基本内容、实习进程、实习工作的安排意见等。在制定方案时，需要注意与毕业论文的研究内容相结合，根据开题报告拟定的写作提纲，找出其中涉及的实际问题，比如研究对象的现状及存在的问题，列出需要在实习过程中进行调研的内容，以及需要结合实际找到解决问题的有效途径。如本小组三位同学，其中梁同学的《"营改增"对企业财务管理的影响》写作提纲中第三部分：

3. "营改增"对企业财务的影响

3.1 对宏观条件的影响

3.2 以 A 公司为例分析"营改增"对财务报表的具体影响

 3.2.1 公司基本情况介绍

 3.2.2 公司适用税率情况

 3.2.3 公司受营改增影响税负增减情况

 3.2.4 对公司各个财务报表的影响

农同学的《"营改增"降低企业税负了吗——基于××股份有限公司的研究》写作提纲的第四部分：

4. 案例分析

4.1 理论影响

4.2 实例分析

 4.2.1 企业的基本情况

 4.2.2 案例内容

 4.2.3 案例分析

4.3 理论与实际影响对比分析

张同学的《"营改增"对港口企业的影响——以××港务为例分析》写作提纲中的第三部分和第四部分：

3. "营改增"及港口企业概述

3.1 "营改增"的主要内容

3.2 港口企业概述

 3.2.1 港口企业特点

 3.2.2 预计"营改增"对港口企业的影响

4. "营改增"对××港务的影响
4.1 ××港务概况
4.2 "营改增"对××港务的流转税负的影响分析
4.3 "营改增"对××港务竞争力的影响分析

以上三位同学的写作提纲中，都涉及典型企业的基本情况、税负情况、实施后的影响、企业的制度和财务报表等，这些资料的获取以及对比分析研究都需要结合实习过程，在实践过程中，通过访谈、调查、查阅以及亲身参与财务会计实务工作来获取真实的材料，并经过研究分析得出合理的结论，提出个人的见解。

第五步，指导学生进入深入研究并写作。

毕业实习结束后，学生进入论文的深入研究阶段，开始写作论文初稿。初稿写作有两种方法：一是从头到尾，按照提纲顺序不间断地一直写下去，直到完成初稿，然后再从头到尾仔细推敲加工修改；二是根据提纲框架的层次结构，分部分写作、推敲、修改，写完后再合并起来通读，最后通稿完成。本小组同学可以采用第一种写作方法，如梁同学的《"营改增"对企业财务管理的影响》写作提纲包括以下五个部分：

一、前言（研究背景、文献综述等）
二、"营改增"的主要内容及意义
三、"营改增"对企业财务的影响
四、应对"营改增"完善企业财务管理的对策
五、"营改增"后企业的税务筹划

梁同学在毕业实习之前根据搜集整理的文献资料按照写作提纲顺序完成了第一、第二部分的初稿写作，在毕业实习过程中结合在实践调查中搜集的第一手资料，完成了第三、四部分的初稿写作，毕业实习结束后，在指导教师的指导下，最后完成第五部分的初稿写作。

学生在完成了初稿写作之后，可以安排研讨课模式的课堂展示和讨论，让每个学生将自己研究过程、采用的研究方法以及所获得的成果用文字或图示完整地表达出来，不仅要求有理论、有实践、有数据，而且还要求有学生在此基础上通过对问题的分析而得出的新想法或新观点等，大家通过讨论和交流，从中感受到不同观点的冲突，相互启发，取长补短，找到解决问题的最佳途径。之后，每个学生总结自己各阶段的研究成果，并根据指导教师和同学们讨论交流提出的意见，进一步修改自己的论文初稿，修改初稿时应注意以下方面：（1）检查论文观点是否正确、是否有新意；（2）验证材料是否确凿、有说服力；（3）检查论文中心是否突出、层次是否清晰、各部分之间过渡照应如何、全文是否形成一个完整而严密的整体；（4）论文写作是否符合规范，语言是否通顺、精炼，检查行文格式、文字书写、标点符号、数字运用、图标使用注释注解等是否规范。

第六步，指导学生进行论文答辩。

论文答辩是监督论文质量最后一个关键环节，通过毕业论文答辩，为学生提

供了一个充分展示自己才能和检阅专业能力及综合素质的机会。指导教师在指导学生参加论文答辩时,一方面让学生要做好答辩的准备工作,学生可以围绕论文写作的学术价值或现实意义、前人的研究成果以及未解决的问题、本文的观点以及所解决的问题、论文的基本观点和理论的基本依据、重要引文的具体出处、本文研究的局限或尚未解决的问题等,做好陈述准备,时间一般不超过 10~15 分钟,内容最好烂熟于心,答辩时做到不看讲稿,语言简明流畅;另一方面让学生在答辩的过程中注意以下事项,比如带上自己的论文、资料和笔记本等,注意开场白、结束语的礼仪,快速记录答辩老师提出的问题并在短时间内做出反应、重点突出、清晰明白地回答问题,对于老师提出的问题,做到有答有辩、敢于阐述自己独到的见解、维护自己正确的观点、反驳错误的观点、又敢于承认自己的不足、虚心地接受意见等。

(4) 毕业实习与毕业论文指导教学效果评价

毕业实习与毕业论文指导的教学效果评价的主要内容有:一方面评价指导教师的在各个环节上的指导是否及时到位,另一方面评价学生的各项任务完成程度。具体评价项目见表9-2、表9-3、表9-4、表9-5所示。

表9-2　　　　本科毕业论文周次进度计划及实际进展情况评价表

学生姓名		院(系、中心)		专业年级	
指导教师姓名		职　称		工作单位	

周　次	进度计划	实际完成情况评价

学生(签名):　　　　　　　　　　　　　　指导教师(签名):
　　年　月　日　　　　　　　　　　　　　　　　年　月　日

表9-3　　　　　　本科生毕业论文指导教师工作记录及评价表

指导教师姓名		职称		工作单位	
学生姓名		院（系、中心）		专业年级	

工作期间	具体指导内容	评价

指导教师（签名）_____　　　　学生（签名）_____
　　年　月　日　　　　　　　　　　　年　月　日

表9-4　　　　　　本科毕业论文指导教师评分标准及评阅表
（人文社会科学类专业用表）

学生姓名		院（系、中心）		专业年级		
论文题目						

评价项目	评价标准（A级）	满分	评　　分				
			A	B	C	D	E
选题质量	符合专业培养目标，体现综合训练要求；题目难度适当，有一定的理论意义或实际价值	20	19-20	17-18	15-16	13-14	≤12
文献资料利用能力	能利用多种方式查阅中外文献；能正确翻译外文资料；能正确有效地使用各种文献资料	10	10	9	8	7	≤6
调研能力	研究方案设计合理；研究方法科学适用；能独立完成调查、研究任务；能综合运用所学知识发现和解决实际问题	20	19-20	17-18	15-16	13-14	≤12

续表

评价项目	评价标准（A级）	满分	评分				
			A	B	C	D	E
论文（设计）质量	论点明确，论据充分，论证合理；结构严谨，逻辑性强；语言文字表达准确流畅；格式、图、表规范；有较高理论水平，有重要实际意义	30	28-30	25-27	22-24	19-21	≤18
创新能力	体现较强的创新意识；研究有独到见解，工作有新的突破	10	10	9	8	7	6
工作态度和工作量	工作认真主动；作风扎实严谨；工作量饱满；圆满完成了任务书所规定的各项任务	10	10	9	8	7	6
总分		是否同意将该论文（设计）提交答辩：是（　）否（　）					

指导教师（签名）：　　　　　　　　　　　　　年　　月　　日

指导教师姓名	职称或学位	工作单位	主要讲授课程/研究方向

表9-5　　　　　　　　本科毕业论文答辩记录及成绩评定表

答辩人姓名		院（系、中心）		专业年级	

论文（设计）题目：

评价项目	评价标准（A级）	满分	具体评分				
			A	B	C	D	E
论文（设计）质量	结构严谨，逻辑性强；文字表达准确流畅；条理清楚，重点突出；格式、图、表规范；具有一定的学术水平或实际价值	50	46-50	41-45	36-40	31-35	≤30
论文（设计）报告、讲解情况	概念清楚，思路清晰；表达准确，重点突出，详略得当；报告时间符合要求	20	19-20	17-18	15-16	13-14	≤12
答辩表现	思维敏捷，语言流畅，回答问题准确，有专业深度；仪态端庄，精神风貌好	30	28-30	25-27	22-24	19-21	≤18

续表

总 分	

答辩中提出的主要问题及回答的简要情况：

答辩日期：　　年　月　日　　　　答辩秘书签字：

答辩委员会评语：

答辩委员会成员（签名）：　　　　答辩委员会主任（签名）：
　　　　　　　　　　　　　　　　　　年　月　日

论文（设计）成绩评定等级：

院（系）学位委员会主席（签名）：　　　　　年　月　日

注：1. 参照表中 A 级标准，评定各项目具体得分，并计算出答辩成绩总分。
　　2. 按指导教师评分 ×50% + 答辩得分 ×50%，计算出百分制成绩，再按 90～100 分为优、80～89 分为良、70～79 分为中、60～69 分为及格、<60 分为不及格，给出成绩等级。
　　3. 表格不够可加附页。

6. 财务管理专业毕业实习与毕业论文教学应注意的事项

毕业实习与毕业论文作为专业课程学习最后的重要的教学环节，指导教师应当按照预定的目标，规范的指导程序，加强每一环节的实习和论文指导，确保毕业实习与毕业论文的质量。在财务管理专业毕业实习与毕业论文教学指导中要注意以下几点：

（1）建立双导师联合指导制度

上述毕业实习与毕业论文教学指导中主要阐述了校内指导教师的作用，而在毕业实习与毕业论文指导中，还需要校外专业人员的指导，即建立校企双导师指导制度。建立和实行双导师制的关键是聘请到合格的校外兼职导师。通常把专业技术职务、稳定的研究方向、指导能力和熟悉培养机制的实务界专业人员作为导师首选。校内导师要求在学术和教学掌控上有丰富经验，校外导师则要求有一定的理论知识、丰富的实践经验和创新能力。学校应在校企合作的教学基地聘请专业人员作为兼职导师，参与毕业实习与毕业论文的指导，这些人员都必须具有较高的专业水平，对国家经济法规、会计准则与财务制度等十分熟悉，能根据学校的教学要求，有重点地对学生的实践教学进行指导。兼职导师在实际工作中积累了许多宝贵的经验，对实践教学的内容十分熟悉，能充分保证实践教学的质量。同时，学校也应加强对现有的教师的实务能力培训，鼓励教师与已经建立的教学实践基地进行科研项目合作，一方面加强教师对会计、财管、审计实务的了解，另一方面使财务管理专业基础教学真正做到理论与实务相结合，克服重理论轻实务的倾向。

（2）加强实践教学基地建设

财务管理职教师资培养过程要有不少于 1 年的企业实践和职业学校教育教学实践，其中职业学校的教育教学实践至少要达到一个完整的教学周期，企业实践可以安排在寒暑假进行。财务管理职教师资培养院校应该有校外实训实习基地和教学实践基地，这就需要与企业以及职业院校建立起长期合作关系。校外实训实习基地原则上不少于 16 家、其中品牌企业和职教合作院校各不少于 5 家。校外顶岗实习基地提供的岗位和岗位的数量要与财务管理职教师资人才培养密切相关。学校建有健全的校外实训实习基地管理制度并能严格执行。

（3）实施毕业实习与毕业论文两者结合的教学指导模式

为了体现毕业论文理论与实践相结合，强化毕业论文能够解决实务问题，应当实施毕业实习与毕业论文两者结合的教学指导模式，并在质量评价指标中考虑两者结合的程度，以保证教学质量的提高。在毕业实习方面，增加与毕业论文结合的评价指标；各个学生实习单位及实习环境存在差别，实习内容的安排应具有一定的弹性。在毕业论文方面，增加与毕业实习内容相结合的评价指标，重视毕业论文的研究对象与毕业实习单位存在的实际问题结合程度，评价指标中应考虑实习单位的意见等。

（4）建立毕业实习与设计质量跟踪调查制度

毕业实习与毕业论文的最终成果是教师与学生智慧的结晶，应对其进行资料整理归档，便于今后学生参考，也利于教师不断总结经验，提高教学水平。同时，还需要做好毕业实习情况跟踪调查工作，通过问卷、拜访用人单位或座谈会等形式，掌握用人单位对毕业生综合表现的意见，了解单位和社会对人才需求的变化，征求社会各界对人才创新意识和解决问题能力培养模式的建议，为课程体系和人才培养模式的改进提供参考依据。

思 考 题

1. 请思考为什么财务管理专业毕业论文适合采用研讨教学法？
2. 讨论讲授教学法和案例教学法在集中实践类课程中的适用性问题。

参考文献

[1] 艾健明："财务管理专业的学科定位与课程体系设置"，《市场论坛》，2005年第8期。

[2] 张娜依："本科财务管理专业培养目标定位研究"，《现代商贸工业》，2013年第23期。

[3] 潘丽华："财务管理里专业就业现状及发展前景分析"，《航海教育研究》，2013年第3期。

[4] 张馨月："高校财务管理专业人才培养与就业策略研究"，《教育教学论坛》，2014年第5期。

[5] 王惠慧："国内外财务管理专业的发展现状研究分析"，《中国科技纵横》，2013年第23期。

[6] 张海燕："我国企业财务机构设置问题的探讨"，《商业会计》，2011年第8期。

[7] 何威风："我国财务管理专业教育：成就、问题与对策"，《财会月刊》，2014年第8期。

[8] 王维臣：《现代教学——理论和实践》，上海教育出版社2012年版。

[9] 李剑萍：《大学教学论》，山东大学出版社2009年版。

[10] 袁小勇：《怎样撰写会计论文》，首都经济贸易大学出版社，2003年版。

[11] 王觉：《会计专业教学法》，中国财政经济出版社2011年版。

[12] 林云刚：《出纳岗位实务》，电子工业出版社，2007年版。

[13] 徐芳："案例教学法综述"，《科技视界》，2014年第19期。

[14] 王秋令："角色扮演法在管理类教学学中的应用"，《边疆经济与文化》，2009年第6期。

[15] 黄映玲、徐苑：《现代教育技术》，人民邮电出版社2013年版。

[16] 姜大源：《职业教育学研究新论》，教育科学出版社2003年版。

[17] 邹小英："一则大学生人际关系心理咨询案例报告"，《社会心理科学》，2008年第3-4期。

[18] 曾玲娟：《职业教育心理学》，北京师范大学出版社2010年版。

[19] 李黎，吕鸿：《师德与教师礼仪》，高等教育出版社2011年版。

[20] 易连云：《班主任工作》，重庆出版社，2006年版。

[21] 雍华平："案例教学法在'基础会计'教学中的运用"，《职教通讯》，2010年第12期。

[22] 袁洪波："案例教学法在会计专业基础会计教学中的应用"，《科技信息》，2009年第5期。

[23] 谷昕："案例教学法在经济法教学中的应用"，《北方经贸》，2011年第2期。

[24] 洪萍萍："论基础会计教师在中职教学中的'角色扮演法'"，《经济研究导刊》，2014年第9期。

[25] 史保金："角色扮演法在市场营销专业课堂教学中的应用"，《河南科技学院学报》，2011年第4期。

[26] 姜艳辉："角色扮演法在中职基础会计课程教学中的应用"，《中国科教创新导刊》，2014年第7期。

[27] 孙爽：《现代职业教育机械类专业教学法》，北京师范大学出版集团2009年版。

[28] 乔布斯病假余震：苹果市值一度跌去310亿美元，http://it.sohu.com/20110118/n278927866.shtml. 2011-1-18。

[29] 乔布斯辞职苹果公司股价盘后大跌5.39%，腾讯财经，2011-8-25。

[30] 王棣华、刘建丽："四川长虹应收账款管理案例分析"，《航天工业管理》，2008年第2期。

[31] 刘继伟：《会计专业教学法》，中国财政经济出版社2011年版。

[32] 胡经春：《职业教育教学法》，华东师范大学出版社2010年版。

[33] 鲍长生、朱清："我国财务管理专业发展的定位探讨"，《现代管理科学》，2012年第2期。

[34] 张传明："角色扮演教学法探析"，《中国成人教育》，2002第2期。

[35] 何夏蓓："角色扮演法在会计实验教学中的应用"，《经济理论研究》，2007年第6期。